◎重庆社会主义学院提供出版资助

马克思幸福思想研究

孙秀玲　著

山东大学出版社
SHANDONG UNIVERSITY PRESS
·济南·

图书在版编目(CIP)数据

马克思幸福思想研究 / 孙秀玲著. -- 济南 ：山东大学出版社，2024. 9. -- ISBN 978-7-5607-8396-3

Ⅰ. B82

中国国家版本馆 CIP 数据核字第 202448YF45 号

责任编辑　邵淑君
封面设计　蓝海文化

马克思幸福思想研究
MAKESI XINGFU SIXIANG YANJIU

出版发行　山东大学出版社
社　　址　山东省济南市山大南路 20 号
邮政编码　250100
发行热线　(0531)88363008
经　　销　新华书店
印　　刷　济南乾丰云印刷科技有限公司
规　　格　720 毫米×1000 毫米　1/16
　　　　　11.5 印张　200 千字
版　　次　2024 年 9 月第 1 版
印　　次　2024 年 9 月第 1 次印刷
定　　价　48.00 元

目 录

导 论 …………………………………………………………………… 1

第一章 马克思幸福思想的形成背景和理论渊源 …………………… 20

第一节 马克思幸福思想形成的历史境遇 …………………………… 20

第二节 马克思幸福思想的理论渊源 ………………………………… 29

第二章 马克思幸福思想的发展过程 ………………………………… 46

第一节 马克思幸福思想的孕育萌芽 ………………………………… 46

第二节 马克思幸福思想的初步形成 ………………………………… 55

第三节 马克思幸福思想的发展成熟 ………………………………… 65

第四节 马克思幸福思想的深化发展 ………………………………… 70

第三章 马克思幸福思想的主要内容 ………………………………… 78

第一节 现实的人是幸福的主体 ……………………………………… 78

第二节 需要是幸福追求的内在驱动力 ……………………………… 84

第三节 自由自觉的劳动是实现幸福的唯一手段 …………………… 89

第四节 生态幸福是实现幸福的自然条件 …………………………… 94

第五节 人的自由全面发展是幸福的最终目标 …………………… 100

第四章 马克思幸福思想的实现条件与路径建构 ………………… 104

第一节 马克思幸福思想的实现条件 ……………………………… 104

第二节　马克思对幸福思想的路径建构 …………………………… 110

第五章　马克思幸福思想的当代价值 …………………………… 125

第一节　为走出幸福悖论提供理论依据 …………………………… 125
第二节　为个人树立正确幸福思想提供引导 …………………………… 132
第三节　对推进人民幸福建设事业的指导 …………………………… 138

结　语 …………………………… 157

参考文献 …………………………… 161

后　记 …………………………… 180

导 论

一、“幸福”的概念界定

习近平总书记多次强调，“让人民生活幸福是‘国之大者’”[①]，“中国共产党是为中国人民谋幸福、为中华民族谋复兴的党，也是为人类谋进步、为世界谋大同的党”[②]。党的二十大报告指出，明确我国社会主要矛盾是人民日益增长的美好生活需要和不平衡不充分的发展之间的矛盾，提出把实现人民对美好生活的向往作为现代化建设的出发点和落脚点。广义言之，美好生活的实际指向正是人民幸福的实现，这充分体现了以习近平同志为核心的党中央对实现人民幸福生活矢志不渝的追求。据此，“幸福”实际上是中国共产党人团结带领中国人民进行中国特色社会主义建设的核心目标。[③] 但究竟什么是幸福？从古至今，世界各地的思想家们都以自己独特的方式，对“幸福”这一概念进行了深入的探究与阐述，形成了关于“幸福”不同的理解和认识。

在历史长河中，无论是学识渊博的智者还是普通的民众，都在用自己的方式诠释幸福，这些诠释如同万花筒般多姿多彩，各不相同。

西方思想家伊壁鸠鲁强调幸福对生理感觉的依赖性，他认为，幸福是指身

---

① 《习近平在广西考察时强调　解放思想深化改革凝心聚力担当实干　建设新时代中国特色社会主义壮美广西》，《人民日报》2021年4月28日。

② 习近平：《高举中国特色社会主义伟大旗帜　为全面建设社会主义现代化国家而团结奋斗——在中国共产党第二十次全国代表大会上的报告》，人民出版社2022年版，第21页。

③ 参见吴荣：《“幸福”概念的马克思主义诠释：兼论“劳动幸福”的哲学基础》，《宁夏社会科学》2021年第5期。

体上无痛苦和灵魂上无纷扰。苏格拉底追求道德的完善和精神的幸福，其“理性＝美德＝幸福”的理念深入人心，启迪人们幸福存在于至善之中。苏格拉底的至善是灵魂的理性和快乐同时达到最高状态。边沁向禁欲主义和专制主义发起挑战，他把“最大多数人的最大幸福”作为衡量一切善恶是非的根本标准，作为行使国家权力的唯一宗旨，国家的意志体现和任何政治方针都必须服从“最大多数人的最大幸福”，这为民主政治的建立提供了强大的理论依据。奥古斯丁宣传基督教的幸福观，使人们在皈依上帝、信仰上帝中享受神恩的“赐福”，他把幸福界定为对上帝的信仰，否认尘世间对幸福的追求。费尔巴哈把幸福从宗教的“彼岸”拉回到现实世界，他认为，人的本质在于人的感性存在和实践活动，人们应当通过满足自身的自然需要来实现幸福，并提出“生命本身就是幸福”“生活的东西都属于幸福”“道德的原则也是幸福”等观点。康德区分了“自然幸福”与“道德幸福”，主张真正的幸福不仅包含生活中的实际成就和舒适享受，更体现在一个人按照纯粹理性所指示的道德法则来生活。亚里士多德提出，“幸福是灵魂的一种合于完满德性的实现活动”①。此外，柏拉图、爱尔维修等思想家都对幸福有所阐述，他们对幸福的看法并不统一。

中国古代思想家对幸福的阐释非常丰富。在孟子的哲学体系中，德性幸福不再局限于个人的道德修养，而是延伸到了家庭生活的美满、职业道路的正直以及心灵深处的宁静与喜悦，这些构成了儒家幸福理论的立体框架，可见其在幸福观中确立了德性至上的原则。② 庄子以道为核心，合道顺道。他主张逃避尘世，过原始质朴和自由自在的田园生活。庄子基本排除了人的主观努力，赞赏顺其自然的生活，开辟了一条通向人生幸福最高境界的无为、出尘世之路。③ 墨子以“兴天下之利，除天下之害”作为评估一切思维与行为是否恰当的标尺，视功利为幸福的前提。同时，他也重视群体的共同幸福，强调个人与集体的关系，个人只有融入集体中才能感受到幸福。墨子的社会理想就是只有实现所有人的共同幸福，才能达到美好的境界。④ 韩非子及法家学派主张功利论幸福观，认为利益驱动是人性的根本，社会关系本质上是利益交换的过程，主张法治，相

① ［古希腊］亚里士多德：《尼各马可伦理学》，廖申白译注，商务印书馆2003年版，第32页。

② 参见张方玉：《中西会通视野下的幸福观研究》，吉林人民出版社2017年版，第37页。

③ 参见雷鸣、王琛编著：《幸福心理学》，华中科技大学出版社2020年版，第12页。

④ 参见张富洪、杨慧彤编著：《幸福学·家庭篇》，复旦大学出版社2011年版，第20页。

信通过追求权力、名誉和财富以及建功立业最终能实现自我价值并获得幸福感。古今中外的思想家对幸福有不同定义，对幸福的认识也各有侧重，但都没有触及幸福的本质。究竟什么是幸福？

马克思在求学、工作和参加革命运动的过程中，对西方思想家的幸福思想进行了积极的扬弃，并基于历史唯物主义和马克思人学理论找到追求幸福的科学的视角与真正的路径。马克思“用辩证唯物主义和历史唯物主义的世界观来审视幸福问题，凸显了幸福的至上性、主体性、阶级性、实践性和社会历史性”①。马克思历史唯物主义是以社会发展规律为研究对象，“始终以人为本，深切关注人的生存状况与现实命运，关心个人幸福和社会正义的实现。通过对现实世界的反思、解构和批判，找到揭示人类社会发展规律的钥匙，立足消除资本主义制度内不可避免的人的异化，旨在超越资本主义的‘旧世界’，建设一个更合乎人性的理想‘新世界’，追求在人类解放的历史进程中实现人的自由、全面发展和普遍幸福”②。从马克思人学理论视角来看，在《1844 年经济学哲学手稿》中，马克思受青年黑格尔派唯心史观和费尔巴哈旧唯物主义的影响，对人的认识停留在“一般人”“理想人”“思辨人”，人是以概念的方式完美地存在。在《关于费尔巴哈的提纲》之后的著作中，马克思把幸福投向了现实的人、现实的世界，把人们的幸福从天国拉回了人间。马克思幸福思想从“现实的人”与“现实的世界”的关系出发，创造性地从人的劳动、需要以及纷繁复杂的社会关系中探寻人的本质。马克思将“人”规定为人的最高本质，“以‘人的全面发展’为价值主旨，以实现‘人的自由全面发展’为归宿点”③。“‘幸福’本质上就意味着人对人的本质的全面占有，人对人的一切异化状态的远离，对人的一切压迫性的生存境遇的消解，真正地推翻‘使人成为被侮辱、被奴役、被遗弃和被蔑视的东西的一切关系’，使人成为自己的主人”④，进而实现人的解放与幸福。马克思幸福思想是对马克思著作、文稿中关于幸福观点和学说的系统整理与提炼。

---

① 颜军：《马克思幸福思想研究》，中国社会科学出版社 2019 年版，第 26 页。本书与该研究主题相同，但侧重点不同。颜军教授的研究侧重于理论性视角，特别是基础理论、叙述范式等方面，而本书偏向于历史性，涵盖马克思幸福思想形成背景、发展过程等历史脉络内容。

② 颜军：《马克思幸福思想研究》，中国社会科学出版社 2019 年版，第 41 页。

③ 颜军：《马克思幸福思想研究》，中国社会科学出版社 2019 年版，第 55 页。

④ 颜军：《马克思幸福思想研究》，中国社会科学出版社 2019 年版，第 58 页。

二、幸福是人类社会追求的终极价值目标

社会进步的根本动力源于每一个渴望幸福的人。社会的发展历程就是一部人类追求幸福的历史，因此，社会发展的一切努力都应围绕实现人民的幸福愿景展开，让每个成员都能感受到生活的幸福。实现人的幸福的过程是对人的本质全面占有的过程。马克思孜孜追求的幸福是人的自我发展和自我实现，人的幸福的实现过程就是人的彻底解放的过程，从人的异化中解放出来，真正实现和占有人的本质。[①] 马克思把人与具体的历史实践相联系，区分了对象化劳动和异化劳动，提出二者分别是对现实劳动的肯定和否定。异化劳动是对劳动者自身的否定，只有通过对象化活动，才能展现出人的本质的全部丰富内涵。"历史什么事情也没有做，它'并不拥有任何无穷尽的丰富性'，它并'没有在任何战斗中作战'！创造这一切、拥有这一切并为这一切而斗争的，不是'历史'，而正是人，现实的、活生生的人。……历史不过是追求着自己目的的人的活动而已。"[②]社会之所以永远向前发展，原因之一就是人不断占有自身全部本质，正是在这一过程中，人们追求幸福生活的热情与创造力被充分调动起来，积极参与到创造幸福生活的生产和劳动中，进而加速了社会的进步与发展。

在人类社会文明演进的进程中，经历了原始社会、奴隶社会、封建社会、资本主义社会、社会主义社会，共产主义社会是人类文明发展的最高阶段。共产主义社会将实现社会生产力高度发展，物质财富极大丰富；社会成员共同占有全部生产资料；实行各尽所能、按需分配的原则；彻底消灭阶级差别和重大社会差别；全体社会成员具有高度的共产主义觉悟和道德品质。[③] 这也是我们追求幸福的最高境界。必须强调的是，在勾画未来共产主义社会蓝图的过程中，马克思主义者们并没有局限于抽象的理论层面，而是强调了其实质性的现实特征。[④] 马克思向世界各地的无产者发出号召，要求大家联手起来推翻资本主义统治，并为人类勾画了一幅"自由王国"的理想蓝图。在那里，"任何人都没有特定的活动范围，每个人都可以在任何部门内发展，社会调节着整个生产，因而使

① 参见颜军：《马克思幸福思想研究》，中国社会科学出版社 2019 年版，第 57 页。

② 《马克思恩格斯全集》第 2 卷，人民出版社 1957 年版，第 118—119 页。

③ 参见陈培雄：《新经济学原理》，中国财富出版社 2018 年版，第 56 页。

④ 参见刘绥：《理解马克思主义幸福观的三个向度》，《东岳论丛》2020 年第 4 期。

我有可能随我自己的心愿今天干这事，明天干那事，上午打猎，下午捕鱼，傍晚从事畜牧，晚饭后从事批判”[①]，“每个人都有充分的闲暇时间去获得历史上遗留下来的文化——科学、艺术、社交方式等等——中一切真正有价值的东西”[②]，马克思所描绘的未来世界是一个每个人都可以享受自由时间、每个人都可以享受多彩的休闲生活的理想社会形态。人类在追求实现共产主义社会的过程中，不仅是一个不断占有自己本质，从而实现人类自由和解放的过程，实质上也是人们在向往、追求和享受幸福的同时，不断提升自己的道德境界，铸就高尚人生的历程。

三、研究的总体架构

幸福，是每一个社会人致力追求的终极人生目的，对幸福的追寻和探索是人类社会永恒的话题和推动进步的力量。“中国共产党人的初心和使命，就是为中国人民谋幸福，为中华民族谋复兴。”习近平总书记指出：“我们党近百年来所付出的一切努力、进行的一切斗争、作出的一切牺牲，都是为了人民幸福和民族复兴。”[③]马克思幸福思想是迄今为止人类认识上最为科学的幸福观。对马克思幸福思想进行研究，是中国特色社会主义发展到今天，为满足人民群众更高的物质、精神等需求的客观要求。整体、系统地阐释和分析马克思幸福思想，厘清什么是幸福，如何用马克思幸福思想指导今天的实践，既是一个重要的理论问题，也是一个重大的现实问题。

（一）国内外相关研究的学术史梳理及研究动态

1.国内研究现状

关于马克思幸福思想的整体性研究。国内学者主要从马克思幸福思想的来源、形成、内涵、价值与启示等方面进行研究，并取得了众多理论探索成果，为学者今后更深入地开展该研究打下了坚实的基础。甄晓英从历史演进的视角，梳理马克思美好生活观的形成与发展，通过五个维度——概念辨析、生成背景、基本内容、建构路径和当代价值来全面解析这一理念。[④] 朱亚男以马克思人民

---

① 《马克思恩格斯选集》第 1 卷，人民出版社 1972 年版，第 37—38 页。

② 《马克思恩格斯选集》第 3 卷，人民出版社 1995 年版，第 150 页。

③ 《习近平谈治国理政》第 3 卷，外文出版社 2020 年版，第 538 页。

④ 参见甄晓英：《马克思美好生活观研究》，兰州大学博士论文，2022 年。

幸福思想的诞生到深化发展为线索，围绕人民幸福思想形成的背景、来源、主要内容和当代价值展开研究，采用辩证统一的视角，将逻辑推理与历史发展脉络相融合，同时做到理论分析与实践应用紧密结合，全面、系统地将马克思经典文本中所蕴含的幸福思想呈现出来。[①] 颜军对马克思理论中的幸福思想进行文本梳理和逻辑论证，总结提出马克思幸福思想的理论基础以及关于自由、劳动、财富、社会协同、共产主义五个方面的马克思幸福思想的主要内容，并梳理了马克思坚持思辨性叙述与事实性叙述、肯定性叙述与否定性叙述等叙述范式，对马克思幸福思想的理论特质和当代价值进行了分析。[②] 李水石从马克思幸福思想的研究背景、目的及意义、基本概念与哲学根源出发，系统阐述了马克思幸福思想的历史演进、主要内容、基本特征及其当代价值。[③]

关于马克思幸福思想的哲学根源研究。从已有的研究成果来看，普遍认为费尔巴哈、黑格尔、亚里士多德、德谟克利特、伊壁鸠鲁、康德、边沁、爱尔维修和苏格拉底等人有关幸福的论述都对马克思幸福思想的形成和发展产生了重要的影响，但在具体分类上有所不同。

第一是横向分类，按幸福内容不同划分派别。王秀岩、镡鹤婧将其归类为西方感性主义幸福观、西方理性主义幸福观、西方基督教幸福观。[④] 陈亚玲、胡爱丽指出，马克思通过对西方早期哲学家的幸福思想的批判和吸收形成了自己独特的幸福观。他把西方早期哲学家的幸福思想分为感性主义幸福和理性主义幸福两大部分。感性主义幸福思想追求感性的享受，代表人物包括德谟克利特、伊壁鸠鲁、爱尔维修及边沁等。理性主义幸福思想主要强调理性的作用，代表人物包括苏格拉底、柏拉图、亚里士多德、康德等。[⑤] 黄蓓蓓等将马克思幸福思想分为四个层面，即理性层面的幸福（代表人物亚里士多德）、情感层面的幸福（代表人物英国哲学家休谟）、欲望层面的幸福（代表人物德勒兹）以及它们混合所成的幸福（代表人物康德）。[⑥]

---

① 参见朱亚男：《马克思人民幸福思想研究》，兰州大学博士学位论文，2023 年。

② 参见颜军：《马克思幸福思想研究》，中国社会科学出版社 2019 年版，第 37—247 页。

③ 参见李水石：《马克思幸福观及其当代价值》，大连海事大学博士学位论文，2014 年。

④ 参见王秀岩、镡鹤婧：《马克思幸福思想的基本内容及其当代价值》，《辽宁工业大学学报》（社会科学版）2023 年第 1 期。

⑤ 参见陈亚玲、胡爱丽：《马克思的幸福观及其当代价值》，《甘肃社会科学》2014 年第 4 期。

⑥ 参见黄蓓蓓、熊火根、朱喆：《马克思幸福观的超越之境和独特意蕴》，《学校党建与思想教育》2019 年第 6 期。

第二是纵向分类。朱亚男将幸福思想按时间跨度分为四个时期，包括古希腊时期和中世纪时期的幸福思想，还有空想社会主义者和德国古典哲学家们关于幸福的思考。[①] 高延春将幸福思想纵向分为古希腊时期的幸福论（代表人物苏格拉底、德谟克利特、柏拉图、伊壁鸠鲁）、欧洲中世纪时期的幸福论（代表人物奥古斯丁、阿奎那）、近代时期的幸福论（包括空想社会主义者的幸福论、英国功利主义者的幸福论、德国古典哲学家的幸福论等）。[②] 从西方哲学家有关幸福论述的具体内容来看，种海峰指出，德国古典哲学是马克思幸福思想的重要来源，空想社会主义也是马克思幸福思想的重要来源。[③] 卢凤华认为，德国古典哲学和空想社会主义中蕴含的思想是马克思幸福思想的重要学术渊源。[④] 吕世荣立足马克思哲学革命的本质逻辑和整体运思，基于存在论、认识论、价值论三重向度对黑格尔法哲学的哲学基础进行批判，克服黑格尔哲学的种种弊端。[⑤] 曾长秋、邱荷通过对马克思在大学时期关于幸福的思想的深入分析，发现黑格尔哲学中关注现实的部分以及伊壁鸠鲁直观的唯物主义观念对其幸福观的形成和完善起到了关键作用。[⑥] 朱长兵、马阿民从现实的人的物质生产领域思考自由，扬弃与革新了康德的道德自由观和黑格尔的精神自由观。[⑦] 陈万球强调了亚里士多德人性论对马克思的重要影响。[⑧] 陈康静认为，亚里士多德的幸福不是指彼岸的活动而是人们现世的行动，这种认识对马克思有重要影响。[⑨] 于晓权认为，亚里士多德关于德性与现实生活紧密结合的思想，以及他所展现出的人文关怀和对现实世界的重视，都为马克思幸福思想的形成提供了宝贵的思想资源和理论启示。[⑩] 李梅认为，马克思是在亚里士多德、康德幸福思想的基础上，对“合乎德性的现实活动”“最大多数人的幸福原理”，以及上帝的配予观点

---

① 参见朱亚男：《马克思人民幸福思想研究》，兰州大学博士学位论文，2023 年。

② 参见高延春：《马克思幸福论》，科学出版社 2015 年版，第 12—58 页。

③ 参见种海峰：《马克思的幸福理论及其当代价值》，《马克思主义研究》2012 年第 11 期。

④ 参见卢凤华：《马克思幸福观及其在当代中国的意义》，东南大学硕士学位论文，2015 年。

⑤ 参见吕世荣：《马克思批判黑格尔法哲学的三重向度》，《宁夏社会科学》2023 年第 5 期。

⑥ 参见曾长秋、邱荷：《论马克思大学时代的幸福观》，《湖南师范大学社会科学学报》2013 年第 1 期。

⑦ 参见朱长兵、马阿民：《马克思对康德和黑格尔自由观的扬弃与革新》，《中共南昌市委党校学报》2023 年第 5 期。

⑧ 参见陈万球：《马克思和亚里士多德幸福观比较》，《伦理学研究》2015 年第 5 期。

⑨ 参见陈康静：《论亚里士多德的道德德性与实践智慧》，《西部学刊》2024 年第 1 期。

⑩ 参见于晓权：《马克思幸福思想的理论意蕴》，《东北师大学报》（哲学社会科学版）2006 年第6 期。

给予批判，提出“幸福”就是“人的自由全面发展”。[①] 张荣华、秦相平认为，功利主义所追求的是促进最多数人的福祉。[②] 康德认为真正的幸福源自遵守道德法则和履行道德责任以及空想社会主义，尤其是莫尔提倡废除私有财产制度，推崇财富的平均分配，视此为实现社会幸福的基石。这一系列思想都对马克思幸福思想产生了重要影响。

马克思幸福思想的发展过程。马克思幸福思想的形成并不是一蹴而就的，有一个从萌芽到完善的过程。唯有认真梳理其发展脉络，探究其在不同时代背景下发生的变化，以及探索这些变化背后哲学思维逐步深化和复杂化的过程，我们才能真正触及马克思幸福思想的内核。对马克思幸福思想发展过程的研究可以分为四种划分方式。其一，以李水石、万庆等为代表的学者，把关注点放在马克思的经典著作上，把马克思不同时期哲学著作中孕育的幸福思想转变为划分依据。万庆将马克思幸福思想的发展轨迹划分为《莱茵报》文章——幸福思想的孕育、《1844 年经济学哲学手稿》——幸福思想的萌芽、《德意志意识形态》——幸福思想的确立、《资本论》——幸福思想的进一步成熟、《哥达纲领批判》——对实现幸福现实路径的思考五个阶段。[③] 李水石、秦龙将马克思幸福思想划分为《青年在选择职业时的考虑》——神性崇拜下的理想主义幸福、博士论文——自我意识的偶然性幸福、《黑格尔法哲学批判》——市民社会的现实幸福、《黑格尔法哲学批判导言》——无产阶级的此岸幸福、《1844 年经济学哲学手稿》——人的类本质的复归、《德意志意识形态》——现实的个人的全面发展等六个阶段。[④] 其二，甄晓英按马克思幸福思想形成的逻辑理路将马克思幸福思想分为马克思美好生活观的孕育萌芽、马克思美好生活观的初步形成、马克思美好生活观的发展成熟、马克思美好生活观的深化发展四个阶段。[⑤] 其三，以高延春为代表的学者，紧扣马克思哲学思想从唯心到唯物的转换过程对马克思幸

---

① 参见李梅：《西方传统幸福理论批判：兼论马克思幸福理论及其当代中国实践》，苏州大学博士学位论文，2012 年。

② 参见张荣华、秦相平：《马克思幸福思想对前人的继承与超越》，《高校马克思主义理论研究》2017 年第 3 期。

③ 参见万庆：《马克思幸福思想研究》，中共中央党校博士学位论文，2013 年。

④ 参见李水石、秦龙：《马克思幸福观的历史演进：从〈青年在选择职业时的考虑〉到〈德意志意识形态〉》，《河南师范大学学报》（哲学社会科学版）2014 年第 1 期。

⑤ 参见甄晓英：《马克思美好生活观研究》，兰州大学博士学位论文，2022 年。

福思想进行提炼，将其思想划分为马克思唯心主义幸福论、马克思由唯心主义幸福论向唯物主义幸福论的转变、马克思唯物主义幸福论的确立、马克思唯物主义幸福论的形成四个阶段。①

关于马克思幸福思想的主要内容。幸福的主要内容也就是对幸福内涵的反思。其一，大部分学者对此问题的研究主要涉及其构成要素，包括幸福主体、幸福实现形式、幸福的手段、幸福的内驱力和幸福的最终目标等几个方面。姜旭、柴素芳强调马克思从思辨到现实的幸福思路，以“现实的人”为出发点来阐释幸福。② 谢昌飞强调马克思“按需分配”是未来幸福社会的重要内容之一。③王璐透过现象看本质，指出劳动是人类实现幸福生活的重要环节，没有劳动将没有人类历史，人类的幸福也无从谈起。④ 余明远认为，现实的人是幸福的主体，非异化的劳动是幸福的源泉，物质生活与精神生活是幸福的主要内容。⑤ 颜军从自由幸福的实现形式、劳动幸福的源泉、财富幸福目的的工具、社会协同个人幸福的生成逻辑、共产主义幸福的必由之路五方面阐释马克思幸福思想的主要内容。⑥ 吴育林、吕培杰从“人民是幸福的主体”“劳动实践是人民幸福的根本途径”“社会主义和共产主义的社会关系”“社会制度是人民幸福的根本规定和保证”来阐述马克思幸福思想的基本构成。⑦ 陈亚玲、胡爱丽强调，马克思幸福思想中，劳动与幸福紧密相连不可分割，幸福是物质层面和精神层面的统一、个体和社会的和谐共存，人的自由全面发展是幸福的终极目标。⑧ 其二，有的学者从幸福的实现在政治、经济等各方面的具体体现进行分析。喻包庆对马克思恩格斯幸福思想的概括体现在经济幸福——幸福的物质基础、政治幸福——幸福的政治保障、文化道德幸福——幸福的精神动力、生态幸福——幸福的自然条

① 参见高延春：《马克思幸福论》，科学出版社 2015 年版，第 68—97 页。

② 参见姜旭、柴素芳：《马克思“现实的人”视域下的幸福思想探赜》，《思想教育研究》2023 年第 9 期。

③ 参见谢昌飞：《当代西方激进左翼“共产主义观念复兴”的四条进路及其批判》，《求是学刊》2024 年第 3 期。

④ 参见王璐：《何谓劳动幸福：马克思的本质阐释》，《湖北社会科学》2022 年第 10 期。

⑤ 参见余明远：《新时期中国共产党的人民幸福观研究》，中国社会科学出版社 2021 年版，第 25—36 页。

⑥ 参见颜军：《马克思幸福思想研究》，中国社会科学出版社 2019 年版，第 91 页。

⑦ 参见吴育林、吕培杰：《论马克思的人民幸福观》，《学术研究》2019 年第 5 期。

⑧ 参见陈亚玲、胡爱丽：《马克思的幸福观及其当代价值》，《甘肃社会科学》2014 年第 4 期。

件。[1] 滕飞强调生态幸福，认为良好的人与自然关系是幸福生活的基础。[2] 李梅阐释了民生幸福体现的人与人、人与自然、人与社会三者之间的幸福和谐样态。[3]

关于马克思幸福实现条件和路径研究。在马克思幸福实现条件方面，周梅玲从摆脱人的异化、在共同体中实现个人自由全面发展的人学条件和社会生产力巨大发展的经济条件来阐述幸福的实现条件。[4] 贾磊从实现“人的全面而自由的发展”的历史条件、建立“真正的共同体”的政治条件、文化创造和文化享受的普遍化的文化条件三个方面进行阐述。[5] 徐小芳认为只有改变资本主义生产方式，才能改变异化的劳动，才能真正实现人的幸福。[6] 王红云综合对资本主义社会正反两个方面的分析，认为要实现幸福生活，必须推翻资本主义制度，并通过现实的人自由自觉的劳动去实现幸福生活。[7] 贺汉魂提出马克思的财富分配正义是增进人民幸福的根本基础。[8] 王时分析了马克思通过斗争来为广大无产阶级和被压迫阶级与民族谋求解放的幸福观。[9] 牛小侠、汪卫东分别从阶级条件、社会物质条件和思想条件分析了幸福实现的要求。[10] 在马克思幸福实现路径方面，赵军魁认为实现幸福的路径就是共产主义运动，“共产主义无疑是人类幸福社会的理想形态，只有在共产主义社会，人类才能实现自由全面发展，才能实现对其本质的展现和占有，实现真正的幸福”[11]。孙民认为，幸福实现路径在于通过三个维度的批判和建构实现，具体包括马克思“对现代社会的批判建构他的幸福观”“通过劳动解放建构他的幸福观”“通过自由时间的获取建构他的幸福观”[12]。高延春认为，实现人的幸福以满足人的合理需要为前提，人的劳动

---

① 参见喻包庆：《马克思恩格斯的幸福观及其当代启示》，《江汉论坛》2014 年第 5 期。

② 参见滕飞：《论马克思生态观的美好生活意蕴及其当代价值》，《江苏行政学院学报》2019 年第 6 期。

③ 参见李梅：《西方传统幸福理论批判：兼论马克思幸福理论及其当代中国实践》，苏州大学博士学位论文，2012 年。

④ 周梅玲：《马克思“美好生活”观及其中国意义》，《中共中央学校（国家行政学院）学报》2021 年第 4 期。

⑤ 参见贾磊：《马克思恩格斯“人的全面而自由的发展”思想探析》，《长江论坛》2023 年第 4 期。

⑥ 参见徐小芳：《马克思的幸福观及其劳动价值论解读》，《重庆社会科学》2018 年第 6 期。

⑦ 参见王红云：《马克思的幸福观及其时代开显》，《道德与文明》2022 年第 6 期。

⑧ 参见贺汉魂：《马克思增进人民幸福的财富分配正义思想》，《伦理学研究》2019 年第 3 期。

⑨ 参见王时：《马克思的斗争幸福观》，《甘肃社会科学》2012 年第 1 期。

⑩ 参见牛小侠、汪卫东：《论马克思“幸福生活”的内涵、实现路径及意义》，《学术界》2021 年第 11 期。

⑪ 赵军魁：《马克思主义幸福观中国化》，兰州大学出版社 2020 年版，第 148 页。

⑫ 孙民：《论马克思幸福观的历史唯物主义向度》，《贵州社会科学》2017 年第 6 期。

是需要得以满足的手段，劳动与幸福是紧密相连不可分割的关系。[①] 王宇翔、毕秋从生态幸福角度揭露资本主义生产方式导致的生态危机，指明共产主义社会是实现人与自然和解、生态幸福的路径。[②]

关于马克思幸福思想的当代价值。学者对马克思幸福思想当代价值的分析主要集中在其对实现个人幸福的启示和对当代中国构建幸福社会的启示两个方面。对实现个人幸福的启示方面，王军锋、王梦颖提出，幸福人生是物质幸福与精神幸福的统一、是个人幸福和社会幸福的统一、是个人幸福与生态幸福的统一，以三个“统一”为个人追求幸福生活提供行动指南。[③] 王红云在马克思幸福思想指导下，提出了当下构建幸福社会的几点要求，包括弘扬劳动幸福观，倡导理性消费观，坚持以人民为中心的发展观，高扬人类命运共同体理念。[④] 颜军提出要树立劳动幸福观、集体主义幸福观、辩证的幸福观、现实的幸福观，为个人梳理正确的幸福观提供价值引导。[⑤] 陈亚玲、胡爱丽主张理性而辩证地认识幸福，正确对待幸福与不幸。[⑥] 于昆强调个人幸福要做到物质和精神、劳动和享受、个人和集体幸福的三个统一。[⑦] 对当代中国构建幸福社会的启示方面，周梅玲坚持发展生产与改善生活的统一。倡导劳动幸福，依靠劳动创造美好生活。坚持以人民为中心，建设共享社会。扩充自由时间，丰富休闲生活。[⑧] 颜军提出大力发展生产力，为创造幸福生活提供持续动力；坚持和完善社会主义，为创造幸福生活提供良好制度；全面推进民生工程，为创造幸福生活奠定坚实基础；推动社会综合发展，为创造幸福生活提供全面保障。[⑨] 喻包庆以马克思恩格斯的幸福思想为框架，提出建设幸福社会要坚持以人为本的价值原则，构筑起幸福社会的重要保障机制。[⑩] 陈亚玲、胡爱丽坚持改革收入分配制度，鼓励劳动

① 参见高延春：《马克思幸福论》，科学出版社 2015 年版，第 136—153 页。

② 参见王宇翔、毕秋：《马克思恩格斯生态幸福观的四维论析》，《思想教育研究》2021 年第 4 期。

③ 参见王军锋、王梦颖：《马克思幸福观的时代价值探析》，《今古文创》2024 年第 5 期。

④ 参见王红云：《马克思的幸福观及其时代开显》，《道德与文明》2022 年第 6 期。

⑤ 参见颜军：《马克思幸福思想研究》，中国社会科学出版社 2019 年版，第 206—233 页。

⑥ 参见陈亚玲、胡爱丽：《马克思的幸福观及其当代价值》，《甘肃社会科学》2014 年第 4 期。

⑦ 参见于昆：《马克思幸福观要旨及其时代意蕴》，《广西师范大学学报》（哲学社会科学版）2013 年第 6 期。

⑧ 参见周梅玲：《马克思“美好生活”观及其中国意义》《中共中央党校（国家行政学院）学报》2021 年第 4 期。

⑨ 参见颜军：《马克思幸福思想研究》，中国社会科学出版社 2019 年版，第 37—171 页。

⑩ 参见喻包庆：《马克思恩格斯的幸福观及其当代启示》，《江汉论坛》2014 年第 5 期。

创造幸福、坚持人民主体地位、全面协调可持续发展的理念。[①] 于昆阐释了必须坚持“以人为本”价值理念、大力推进民生工程建设、全面落实社会主义建设“五位一体”总体布局三个方面,为打造幸福民生创造充分条件。[②]

2.国外关于幸福思想的研究

关于幸福的影响因素研究。影响因素是指外部条件或者变量,它们可以促进或阻碍幸福感的产生和维持。杜安·舒尔茨、西德尼·艾伦·舒尔茨在其著作中引用其他学者观点,指出“国家的相对富裕程度具有重要价值。很难满足基本需求的贫困国家的人们,比经济更发达国家的人们报告的幸福感更低”[③]。理查德·A. 伊斯特林认为,“经济状况在人们幸福的影响因素排名中位居榜首,其次是家庭和健康问题”[④]。韩国的Choi Hye Seung、Na Hyunjoo通过路径分析探讨物质剥夺对韩国年轻人幸福感的影响,根据构建的路径模型,得出物质剥夺、关系满意度、感知社会支持和抑郁对幸福感有显著的直接影响。物质匮乏对幸福感的间接影响具有统计学意义,研究结果表明,物质匮乏通过孤独感和关系满意度对韩国年轻人的心理健康和幸福感产生了多方面的影响。[⑤] 费洛里亚·科尔巴赫、科尼利厄斯·赫斯塔特专注老人群体,提出“财富资源也影响人的整体生活满意度”,包括有了足够的财富不用担心自己成为家庭的负担,有了财富也可以选择好的环境,有了财富可以做自己喜欢做的事情。[⑥] 查尔斯·西米克提出,食物能够让灵魂得到满足,而那是最高的幸福。[⑦] 综上可以看到,无论是美国学者、韩国学者还是德国学者,在幸福的影响因素中都强调了经济因素。除此之外,泽田康幸、明哈吉·马赫穆德、北野尚宏通过对孟加拉城市的抽样调查发现,在收入等传统变量外,感知环境质量对人是否幸福的主观感

---

① 参见陈亚玲、胡爱丽:《马克思的幸福观及其当代价值》,《甘肃社会科学》2014年第4期。

② 参见于昆:《马克思幸福观要旨及其时代意蕴》,《广西师范大学学报》(哲学社会科学版)2013年第6期。

③ [美]杜安·舒尔茨、西德尼·艾伦·舒尔茨:《人格心理学:全面、科学的人性思考》,张登浩、李森译,机械工业出版社2020年版,第244页。

④ [美]理查德·A. 伊斯特林:《幸福的经济学》,笪舒扬译,中译出版社2022年版,第22页。

⑤ Choi Hye Seung, Na Hyunjoo, "Factors Affecting Well-being in Korean Young Adults Facing Material Deprivation," *Journal of Psychosocial Nursing and Mental Health Services*, vol. 62, no. 3 (2024), pp.29-38.

⑥ 参见[德]费洛里亚·科尔巴赫、科尼利厄斯·赫斯塔特编:《银发市场现象:老龄化社会营销与创新思维》,胡中艳、卢金婷译,东北财经大学出版社2016年版,第195页。

⑦ 参见[美]查尔斯·西米克:《以欢笑拯救》,张健译,江苏凤凰文艺出版社2022年版,第45页。

受的影响也很强烈。[①] 杜安·舒尔茨、西德尼·艾伦·舒尔茨通过对来自不同文化区域的人们的分析，提出“不同的文化似乎会导致个体具有不同水平的主观幸福感”，“他们的主观幸福感水平与其祖先所来自的国家一致”。[②]

关于幸福的构成要素研究。幸福的构成要素是指那些内在或核心的组成部分，它们共同构建了一个人体验到幸福感的基本条件和深层次需求。阿图尔·叔本华认为，自在且快乐是构成幸福的重要元素。[③] 阿尔贝托·西蒙尼提出，有归属感、乐于分享及自我奉献是构成幸福的三个要素。[④] 伯特兰·罗素强调：“幸福的要素是，我们的生活方式必渊源于我们自己的深邃的冲动，而非渊源于做我们邻居或亲戚的偶然的嗜好与欲念。”[⑤]山田孝雄强调德性是幸福的要素。因此，没有德行就是恶，就是不幸福的根源。[⑥] 约翰·斯图亚特·穆勒认为，“在那些公正无私地热爱德性的人眼中，德性已经变成了目的的一部分，他们追求德性、珍惜德性，不是把它看作实现幸福的手段，而是看作他们自己幸福的一部分”[⑦]。大卫·科珀继续强调亚里士多德的公平正义、善良有爱等伦理德性是构成人的“幸福”的要素。[⑧]

关于马克思的人类美好生活观的研究。马克思的人类美好生活也就是人类的幸福生活。伊安·亨特对马克思的美好生活进行了总结，指出“这种美好生活观隐含在他的‘异化’概念中。马克思的美好生活是他称为‘必然王国’的一种自由活动，以及在‘真正的自由王国’中尽可能多的自由活动，其中人的能力最终是为了他们自身的发展而表达出来的”[⑨]。这与国内学者提出的幸福实现的条件之一是对“异化”的扬弃和人的自由全面发展是幸福的最高目标相

① 参见[日]泽田康幸、[孟]明哈吉·马赫穆德、[日]北野尚宏主编：《孟加拉经济与社会发展》，万光荣、张玲译，湖南人民出版社 2019 年版，第 261 页。

② [美]杜安·舒尔茨、西德尼·艾伦·舒尔茨：《人格心理学：全面、科学的人性思考》，张登浩、李森译，机械工业出版社 2020 年版，第 245 页。

③ 参见[德]阿图尔·叔本华：《人生的智慧》，梁盛译，百花文艺出版社 2018 年版，第 179 页。

④ 参见[意]阿尔贝托·西蒙尼：《我就是个普通人》，罗伊伊译，江苏凤凰文艺出版社 2021 年版，第 116 页。

⑤ [英]伯特兰·罗素：《幸福之路》，傅雷译，万卷出版有限责任公司 2022 年版，第 118 页。

⑥ 参见[日]山田孝雄：《东西方伦理学》，吴潜涛等译，河南人民出版社 1989 年版，第 53 页。

⑦ [英]约翰·斯图亚特·穆勒：《功利主义》，刘富胜译，光明日报出版社 2007 年版，第 55 页。

⑧ 参见[美]大卫·科珀：《存在主义》，孙小玲、郑剑文译，复旦大学出版社 2012 年版，第 227 页。

⑨ [澳]伊安·亨特：《自由社会主义：以罗尔斯和马克思为基础的另一种社会理想》，凌菲霞译，天津人民出版社 2021 年版，第 13 页。

一致。

国内外关于幸福和马克思幸福思想的研究目前已经取得了丰富的成果，为今后开展相关研究打牢了根基。但研究视角、路径建构、结合当代实际等方面的研究，还存在短板和弱项，这为后续深入探索和逐步精炼马克思幸福思想的研究开辟了新的视角和可能性。一是在研究体系上，现有研究主要集中在概念、理论来源、主要内容、特征及当代启示上，但关于幸福的内容、人与自然的关系尚未被纳入学者的研究范畴，幸福实现的路径建构以及结合今天“幸福中国”建设的研究还很少涉及，在今后的研究中需要进一步加强。二是在研究角度上，有的学者集中于人学角度进行研究，有的学者侧重于马克思的历史唯物主义角度进行研究，无论是历史唯物理论还是马克思人学理论，都是马克思主义理论的重要组成部分，应将马克思人学理论和历史唯物理论结合起来探讨马克思幸福思想。三是对马克思幸福思想在当今中国的发展方向缺乏全面系统的认识。马克思幸福思想是在实践中产生的，也只有从“幸福中国”的实践发展出发科学运用，其才能继续发展。只有将马克思幸福思想与中国实践结合起来，才能正确解决我国在“幸福中国”实践过程中出现的新问题。

（二）本研究独到的学术价值和应用价值

1.学术价值

一是有助于深化对马克思幸福思想的认识。在马克思恩格斯的经典著作中，并没有明确提出“幸福”的概念。但是对幸福问题的研究却是贯穿马克思主义基本理论的一条主线，是马克思主义理论所要解决的现实问题。马克思主义理论中包含了对人的本质和人的自由全面发展的深刻阐述，这些思想是个体和社会通向幸福生活的条件和目标。在马克思理论体系中，消灭剥削和压迫，消灭私有制，最终实现共产主义社会，这就是关于幸福的理想愿景。对马克思幸福思想的研究，让我们更深入认识和了解马克思主义理论。因此，本书将紧密结合中国实际，认真解读马克思经典著作中所蕴含的幸福思想，对于我们深入理解、传承并创新马克思关于幸福的思想具有重要的意义。

二是有助于创新发展中国化时代化的马克思幸福思想。追求幸福是人类的本性。人类也是通过实践去往实现一个又一个目标和需要的幸福路上，总是一个目标和需要得到满足后又产生新的目标和需要。中国特色社会主义进入新时代，习近平总书记立足马克思主义基本原理，坚持“人民至上”的价值理念，反映时代发展的根本要求，提出人民幸福观。马克思主义作为中国共产党的核心指导思想，同样构成了习近平总书记以人民为中心重要论述的基石。要对人民幸福生活有深入而又准确的理解，必须挖掘幸福思想的理论来源，也就是说，必须对马克思幸福思想进行研究。只有这样才能为今天追求人民幸福提供基本遵循，进而推动习近平总书记以人民为中心重要论述的不断发展。另外，对创新和发展科学社会主义的话语体系、学术体系也具有重要的学术价值。

2.应用价值

一是有利于为个人追求幸福生活提供方法论指导。在当今复杂的社会背景下，随着物质生活水平的提高和科技的进步，社会创造的物质财富越来越多，但个人幸福感并未相应提升，出现所谓的“幸福悖论”。要破解幸福悖论，需要研究马克思幸福思想。诞生在马克思人学思想和唯物史观基础上的马克思幸福思想，从幸福是物质幸福与精神幸福的整体统一、劳动与享受在动态中的统一、个人幸福与社会幸福的有机统一的角度为人们拨清认知的迷雾，从而引导人们树立科学的幸福观。

二是有利于为社会主义中国实现人民幸福提供理论指导。习近平总书记指出：“为人民谋幸福、为民族谋复兴，这既是我们党领导现代化建设的出发点和落脚点，也是新发展理念的‘根’和‘魂’。”[①]习近平总书记始终强调为人民的利益和幸福而努力工作。而当今我们正处于中华民族伟大复兴战略全局和世界百年未有之大变局的背景下，世情、党情、国情发生了深刻的变化，在这样的情况下，中国共产党要带领全中国人民过上幸福生活，必须在坚守马克思幸福思想主旨基础上，密切联系当前实际，才能保证我们在奋斗的路上不走样不变形。因此，对马克思幸福思想进行深入研究，有助于引领人们更好地追求幸福生活，为新时代中国特色社会主义幸福观的建构提供理论指导。

三是有助于为全人类的幸福生活构建汲取经验教训。马克思是世界无产阶级的革命导师，他在推动世界历史进程和人类文明进步方面起到了关键作用，马克思主义理论在世界范围内产生了深远影响。在经济全球化的今天，国与国之间、不同国家的人民之间联系越来越紧密，可以说“互联互通、休戚与共”。幸福生活的实现除了与本国的发展和稳定息息相关，还需要有和平稳定

---

① 《习近平著作选读》第2卷，人民出版社2023年版，第407页。

的国际大环境。习近平总书记深化并拓展了马克思的世界历史理论，创造性地提出了构建“人类命运共同体”的理念。在这一宏大的视野框架内，对美好生活理论进行全方位、体系化的探索与研究，不仅能丰富其内涵，还能为全世界追求美好生活的人贡献出宝贵的中国经验和中国智慧，展现出一种可供参考的解决方案，以促进全人类的福祉与进步。①

（三）研究内容

1.研究对象

本书以马克思幸福思想为研究对象。具体说，首先，通过对马克思幸福思想的形成背景和理论来源进行追溯，分析马克思幸福思想的发展过程，进而提炼总结马克思幸福思想的主要内容，并对马克思幸福思想的实现条件与路径建构进行探索。其次，密切联系当前新时代的特征，分析马克思幸福思想的当代价值，为建构新时代中国特色马克思幸福思想提供理论指导。

2.总体框架

导论部分主要研究对“幸福”的概念界定，阐述幸福是人类社会追求的终极价值目标。回顾人类历史，古今中外，无论是具有影响力的思想家，还是默默无闻的普通百姓，都对“何谓幸福”进行了思考和探索。马克思在求学、工作和参加革命运动的过程中，对西方哲学传统中的幸福思想进行了积极的扬弃，通过科学的视角找到了什么是幸福以及幸福实现的真正路径，马克思幸福思想是马克思关于幸福的观点和学说的系统整理和提炼。“社会发展的最终目标是实现人的幸福。社会历史的创造者是现实生活中追求幸福的人，那么社会发展的目标理所当然是为了实现人的幸福。”②

第一章是马克思幸福思想的形成背景和理论渊源。任何思想，追本溯源都能找到其产生的社会条件和理论渊源。马克思幸福思想的产生离不开马克思生活的那个时代欧洲的发展情况。当时工业革命的兴起、无产阶级的斗争实践以及交往实践的广泛展开为马克思幸福思想的形成奠定了物质基础、阶级基础和交往基础。马克思幸福思想的产生受到了西方启蒙思想家的启发，包括理性层面幸福研究的代表者柏拉图、亚里士多德、德谟克利特等，情感层面幸福研究

① 参见甄晓英：《马克思美好生活观研究》，兰州大学博士学位论文，2022年。

② 高延春：《社会发展的终极价值目标论》，《社会科学家》2009年第12期。

的代表者伊壁鸠鲁、费尔巴哈等，欲望层面幸福研究的代表者边沁、爱尔维修等，理性、情感和欲望三者混合层面幸福研究的代表者苏格拉底、康德等。马克思主要批判吸收了黑格尔的辩证法、费尔巴哈的唯物主义，借鉴了康德关于人的主体能动性和实践理性的思考，等等。探讨马克思幸福思想与西方哲学传统的关系，有助于弄清马克思幸福思想的来龙去脉，深化马克思幸福思想研究。

第二章是马克思幸福思想的发展过程。马克思幸福思想的形成不是一蹴而就的，而是经历了一系列不断发展和完善的过程。马克思幸福思想作为马克思世界观的有机组成部分，其演化发展的内在逻辑与马克思主义世界观的发展历程是同步的，也就是说，马克思主义世界观的发展轨迹是研究总结马克思幸福思想形成与发展的主线。从马克思对世界概念本身的探索到唯物主义和共产主义的转变，再到完整的科学世界观的起源，在这一过程中，我们把马克思幸福思想的发展轨迹分为萌芽、初步形成、发展成熟、深化发展四个阶段。

第三章是马克思幸福思想的主要内容。马克思幸福思想作为一种思想体系，具有丰富的内容，马克思在革命过程中围绕实现人民幸福的目标探讨了一系列惠及人民的举措，探索了一条创造人民幸福生活的科学社会主义道路，提出了一系列关于实现人民幸福的论述。马克思幸福思想是一个系统的理论体系，包含现实的人是幸福的主体，劳动是实现幸福的唯一手段，需要是幸福追求的内在驱动力，生态幸福是幸福的自然条件，人的自由全面发展是幸福的最终目标。我们只有在全面解读马克思幸福思想主要内容的基础上才能科学揭示其实现条件、路径建构及当代价值。

第四章是马克思幸福思想的实现条件与路径建构。马克思幸福思想并不是仅仅停留在概念论述和学理阐释上，更重要的是，它是一种需要通过持续的革命行动和实际参与来不断追求和实现的理想状态或目标。幸福思想的实现条件与路径建构是现实生活中的人在一定的经济、社会条件下，以积极主动的态度，开拓思维、创新方法，不断探索和实践新的思路和路径。幸福生活的实现依赖于无产阶级政党的领导、物质生产力的极大发展、社会的高度和谐、共产主义的实现。马克思在揭露和批判资本主义制度的基础上，通过无产阶级联合起来进行革命、无产阶级自由自觉的劳动、生产资料公有制之上的“按需分配”建构他的幸福思想，使幸福生活从一种理想图景变成了一种实践过程。

第五章是马克思幸福思想的当代价值。马克思幸福思想的使命就是为全人类能够过上幸福生活提供理论指导。然而，当今时代，随着经济快速增长、消费水平提高，人们的生活压力增大、工作竞争加剧、人际关系疏离、环境问题突出，这些因素可能导致人们的心理健康状况下滑，对生活的满意度降低，从而出现“越富有越不幸福”的幸福悖论。马克思幸福思想可以为人们走出幸福悖论提供理论依据，为树立正确的价值思想提供引导。同时，新时代，尽管党情、国情等各方面都在变，但马克思幸福思想的基本遵循在今天依然有着历史穿透力，马克思幸福思想涉及的推动生产力发展、维护社会公平正义、坚持人与自然和谐共生等在今天幸福中国的建设中依然具有重要指导意义。

（四）重点、难点

1.重点

一是着力构建马克思幸福思想的理论框架。基于历史唯物理论和马克思人学理论的马克思幸福思想是中国共产党建构幸福思想的根本指导，对马克思幸福思想的研究也是为了更好地构建幸福社会。因此在总体框架构建上要做到理论与实践结合，历史与现实结合。跨越历史鸿沟，对接现实实践，只有这样，马克思幸福思想在今天的指导作用才更有针对性，这样的研究也更有意义。二是马克思幸福思想的内容比较繁杂，如何从丰富的马克思幸福思想理论体系中抓出其主要内容，需要有一个去粗取精、去伪存真的过程。

2.难点

一是对马克思幸福思想的研究不局限于马克思主义理论，因为马克思幸福思想是在西方哲学传统的基础上，在费尔巴哈、黑格尔这些启蒙思想家们的滋养下诞生的，因此对马克思幸福思想进行研究还要对西方哲学传统有较深入的研究，否则马克思幸福思想就成为无源之水、无本之木。二是马克思幸福思想在马克思主义理论中并没有被系统阐述，而是散见于马克思的书信、手稿和著作中，并通过其历史唯物主义、异化劳动、共产主义等论述体现出来，这要求笔者必须认真研读马克思的文稿，并从中抓取有关幸福的内容。三是马克思和恩格斯合著且未标明分工的作品中，区分是马克思还是恩格斯的观点是比较困难的。本书明确论述的是“马克思幸福思想”。那么，对马克思和恩格斯合作完成的文稿以及马克思受恩格斯影响而产生的观点如何区分并作有效处理，也是写作过程中要重点注意的问题。

（五）研究目标

全面梳理马克思有关幸福的论述，系统阐述马克思幸福思想形成的社会背景和理论来源、形成过程、主要内容、实现条件和路径建构、当代价值等核心问题并进行深度解读。将马克思幸福思想置于马克思所处的社会关系中，考察其对当时生产资料私有制、异化劳动、剥削和压迫的回应，以及对资本主义社会固有矛盾的深刻洞察。揭示马克思幸福思想的发展脉络，分析其在不同历史时期和著作中的演变与深化，探讨其对西方哲学传统的继承与批判，构建起马克思幸福思想的完整理论体系。探讨马克思幸福思想在当代社会的重要意义，特别是在当今时代背景下，分析其对个体幸福、幸福中国建设等的指导作用，使得马克思幸福思想更好地指导今天幸福中国的建设。

四、研究方法

第一，历史实证与逻辑论证统一的方法。在历史唯物主义视角下，马克思通过对幸福思想历史进程的认真梳理和对未来共产主义社会的科学预见，构建了一种基于社会实践并指向人的自由全面发展与幸福实现的理论框架；在逻辑上，马克思认为只有解决了生产力和生产关系之间的矛盾，消除异化劳动，实现自由人联合体，才能真正实现全体社会成员的幸福。

第二，文本解读的方法。通过对马克思的书信、文稿、经典著作进行梳理，从中抓取有关幸福的思想；通过对西方哲学的代表人物如费尔巴哈、黑格尔、康德等思想的批判和反思找到马克思幸福思想的理论来源。

第三，批判与建构相结合的方法。“马克思在批判资本主义制度的基础上阐述了幸福的现实社会条件，在批判宗教虚幻性的基础上阐述了幸福的现实性，在批判劳动异化的基础上阐述了劳动幸福的现实性和可能性。”[①]马克思也在通过自由自觉的劳动、按需分配、无产阶级的联合建构未来的幸福社会。

第四，理论联系实际的方法。理论最终都是服务于实践的。通过对马克思幸福思想的社会背景、理论基础、发展过程、主要内容等的梳理，帮助读者准确把握马克思幸福思想，最终目的是指导解决今天人类社会发展中追求幸福所面临的问题，指导今天幸福中国的建设。

---

① 颜军：《马克思幸福思想研究》，中国社会科学出版社 2019 年版，第 85 页。

第一章　马克思幸福思想的形成背景和理论渊源

任何思想理论的产生都是历史发展到一定阶段的结果，都能找到其产生的时代背景和理论渊源。马克思幸福思想的产生离不开马克思生活的年代，当时欧洲许多国家先后完成了资产阶级革命，社会分工不断加强，生产力水平极大提高，促进了交往实践的展开，相应地带动了生产关系的变革，生产力与生产关系的矛盾加剧，资本主义内部矛盾逐步显露，与此同时，无产阶级和资产阶级对抗性的阶级矛盾不断激化，这些都引起了马克思的思考。同时，对西方启蒙思想家建立的感性主义、理性主义、欲望主义幸福思想的批判和继承，为马克思构建幸福思想提供了理论指导。要对马克思幸福思想有深入的理解，必须厘清马克思幸福思想形成的时代背景和理论渊源。

第一节　马克思幸福思想形成的历史境遇

在18、19世纪，法国大革命的冲击波引起整个欧洲社会的剧烈变革，在政治体制、经济结构、思想文化等方面重塑了欧洲大陆，加速了封建制度的瓦解，促进了资本主义经济的发展。资本主义生产方式创造的物质财富比以往任何时期都要丰富，但也催生了一个庞大的无产阶级群体，他们除了自己的劳动力别无长物，被迫在市场上出售劳动力。社会日益分化为两大对立阶级，无产阶级同资产阶级的矛盾上升为主要矛盾。这些都对马克思产生了深刻的影响，促使他终其一生致力于人类幸福和社会解放的深入思考和实践探索。

一、工业革命的兴起

第一次工业革命是多种条件交互作用的结果。1688 年的光荣革命为资本主义经济的发展扫除了封建制度的障碍，英国通过海外市场积累了大量金银财富，人类进入“蒸汽时代”以及社会需求暴涨，这些条件为工业化转型提供了良好的社会环境，从而开启了以机器大工业为特征的工业化进程。从 18 世纪末到 19 世纪中叶，工业化浪潮席卷整个英国，以蒸汽为动力的机械设备代替以风力、水力、畜力驱动的简单机械，以集中使用蒸汽机的工厂代替分散的手工业劳动工场。工业革命的兴起引起了一系列社会变革。

一是从社会生产力的角度来看，世界历史上发生了一场空前绝后的生产力巨变，劳动生产率不断提升，物质财富不断增加。机器大工业的广泛使用，促使传统手工业和家庭作坊走向没落，“在机器操作中，工人从‘使用工具’变成‘服侍机器’，尽管操作机器也需要一定的操作经验和技巧，但整个说来，操作技术大大简化了”①。工人们不再需要精通所有的生产环节，而只需熟练操作一个环节，通过这种细致分工，生产成本被有效控制，进而加速了生产环节的标准化与机械化进程，工厂管理水平得到显著提升，生产效率实现了质的飞跃。马克思、恩格斯在《共产党宣言》中指出：“资产阶级在它的不到一百年的阶级统治中所创造的生产力，比过去一切世代创造的全部生产力还要多，还要大。”②而且，“一经形成的工业推动所带来的结果是无穷无尽的”③。工业革命的进程极大地推动了科学技术的发展与创新，同时也促进了科学技术在生产、生活等各领域的应用。

二是从经济地理和人口结构来看，随着工业革命的进行，英国工业中心向煤铁资源比较集中的区域转移，人口也从乡村转移到城市。在工业革命之前，英国东南部沿海交通便利，这一区域经济比较发达，手工业和家庭作坊遍布各地。随着工业革命的推进，大工业生产对煤炭等资源需求增长，英国的工业中心逐渐从东南部向河流、煤炭、铁矿石等资源比较富集的西北部转移，比如，钢铁工业迅速转移到西北部的英国工业中心地带的煤田区。与此同时，机器生产

---

① 单中惠、贺国庆主编：《外国教育思想通史》第 8 卷，湖南出版社 2005 年版，第 354 页。

② 《马克思恩格斯文集》第 2 卷，人民出版社 2009 年版，第 36 页。

③ 《马克思恩格斯文集》第 1 卷，人民出版社 2009 年版，第 102 页。

需要大量的专业工人，大批农村人口大量涌入新兴工业区，导致城市化和工业市场的形成，英国从乡村社会向城市社会迈进。“1801 年人口调查最后的结果是：英国在 100 年内人口增加了 60%。在人口增加的同时，人口重心也在逐步向西北地区的大工业中心转移，即大工业引起了这些大的人口中心的产生。英国近代大工业所造就的最具有代表性的棉纺工业城市是曼彻斯特，冶金工业城市是伯明翰和黑乡。”①

三是从世界各国的发展来看，工业革命为世界市场的形成提供了条件。首先，工业革命使英国先进的科学技术迅速地传到欧洲大陆、北美和其他国家与地区，极大地推动了法国、德国、美国及其他众多国家的工业化进程，对全球工业化格局的形成起到了关键作用。其次，工业革命增强了欧洲各国的经济和军事实力，欧洲国家开启了以殖民扩张为财富积累方式的现代化建设。欧洲各国抓紧瓜分世界，建立起了以英国、法国、葡萄牙、比利时、德国为核心的殖民体系，将全球大部分地区纳入资本主义世界经济体系，对殖民地进行资源掠夺和市场控制。最后，工业革命中交通业的迅猛发展拉近了世界各国的距离，生产和交通业的迅猛发展使得国家或者城市间的往来更加便利，产品的运输也更加快捷，大大满足了市场的需要。②

二、无产阶级和资产阶级的对抗

在工业革命中，西方国家在工业化、城市化和全球化等各方面都得到迅猛发展，但工业革命也充分暴露出了资本主义生产方式的局限性，产生了无产阶级和资产阶级的对抗。在工业化进程中，随着手工工场向机器大工业的过渡，出现了以大规模生产、市场为导向的资本主义生产方式。资产阶级通过投资购买生产资料（如土地、原材料、工具和劳动力），并将产出的商品在市场上销售以获取利润，这就产生了几乎独占一切生活资料及生产这些生活资料所必需的原料和工具的资产阶级或资本家。同时，马克思和恩格斯在《共产党宣言》中指出：“资产阶级即资本愈发展，无产阶级即现代工人阶级也在同一程度上跟着发展；现代的工人只有当他们找到工作的时候才能生存，而且只有当他们的劳动

① 刘明翰主编：《外国史学名著评介》第 5 卷，山东教育出版社 2019 年版，第 428 页。
② 参见张富春主编：《西方经济史》，中央广播电视大学出版社 2013 年版，第 118—120 页。

增殖资本的时候才能找到工作。这些不得不把自己零星出卖的工人，象其他任何货物一样，也是一种商品。"[①]在资本主义生产方式下，劳动者为了生存不得不出卖自己的劳动力给资本家，从而换取工资维持生活，这些没有或几乎不拥有生产资料的人形成了无产阶级，他们除了自身的劳动力外一无所有。可以看到，机器大生产使整个工业行业被大资本家主导，这导致工人原本拥有的少量财产（如工具、织布机等）变得毫无价值。

同时，随着大机器的使用，资本家为了提升生产效率，只需要工人熟悉一个细小的操作环节，日复一日地重复单一分工，使产品生产越来越快，从而价格更低。分工把工人能动的劳动变成一种机械的重复操作，这种操作机器完成得不仅毫不逊色，甚至能更加出色。因此，从纺纱和织布业开始，其他工业领域也逐一被蒸汽动力、机械化生产及工厂体系控制。最后的结果就是，大资本家掌控了所有的工业门类，工人却没有任何自主权利。传统意义下的手工业工场也逐渐被工厂制度控制，因为大资本家通过建设大规模工作场所降低成本并实施细致分工，使得小工场无法继续生存。结果，正如大家所看到的，在现代社会里，几乎所有行业都按照工厂模式运行，传统手工业在各行各业中几乎销声匿迹，被机器大工业淘汰。因此，以往的中产阶级，特别是小型手工业主，正面临着日益严峻的衰落，工人的处境经历了根本性的改变。

机器的普遍使用虽然极大地助推了国家的进步和社会财富的增长，但广大工人并没有获得应有的权利和财富。资产阶级为了追求利润，残酷剥削工人，丝毫不考虑工人的生存和发展需求，资本家把自己的"幸福"建立在对广大劳动人民的剥削和压迫之上。资本家往往不会把金钱花在改善工人的劳动条件和工作待遇上，工人们不得已在风险高、条件差和卫生条件堪忧的环境下工作是常态。工人们"随时面对受伤甚至死亡的危险；他们每天工作 12 到 18 个小时，每周工作 6 天半，因为只有工作才能保证生存"[②]。同时，随着大工业的发展，虽然创造的工作岗位越来越多，但远不能满足从乡村来到城市谋求生存机会的人群的需要。进而，城市中四处可见失业和半失业流浪人员，这也给城市带来了深重的失业危机和社会难题，"随着机器的应用和竞争的加剧，很多男性放弃原

---

① 《马克思恩格斯选集》第 1 卷，人民出版社 1972 年版，第 257 页。

② [美]玛丽·加布里埃尔：《爱与资本：马克思家事》，朱艳辉译，湖南人民出版社 2018 年版，第 74 页。

来从事的职业但又找不到新工作，相反，妇女和儿童工资更低，更容易受到雇用。另外，工厂和矿山提供的工作也谈不上什么稳定和安全"①。这也造成了工人阶级的绝对贫困，虽然工人们在工作中创造了大量的财富，付出了艰苦的劳动，然而，他们的薪资和其他收入微薄，根本无法满足基本的生存需要，居住条件也非常糟糕。"在工人居住区域，每座小屋有两间房间、一间地窖和一间阁楼，平均每座小屋住 20 个人，平均每 120 个人共用一个室外厕所。"②"从地窖到阁楼，每一寸空间都挤满穷人，甚至包括楼梯。有人租不起整张床，便只租一部分；有人租下沿墙系着的绳子的一部分，好有地方坐下睡一觉。不论男孩还是女孩，男人还是女人，熟人还是陌生人，大家就这样每天晚上挤在一起。"③在这样贫困的生活里，为了减轻家里的经济负担，女孩十几岁就要嫁出去，五六岁的男孩要到街头讨生活。在工人聚集比较集中的曼彻斯特，"在棉纱厂工作的工人一年四季都穿着便宜的棉布衣服，他们的衣服因为洗过无数次早就没什么颜色了，以至于穿件稍微带点颜色的衣服都成了财富的象征。他们买不起帽子，只能把硬纸浸湿，折成帽子形状戴在头上，抵挡没完没了的阴雨。手套、长袜这样的装备甚至没进入他们的词汇。鞋子也是奢侈的，不论男女老少，一年到头都光着脚"④。同时，由于大量的人涌入城市，也导致了社会问题的加剧，城市中的废水随意排放，垃圾随处可见，整个城市好比一个大垃圾场，污染状况越来越严峻，他们饱受疾病和不良环境的困扰；城市的急速增长使得基础设施建设落后，道路、自来水供给和排水系统难以满足市民的基本生活需求。可见，工业革命给广大劳动人民带来的不是幸福，而是万丈深渊，资产阶级犯下的罪行，"它使人和人之间除了赤裸裸的利害关系，除了冷酷无情的'现金交易'，就再也没有任何别的联系了"⑤。这也促使人民开始对自身幸福问题进行探索和思考。

工人阶级为了摆脱这种被剥削、被压迫的处境，为自己的生存和发展谋取

---

① [美]玛丽·加布里埃尔：《爱与资本：马克思家事》，朱艳辉译，湖南人民出版社 2018 年版，第 74 页。

② [美]玛丽·加布里埃尔：《爱与资本：马克思家事》，朱艳辉译，湖南人民出版社 2018 年版，第 77 页。

③ [美]玛丽·加布里埃尔：《爱与资本：马克思家事》，朱艳辉译，湖南人民出版社 2018 年版，第 78 页。

④ [美]玛丽·加布里埃尔：《爱与资本：马克思家事》，朱艳辉译，湖南人民出版社 2018 年版，第 77 页。

⑤ 《马克思恩格斯文集》第 2 卷，人民出版社 2009 年版，第 34 页。

合法权益，反抗资产阶级这个"公开敌人"[①]也就成了其主要任务。工人阶级反抗资产阶级的历史表现形式多种多样，从早期的自发性罢工和起义，到后来组织化的劳工运动和社会革命。19 世纪初，英国各地相继爆发工人自发捣毁机器的事件，而且越来越凶猛。比较典型的自发运动就是"卢德运动"。纳德·卢德是英国破坏机器运动的带头人。由于工人们的认知局限，并没有认识到自己受迫害的根源，把自己的悲惨命运归结为大机器的使用，因此破坏机器的事件经常发生，几乎遍及整个英国。当时英国政府为了维护工厂主的利益，派出了警察，而且动用了军队来镇压，曾颁布对破坏机器者处以死刑的法令来镇压这一运动。[②] 在极端困苦的情况下，有些工人还可能会诉诸偷窃、抢劫等犯罪行为，以求生存。尽管这种反抗形式较为零散，往往又缺乏组织和计划性，但反映了工人阶级在经济和社会压力下的绝望处境。伴随着工人的这些抗议表现形式，工人阶级也逐渐觉醒并意识到集体力量的重要性，他们开始采取实际行动，要求有分享自己所创造的物质财富和社会利益的权利，有追求自身幸福的权利，他们逐渐认识到，只有通过团结一致的行动，才能有效地对抗资产阶级的剥削，实现自身解放的目标。[③]

"第一批工人联合组织、互助会、文化教育协会和与此类似的合法的、非法的工人阶级组织也开始产生。"[④]例如，"1805 年，织布工人为了向国会呈递关于规定最低工资的请愿书，成立了自己的十分广泛的组织。1812 年，在格拉斯哥组成的织布工人秘密协会进行了织布工人总罢工。1816 年，纺纱工人秘密协会也组成了。1818 年，苏格兰矿工秘密协会进行了苏格兰矿工总罢工"[⑤]。1830 年，英国的工人第一次尝试建立起一个全国工人的工会。1836 年，成立了伦敦工人协会。这些组织起初表明工人对幸福生活的追求也只是提高工资、缩短工作时间、扩大选举权、提高地位和改善经济条件等最基本的方面，当社会矛盾激化时，工人阶级可能采取更为激烈的行动，也诞生了法国里昂工人起义、英国宪章运动、德国西里西亚纺织工人起义等有组织的运动，但终究还是"充满了工人

---

① 《马克思恩格斯文集》第 1 卷，人民出版社 2009 年版，第 448 页。

② 参见郑州大学等编：《简明国际共产主义运动史辞典》，安徽人民出版社 1985 年版，第 501 页。

③ 参见朱亚男：《马克思人民幸福思想研究》，兰州大学博士学位论文，2023 年。

④ [苏]日梅霍夫编：《国际工会运动史教材》第 1 册，新兵译，工人出版社 1956 年版，第 3 页。

⑤ [苏]日梅霍夫编：《国际工会运动史教材》第 1 册，新兵译，工人出版社 1956 年版，第 4 页。

的一连串的失败”[①]。但工人组织的出现，使得工人们能够团结起来，以集体行动的方式争取自己的权益，工人组织对工人阶级的觉醒和自我意识的形成起到了非常重要的作用。随着社会主义思想的影响逐渐加深，社会主义政党和工人阶级组织逐渐壮大，推动了社会主义革命的浪潮。工人通过这些运动开始形成阶级意识，他们意识到只有通过暴力革命才能在与资产阶级的对抗中取得胜利。同时，伴随着工人阶级与无产阶级思想的结合，工人阶级对资本主义社会的阶级本性有了更清楚的认识，这唤醒了他们内心深处对公平正义和美好生活的渴望，激发了工人阶级的反抗意识和集体抗争。虽然工人阶级的抗争经常在资本家的暴力镇压下付出流血牺牲的代价，但这使得工人们更深刻地意识到，在资本主义制度下，政治权威往往体现资产阶级的意志，而非体现广泛的民众意志，尤其是忽视了工人阶级的诉求，这使得工人阶级更坚定地争取和维护属于自己的权益。随着时间的推移，工人运动的性质也发生了转变，逐渐从争取工资和好的工作条件的工会斗争转向针对资本主义制度的政治斗争，从本质上对剥削、压迫工人阶级的资本主义制度进行批判，资本主义体系逐步遭遇内外部双重压力与质疑。工人阶级的觉醒和对幸福的追求是一个艰辛而又漫长的历程，但对人类的发展和进步具有重要意义。[②]

三、交往实践的广泛展开

生产力的发展促进了交往实践的展开。在黑格尔的辩证哲学中，人们看到："在法国西部、比利时和英国，政治、艺术和经济都在大踏步前进，因为那些地方的国王敢于让子民说出也写出心声，甚至允许政治投票。他们看到钢铁被加工成铁轨，让火车以闻所未闻的每小时 60 英里地高速驶向未曾开发的乡村；他们听到电流的噼啪声，知道第一块电池已经生产出来；他们听说有一种通信发明，叫作电报，就像魔术一般。"[③]科学技术的创新，特别是交通和通信技术的飞速发展，改变了人民的沟通交往方式。马克思恩格斯指出："资产阶级，由于一切生产工具的迅速改进，由于交通的极其便利，把一切民族甚至最野蛮的民

① 《马克思恩格斯文集》第 1 卷，人民出版社 2009 年版，第 452 页。

② 参见朱亚男：《马克思人民幸福思想研究》，兰州大学博士学位论文，2023 年。

③ [美]玛丽·加布里埃尔：《爱与资本：马克思家事》，朱艳辉译，湖南人民出版社 2018 年版，第 21 页。

族都卷到文明中来了。”[①]

首先，物质互动形式多种多样。在野蛮状态下，“资本和劳动还是统一的”[②]，随着生产力的发展和社会分工的产生，生产效率大大提高，使得生产的产品大大超出人们自己的需要而出现了剩余，同时由于自身生产和发展的需要，也产生了拥有他人生产的产品的需求。结果出现了为了交换而进行的商品生产。商品生产的普遍化使得人们只能以商品交换的方式来满足人的本质需求。最开始这种交换是在“外化的私有财产的粗糙形式中，在物物交换中”[③]发生的。剩余产品的形成和交换是在偶然中出现的，并不是劳动者一开始生产就有的目的。但既然交换已经无可避免地出现了，劳动的作用已经超出劳动者最初的认知，生产者通过市场媒介将自己生产的劳动产品进行交换并获得货币，然后再通过货币获取自己所需的产品，这种基于等价交换的商品流通构成了资本主义社会最基本的物质交往形式。马克思和恩格斯认为，经济领域内的商品流通，对推动经济增长、丰富民族文化、促进技术交流起到积极作用。然而，它也导致资源分配不均、市场波动、债务危机等问题，有时甚至会激化国家和地区之间的矛盾，加速人类社会的变革。

其次，社会交往的异化。随着剩余产品逐步转变为恒定的生产，对他人劳动产品的需要不断发展，人们开始有意识地以交换为目的生产产品。这就意味着人类关系发生了根本性的变化。马克思认为，资本和劳动关系是整个资本主义社会关系的中心，二者的矛盾导致劳动异化。在资本主义生产方式下，生产资料被少数资产阶级占有，劳动者（无产阶级）则失去了与生产资料的直接联系，被迫将劳动力作为商品出卖以换取生活资料。在这种情况下，劳动产品以及生产过程本身变成了统治和压迫劳动者的“物”。具体表现为，一是劳动产品异化：劳动者创造的产品与其自身相分离，并且转化为不属于他们的财产——资本家的所有物。劳动者无法享受自己劳动的成果，反而成为他们不得不依赖的东西。二是劳动活动本身异化：劳动不再是人的自我实现的过程，而是为了生存不得不从事的、受资本家强制控制的苦役。劳动者在劳动过程中丧失了自主性和创造性，成为机器体系的一部分。三是人与人的关系异化：只要人们直

① 《马克思恩格斯文集》第2卷，人民出版社2009年版，第35页。

② 《马克思恩格斯文集》第1卷，人民出版社2009年版，第177页。

③ 《马克思恩格斯全集》第42卷，人民出版社1979年版，第28页。

接为自己生产，他们就还是单个人本身。现在交换和分工作为人们之间的社会联系的直接形式确定下来。但是，这种联系不是作为真正的人类的联系产生并确定下来的，而是作为个人需要和利己主义的产物确定下来的，它造成人与人之间的真实关系变得疏远和异化。四是人的本质属性异化：劳动本应是人的本质力量的对象化，是人的自由全面发展的手段，但在资本主义制度下，劳动却变成了一种外在的、压迫性的力量，使得人反过来被自己的劳动产品及其生产条件奴役。生产是为满足人类社会的物质和精神等各种需求而存在的，但是在资本逻辑的主导下，生产是为追求利润最大化，只是为了生产而生产，不是为满足人的需要而生产。因此，"物奴役人"这个过程反映了马克思主义对资本主义条件下人与劳动及劳动产品之间扭曲关系的批判，揭露了资本主义生产关系下，非人的力量统治了整个人类社会。

再次，精神交往形式丰富。马克思和恩格斯认为，精神交往是从物质交往中分化出来的，从根本上讲，人类社会的物质交往决定精神交往。在现实社会中，"每个人之间的交往取决于他们赖以生存的生产方式"①。在马克思生活的年代，人与人之间的交往可以借助于书信、报刊等媒介，通过这些媒介，实现了人们在思想和情感上的互动和沟通，旨在满足人类精神领域深层次的社交需求，这种交往属于精神范畴。马克思参与各种活动和组织的主要形式便是和各国无产阶级政党领导人、革命者通信，马克思与阿尔诺德·卢格、康拉德·施米特等人都有较密切的书信往来，这是马克思建立和保持精神交往的一条重要途径。②

最后，政治往来密切。随着工业化国家（如英国）实力的迅速增强，其在全球范围内的影响力和殖民扩张活动加速促进了世界市场的形成，各国之间的经济联系变得更为紧密，自由贸易的理念逐渐取代重商主义，催生了一系列国际贸易协定和条约，加强了不同国家间的经济交往和相互依赖。总之，人们通过不同的交往方式和交往手段，逐渐形成联系日益紧密的联合体，更进一步促进了不同国家、不同地区人们的沟通交流。随着交往范围的不断扩大，一方面，人们对幸福生活的需要发生了更大的变化，需要的内涵不断丰富，需要的层次不断扩大；另一方面，交往范围的不断扩大，为人们幸福生活的实现提供了条件，

① 庄晓东：《传播与文化教程》，云南大学出版社 2021 年版，第 48 页。

② 参见鲍金、马尚明、朱玉霞：《马克思恩格斯书信细读》，中央编译出版社 2023 年版，第 3—19 页。

也为马克思幸福思想的形成提供了基础。[①] 但随着劳动的异化，普通劳动者成为工作的机器，毫无自由可言，被剥削和被压迫的程度也越来越重，广大无产阶级追求自由解放、实现幸福的诉求也越来越强烈。

第二节　马克思幸福思想的理论渊源

马克思幸福思想不是凭空产生的，而是深深根植于西方文化传统之中，马克思幸福思想的形成受到了伊壁鸠鲁、康德、德谟克利特、费尔巴哈等哲学家、思想家的影响和启发。可以说，离开了西方思想家关于幸福的探讨，马克思幸福思想就不会被完整理解。因此，深化马克思幸福思想的研究离不开探讨马克思幸福思想和其先驱者的理论渊源，这样才能更好地理解马克思幸福思想。西方思想家关于幸福的探讨在今天的研究中被分为四个层面，即理性层面的幸福、情感层面的幸福、欲望层面的幸福以及三者混合层面的幸福。四个层面的幸福各有特色和侧重，马克思通过吸收、反思不同层面幸福观的理论，最终形成了自己独特的幸福思想。通过细致审视这些方面，我们可以更深入地理解并认识到马克思幸福思想所具有的独特视角及卓越价值。[②]

一、理性层面的幸福

理性层面的幸福是西方道德哲学思想史中最重要的内容之一。其核心是弘扬理性的光辉，重视人的道德理想，是提倡将精神幸福置于核心的幸福观[③]，试图在现实生活之外构筑某种“理想国”或“乌托邦之乡”，以柏拉图、亚里士多德、德谟克利特为代表。

柏拉图对幸福的探讨是其哲学体系中的核心议题之一，其在著作《理想国》中对此进行了深入而系统的阐述。柏拉图认为：“理念是世间万物存在的本源，坚持和信奉理念论，把人的灵魂和肉体截然分割开来，片面抬高和肯定灵魂，贬

① 参见甄晓英：《马克思美好生活观研究》，兰州大学博士学位论文，2022 年。

② 参见黄蓓蓓、熊火根、朱喆：《马克思幸福观的超越之境和独特意蕴》，《学校党建与思想教育》2019 年第 6 期。

③ 参见赵军魁：《马克思主义幸福观中国化》，兰州大学出版社 2020 年版，第 77 页。

低和否认肉体的欲望。”[①]柏拉图曾经批评说：“吃喝等等肉欲的快乐，好像繁重的负担。从这些恶徒出生时，就紧缚着他们，并拖着他们堕落，使他们心灵的视觉专注于下界的事物——如果他们在年轻的时候，就把那些恶性加以洗刷，使他和这些快乐分离，解除了这些障碍，由向下的方向转向相反的方向，那么，以他们所有的同一才能用来看真理，一定会像他们现在的眼睛观察事物那样锐利了。”[②]柏拉图否认了人在物质层面的需求，他认为幸福不是感官的享乐或财富的积累，幸福的概念深深根植于对公正价值的认同及对至善的追求。

首先，柏拉图的“至善”属于善的概念，它是所有理念(ideas 或 forms)中的最高层次和最终目标。在柏拉图的形而上学体系中，理念世界被认为是真实存在的、超越于我们感知世界之上的永恒不变的实在。每个具体事物都有其对应的理想形式或理念，而“至善”则是这些理念之上的一种绝对和普遍的原则。如果每一个灵魂都追求实在的善，将善作为生活中所有行为的目标导向，那么人们就会理所当然地收获快乐和幸福，因为善的生活是合乎理性的抉择，是符合灵魂本真的正义表达，善的生活是“一个人的最大幸福之所在”[③]。从这个意义上来看，柏拉图对于幸福的理解并不晦涩，通常意义上的快乐和满足也就是柏拉图所谓的幸福。

其次，幸福是正义的实践与体现。正义(dike)是柏拉图《国家篇》的主题，同时为了说明正义，柏拉图反复论证正义与幸福是内在相关的，即个人能否被视为正义之人，以及正义标准的确立，可作为评判人们是否处于幸福状态或者人们“幸福或不幸的程度”[④]。色拉叙马霍斯、格劳孔和阿得曼托斯关于正义与幸福的论述中，认为正义与不正义是与个人利益相关的，行事正义或真正做正义的事，不仅不可以为自己谋更多的利益，反而处处会使自己的利益受到损害。如果是不正义的人做不正义的事可以不被人发现，那么，就意味着自己的利益可以得到更多满足或实现。[⑤] 但柏拉图认为，正义的人比不正义的人更能收获幸福，也可以表述为不正义的人没有办法获得幸福的感知。柏拉图的《国家篇》

---

① 转引自李荣梅：《〈资本论〉和〈英国工人阶级状况〉之幸福思想探究》，中国时代经济出版社 2016 年版，第 175 页。

② 周辅成编：《西方伦理学名著选辑》(上)，商务印书馆 1987 年版，第 179 页。

③ [古希腊]柏拉图：《理想国》，郭斌和、张竹明译，商务印书馆 1986 年版，第 427 页。

④ [古希腊]柏拉图：《理想国》，郭斌和、张竹明译，商务印书馆 1986 年版，第 215 页。

⑤ 参见钱姝璇、龚群：《〈国家篇〉中柏拉图的正义与幸福的关系》，《伦理学研究》2022 年第 3 期。

中占主导性的谋划是“正义的人是幸福的”[1]。柏拉图为了证明正义与幸福的内在关联，提出了双重正义：大字正义即城邦正义与小字正义即个人正义。关于城邦正义，柏拉图强调，只有全体公民整体幸福的城邦才是正义的城邦。他说：“我们建立这个国家并不是为了某一个阶级的单独突出的幸福，而是为了全体公民的最大幸福；因为，我们认为在一个这样的城邦里最有可能找到正义，而在一个建立得最糟的城邦里最有可能找到不正义。”[2]这种观点蕴含着浓厚的集体主义幸福观特质。在他看来，将正义置于至高无上的位置，视为国家繁荣与民众幸福的关键，既是崇高之举，也是必经之路。唯有秉持正义，国家方能构建起通向普遍幸福的坚实基石，其制度与政策亦应以此为核心准则。以正义的标准建立国家和制度，是为人民带来最大幸福的“最便捷的途径”[3]。

柏拉图的个人正义同样以理性为基础。在古希腊的传统的认知中，个人灵魂是个人精神的主宰，个人灵魂包括理性部分、情欲部分和生气勃勃的激性部分。[4] 柏拉图认为灵魂中的三个部分在理性的作用下实现协调统一，“一个人一定不能允许自己灵魂的各个部分相互干涉，做其他部分该做的事，而应当按照正义这个词的真实意义安排好自己的事，首先要能够成为支配自己的人，能做到自身内部秩序良好，使灵魂的三个部分相互协调，就好像把最高音、最低音、中音，以及其间的各个音符有序地安排在一起，使之成为一个有节制的、和谐的整体”[5]。而当理性不能起主导或支配作用时，情欲或贪欲起支配作用，那么，灵魂的这三个部分就处于争斗不和之中，因此，灵魂内部也就没有正义了。具体地说，在理性的指导控制下，“在柏拉图看来，这也就是正义的真相，它不是外在的各司其职，而是内在的各司其职，只与人本身有关，每个人都以理性控制好‘内在的灵魂’，做好属于自己的那份工作，于是个人的正义与国家的正义自然联为一体，一个人人都各司其职，各行其道，秩序井然，和谐的国家正义就形成了”[6]。

---

① ［古希腊］柏拉图：《理想国》，范晓潮译，研究出版社 2018 年版，第 41 页。

② ［古希腊］柏拉图：《理想国》，郭斌和、张竹明译，商务印书馆 1986 年版，第 133 页。

③ ［古希腊］柏拉图：《理想国》，郭斌和、张竹明译，商务印书馆 1986 年版，第 314 页。

④ 参见钱姝璇、龚群：《〈国家篇〉中柏拉图的正义与幸福的关系》，《伦理学研究》2022 年第 3 期。

⑤ 《柏拉图全集》第 2 卷，王晓朝译，人民出版社 2003 年版，第 204 页。

⑥ 武汉大学哲学学院、武汉大学中西比较哲学研究中心编：《比较哲学与比较文化论丛》第 4 辑，武汉大学出版社 2012 年版，第 62—63 页。

亚里士多德对幸福问题的探索达到了更为高深和透彻的层次。亚里士多德认为，幸福不是虚无和抽象的定义，他把人们对幸福的追求从“神性”回归到“人性”，指出人的幸福是一个人通过实践理性和德性活动达到的一种最终目的和最高善。亚里士多德提出“至善即是幸福”。“亚里士多德以目的论为逻辑起点引出至善，指出自然不会做不合理和没有目的的事情，任何一种事物的存在都有其自身的目的，也即为了事物自身的善而存在：人类也是如此，人们的一切社会实践活动都以善为目的，至善是所有实践活动的最终目的，完满自足的至善就是幸福，是唯一始终因其自身而不是因他物值得去欲求的。”①

亚里士多德认为，要实现至善，首要条件必须拥有德性，德性是实现幸福的首要和必要条件。在亚里士多德看来，德性是实现幸福不可或缺的要素。而德性分为两种类型：道德德性和理智德性。道德德性如公正、节制等，涉及对情感和欲望的调节，通过习惯养成；而理智德性如智慧、理智等，与理性直接相关，涉及对真理的认知和对行为的明智指导。理智德性是道德德性的基础和引导，因为正确的道德判断和行为选择需要基于对何为善、何为正确的深刻理解。理性使人能够辨别是非，避免过度和不足，从而在行动中展现出道德德性。“德性是合乎理性的现实活动，幸福又是合乎德性的现实活动，所以无论如何，幸福的实现都必须依靠实践，实践是实现幸福的具体路径。”②

在《尼各马可伦理学》中，亚里士多德详细探讨了实践理性的运用，认为真正的善行不仅仅是基于习惯或情感，而更多的是基于对何种行动符合德性和正义的深刻理解。实践理性指导我们根据正确的道德原则制订计划，并付诸实施，进而实现个人品格的完善和社会生活的和谐。简而言之，实践理性关乎如何实际地应用我们的理智能力去规划和执行合乎道德的生活方式。同时，亚里士多德认为：“在合乎德性的实现活动中，思辨是最大的幸福。思辨是理智的德性，理智是人的最高贵部分，是主宰和想到，是我们各部分中最神圣。思辨就是这合乎本己德性的实现活动，它最为经久，最为快乐。”③

亚里士多德列出了三种生活，分别是享乐的生活、公民大会的或政治的生

---

① 杨权利、陈汉良主编：《慈善的形而上思考》，西北大学出版社 2020 年版，第 136 页。

② 杨权利、陈汉良主编：《慈善的形而上思考》，西北大学出版社 2020 年版，第 139 页。

③ 苗力田：《思辨是最大的幸福：亚里士多德〈尼各马可伦理学〉新版义序》，《哲学研究》1998 年第 12 期。

活，以及思辨的生活。他认为，作为普通人，由于其本质的奴性，他们宁愿选择过动物式的生活。而第二种以荣誉为追求目的的生活过于肤浅，“因为荣誉取决于授予者而不是取决于接受者”，善却“是一个人的属己的、不易被拿走的东西”。“因为一个人在睡着时也可以有德性！个人甚至可以有德性而一辈子都不去运用它。”[①]亚里士多德对“思辨生活”是推崇备至的，他认为从“思辨生活”中获得的快乐和满足是其他两种生活形态无法比拟的。“思辨的活动是最高等的一种活动。思辨是居于我们灵魂深处的最高等级，也是最高贵的。”[②]“人的善就是合乎德性而生成的灵魂的实现活动。”[③]在亚里士多德看来，对于那些有余力全身心投入对真理的探索和思辨之中，尤其是对不变的、超验的哲学真理的研究，是最符合其灵魂本质的活动。这种生活不以实用目的为导向，而是追求知识本身的完善和对宇宙秩序的深刻理解。在这种意义上，思辨生活与神的纯思状态存在某种对应，尽管人无法达到神的绝对完美，但通过思辨，人可以在一定程度上模拟神的智慧活动，实现灵魂的升华。

但是，亚里士多德由于认识的局限性，并缺乏历史唯物主义的指导，肯定人的幸福追求不能离开自己的体，人的灵魂和体不能分离，但与此同时，又把“神”引进了幸福的领域。他竟然认为：“神的整个生活只为幸福。而人的生活只是在和神的活动相似时才幸福。”因此，在亚里士多德看来，世界上最幸福的人是那些“人世的神明者”“类于神明的卓异人物”。这表明，亚里士多德的幸福观比较混乱，存有矛盾。[④] 此外，在论述理性善的同时，亚里士多德还阐释了幸福与快乐的逻辑关系，他并没有排斥快乐作为幸福构成部分的观点，但也指出幸福和快乐并不是一回事，只有在理性指导和约束下的快乐才能称为幸福，而理性之外的快乐并不是幸福，这使亚里士多德的德性幸福无时无刻不闪烁着理性主义的光芒，他在重视快乐的价值的同时又避免了感官快乐主义。

德谟克利特是理性幸福的代表者。但有的学者把德谟克利特归为感性幸福论的代表。如有学者认为他的“幸福观是建立在自然主义基础之上的。他承

---

① ［古希腊］亚里士多德：《尼各马可伦理学》，廖申白译注，商务印书馆2003年版，第11—12页。

② 杨权利、陈汉良主编：《慈善的形而上思考》，西北大学出版社2020年版，第141页。

③ 李蕾：《幸福的法哲学研究》，华中科技大学出版社2010年版，第20—21页。

④ 参见李荣梅：《资本论和英国工人阶级状况之幸福思想探究》，中国时代经济出版社2016年版，第175页。

认人的物质享受和感官满足，这是感性主义幸福论的典型观点”[①]，也谈到虽然他对理论和生活的思考日益深入，对幸福有了理性思考，但是，德谟克利特幸福观仍然处于用人的自然属性解释人的道德现象的自然主义阶段。在德谟克利特的认识论体系中，他区分了两种不同的认识层面：一是感性认识层面，这是指由外界事物直接作用于我们的感官所获得的感觉经验，如颜色、声音、味道等。这些感知虽然是我们了解世界的初步途径，但它们是表面的、易变的，不能提供对事物不变本质的理解。二是理性认识层面，德谟克利特强调通过理性思考和逻辑推理来超越感性层面，从而达到对事物内在结构和普遍规律的认识。他认为只有通过理性才能把握到原子这一最微小、最基本的实在单位，进而理解宇宙万物的真实本原和变化法则。因此，尽管承认感性在认识过程中的作用，但德谟克利特的思想更侧重于理性和逻辑在获取关于世界终极真理方面的重要性，这与单纯依赖感性认识是有区别的。

德谟克利特的幸福观体现了他对人类理性和道德生活的深刻洞察。德谟克利特主张通过理性来实现和维持个人的幸福状态，提出幸福是对“灵魂之善”的期求。他承认物质享受或外界环境带来的低俗之乐，但他认为这种快乐要被严格节制，“节制”为了得到幸福而不断调节心理、控制欲望和约束行为的过程。节制是获得快乐和幸福的有效方法，也是防止不幸的重要措施。要掌握“度”和“适中”，恰到好处的比例是最好的。而且，感官肉欲的快乐越能得到严格限制，内在的精神状态和智慧的快乐能越持久和强化。因为这种灵魂的快乐更持久，而肉体上的快乐是短暂易逝的。他还说因节制而贫穷所获得的人格力量绝不亚于富足而有的另一种力量。[②]

在德谟克利特的伦理思想中，他认为一个人应当培养自己的理智能力，以达到对事物的明晰理解，真正的幸福源于对生活本质的理解以及对欲望的适度控制，那么如何通过知识的增长和心灵的净化来获得持久而深刻的幸福感呢？德谟克利特强调道德的重要性，同时还要辅以法律和教育。一个有道德的人“似乎不论在私下或公开场合都不会做什么坏事”。但只靠道德还不行，还必须用法律的手段进行约束。对于教育，德谟克利特号召，社会上的优秀的有德行

---

① 赵军魁：《马克思主义幸福观中国化》，兰州大学出版社 2020 年版，第 88 页。

② 参见高捍东：《德谟克利特伦理思想述评》，《湘潭大学学报》（哲学社会科学版）2004 年第 3 期。

的人都可以充当教育者的角色，以那种“最伟大最美……的工作”[①]来“克服人之无知”和“塑造人之品性”。德谟克利特区分了自然的教育和通过语言来进行的人工教育。他更注重人工教育，希望通过这种教育方式让人明事理，彻底改变一个人。[②]

二、情感层面的幸福

情感层面的幸福论“着力于人的自然性，认为幸福主要生成于人的感性生活及自然欲望的满足，视获得快乐和避免痛苦为幸福的基本内涵”[③]。这种幸福论是以人的感官体验为核心，在内心深处感受到一种满足、安宁与快乐的状态，注重及时行乐、趋利避害的感性幸福观。这种幸福感来源于人与人之间的情感连接，总是与人的问题相关联。伊壁鸠鲁、费尔巴哈等可看作西方哲学史上这一理论的主要倡导者。

伊壁鸠鲁比较强调感性认识的作用。在幸福思想上，他从感性认识出发，认为“我们的一切取舍都从快乐出发，我们的最终目的乃是得到快乐，而以感触为标准来判断一切的善”[④]。人生就应该追求快乐和享受幸福。在伊壁鸠鲁这里，快乐自始至终都是至善。伊壁鸠鲁说：“快乐是幸福生活的开始和目的。因为我们认为幸福生活是我们天生的最高的善，我们的一切取舍都从快乐出发；我们的最终目的乃是得到快乐。”[⑤]快乐是内在价值和最终目的，幸福则是需要具备的因素或者手段，幸福也是一种善。所不同的是，快乐是具体的，幸福则是从一般意义上来讲的。快乐是相对于个人而言的特定的快乐，而幸福总是倾向于所有能够实现的快乐；再者，快乐是作为最高目的的善，是主体在追求愉悦过程中的直接感受，是一种纯粹的直观感受，相比快乐的获得，幸福则是相对复杂的感知，其既包括快乐和满足感，又包括某些痛苦和对挫折的克服。

伊壁鸠鲁正是据此把幸福生活同正确构思而成的快乐生活等同了起来。从总体上看来，在伊壁鸠鲁那里，幸福基本上是作为快乐的代名词出现的：幸福

---

① 北京大学哲学系外国哲学史教研室编译：《古希腊罗马哲学》，生活·读书·新知三联书店 1957 年版，第 104 页。

② 参见高捍东：《德谟克利特伦理思想述评》，《湘潭大学学报》（哲学社会科学版）2004 年第 3 期。

③ 吴育林、吕培杰：《论马克思的人民幸福观》，《学术研究》2019 年第 5 期。

④ 周辅成编：《西方伦理学名著选辑》上卷，商务印书馆 1964 年，第 103 页。

⑤ 周辅成编：《西方伦理学名著选辑》上卷，商务印书馆 1964 年版，第 103 页。

即快乐。[1] 伊壁鸠鲁明确地界定快乐："我们并不是指放荡者的快乐或肉体享受的快乐(如有些人所想的那样，这些人或者对我们的意见是无知的，或者是不赞成我们的意见或曲解了我们的意见)，而是指身体上无痛苦和灵魂上无纷扰。"[2] 伊壁鸠鲁特别强调趋乐避苦是人的本性，"肉身的呼喊催促着我们避开饥渴和寒冷，谁能避开这些困扰并一直保持下去，其幸福将不亚于天神"[3]。他认为，人应当追求的是"自然且必需"的欲望满足，如健康的身体、基本的生活需求以及友谊等，而非过度的奢侈或无度的欲望追求，肯定在追求现世的快乐中享受幸福，追求灵魂的宁静和自由。要克服恐惧，由于死亡的神秘，人们"联想到自身生命的短暂，造成了对天象的恐惧，灵魂不得安宁"[4]。

在伊壁鸠鲁看来，这个世界没有什么是永恒的，并没有什么是不朽的。认识到这一点，人们不会因为死亡的恐惧而产生不要生下来也不要死亡的想法。要使灵魂平静，还必须克制对权势、对财富的贪欲。伊壁鸠鲁主张把物质欲望减少到最低限度，过简朴的物质生活。

此外，伊壁鸠鲁还提倡友谊和知识在追求幸福过程中的重要性。他认为，良好的社交关系能够为个体带来深刻的快乐，而正确的知识和理解则有助于我们更好地认识世界，避免因为无知而产生恐惧和错误的期望，进而达到内心的平静与幸福。可见，伊壁鸠鲁"身体上无痛苦和灵魂上无纷扰"赋予了快乐更深层的意义。在他看来，快乐学说围绕着快乐与生存困境的关系展开，指出快乐在克服悲剧性存在中的作用和价值，快乐作为追求幸福和克服悲剧性存在的重要途径。强调快乐被视为至高无上的善，是生活的起点与终点，是每个人都应努力追求的情感体验。[5] 总的来说，伊壁鸠鲁的感性幸福观并不仅仅是物质层面或感官上的享受，更是一种包含身体健康、心灵平静、人际关系良好及精神生活充实的全面幸福状态。

费尔巴哈是 19 世纪德国著名思想家，最为杰出的形而上学唯物主义哲学

---

① 参见李艳萍：《伊壁鸠鲁快乐学说的本质解读》，《河南师范大学学报》(哲学社会科学版) 2012 年第 6 期。

② 周辅成编：《西方伦理学名著选辑》上卷，商务印书馆 1987 年版，第 104 页。

③ [古希腊]伊壁鸠鲁、[古罗马]卢克来修：《自然与快乐：伊壁鸠鲁的哲学》，包利民、刘玉鹏、王玮玮译，中国社会科学出版社 2018 年版，第 44 页。

④ 吴光远主编：《哲学与智慧》，中国社会出版社 2004 年版，第 22 页。

⑤ 李艳萍：《伊壁鸠鲁快乐学说的本质解读》，《河南师范大学学报》(哲学社会科学版) 2012 年第 6 期。

家。他的主要贡献在于对黑格尔哲学的批判以及对宗教神学的世俗化解释，以感性直观上的自然人为基础建立起庞大的幸福思想体系。费尔巴哈的幸福思想主要包括“生命本身就是幸福”“生活的东西都属于幸福”，而且指出“道德的原则也是幸福”。[①]

关于“生命本身就是幸福”，宗教神学宣扬幸福只存在于来世和灵魂，否认现实生活中的幸福，这就把人本身的生命与幸福割裂开来，抹杀了劳动者忍受各种痛苦的社会根源。费尔巴哈从人是世间万物的组成部分角度，指出人的本质是物质性。既然人是物质的存在，那么人的物质生命本身就是人之为人最重要的载体，基于此，费尔巴哈提出，“生命本身就是幸福”，“生命本身就是可珍贵的幸福”，“幸福……不是别的，只是某一生物的健康的正常的状态，它们十分强健的或安乐的状态；在这一种状态下，生物能够无阻碍地满足和实际上满足为它本身所特别具有的并关系到它的本质和生存的特殊需要和追求”。[②] 幸福最需要考虑的就是生命本身。对生命本身的幸福，在费尔巴哈的哲学体系中，他主张人的本质在于其感性生命，认为人的最高目标应该是追求现实的生命幸福，人一旦失去生命，就会失去所有幸福。在费尔巴哈的认知里，哪怕是畸形的、残缺的身体，只要还有生命也算是幸福的。“因之甚至一个残废者也把自己算作属于幸福之列的人，而且有着充分的权利这样做，因为，虽然他变成了残废，但他仍然能享受生命的快乐。”[③]这一点实际上是费尔巴哈把人的幸福从彼岸世界拉回到现实世界，追求现实生活中的幸福，包括精神自由和个人价值的实现，摈弃了把幸福寄托在天堂和灵魂上的唯心主义幸福观。[④]

关于“生活的东西都属于幸福”，“因为生活（自然是无匮乏的生活、健康的和正常的生活）和幸福原来就是一个东西。一切的追求，至少一切健全的追求都是对于幸福的追求。”[⑤]他认为人的幸福感来源于满足人的基本生理需求和自然欲望，比如，费尔巴哈认为性欲就是人所要追求的快乐，与其他主张“节制”欲

---

① 参见高延春：《马克思幸福论》，科学出版社 2015 年版，第 66 页。

② [德]费尔巴哈：《费尔巴哈哲学著作选集》上卷，荣震华、李金山等译，商务印书馆 1984 年版，第 536 页。

③ [德]费尔巴哈：《费尔巴哈哲学著作选集》上卷，荣震华、李金山等译，商务印书馆 1984 年版，第 544 页。

④ 参见余卫东、刘莎：《费尔巴哈幸福论思想探析》，《伦理学研究》2018 年第 2 期。

⑤ 周辅成编：《西方伦理学名著选辑》下，商务印书馆 1987 年版，第 464 页。

望的思想家不同，他主张对性的追求是幸福生活的重要组成部分。对此，他也强调："人们不能无所顾忌地追求物质生活的体验，而应该围绕身体健康这一前提条件来追求幸福。"[①]但仅靠物质不能带来全部的幸福，人的精神方面的追求同样是他哲学体系中不可或缺的幸福内涵。他指出："佛教以涅槃和寂灭作为最高追求，正是要人们在脑海当中感受苦痛尽灭的美好境界，这本身就是一种对幸福夙愿的追求。"[②]但是他认为宗教不是一条通往幸福的正确路径，宗教提供的幸福观念是一种虚幻的、脱离现实生活的满足，宗教层面的幸福指向是病态的和虚幻的。

关于"道德的原则也是幸福"，道德原则的幸福就是不仅要自己幸福，还要更多的人幸福。费尔巴哈承认每一个生活在社会中的人都不是孤立的存在。人在社会中生存就要处理好各种关系。而道德是规范个体行为和社会秩序的重要准则，更是实现个人内心安宁、人际关系和谐、社会公正稳定、长期利益实现以及精神满足的关键因素，从而构成了幸福不可或缺的组成部分。对个体来说，每一个人都不可能只使自己幸福，还要关照其他人的幸福和快乐，即道德旨在引导个体行为符合社会公认标准，即要做到"无私"。就如同外部施加的、必要且强制性的界限帮助我们在追求个人幸福时与他人达成一致，内心自发的、真诚的道德约束同样促进了我们追求幸福及与他人相协调。这种内在的道德规范确保了个人的幸福追求不会损害他人的福祉。道德的原则是幸福，不仅是使自己幸福，而且也要使别人幸福。[③]

三、欲望层面的幸福

"不管你如何理解幸福，对幸福的追求更多偏向物质还是更多偏向精神，有一点必须注意，那就是幸福最本质的东西：幸福说到底终归是人的欲望满足，满足无论是物质方面还是精神方面，最终表现为各种体验与感受。"[④]欲望层面的幸福主要涉及个体对于物质、感官、情感、成就等方面的渴望得到满足所带来的

① 转引自赵军魁：《马克思主义幸福观中国化》，兰州大学出版社 2020 年版，第 118 页。

② ［德］费尔巴哈：《费尔巴哈哲学著作选集》上卷，荣震华、李金山等译，商务印书馆 1984 年版，第 547 页。

③ 参见张富洪、杨慧彤编著：《幸福学·家庭篇》，复旦大学出版社 2011 年版，第 27 页。

④ 肖仲华：《文明与幸福》，中国发展出版社 2020 年版，第 4 页。

快乐和满足感。边沁、爱尔维修都是欲望层面的幸福的代表者。

19世纪英国的哲学家和法理学家边沁指出，幸福是人们欲望得到满足而产生的心理愉悦感。边沁把人情欲望视为超历史的普世存在，强调作为法律的人必须是欲望的人，欲望的人才能够负担利益。[①] 边沁主张通过理性地追求和满足欲望以达到个人和社会的总体幸福。在边沁看来，人的本性是趋乐避苦的，最大限度的快乐和最小限度的痛苦，这是幸福追求的目标。欲望必须依据快乐和痛苦两个概念而得到解释。他认为，欲望可以分为追求快乐的欲望和摆脱痛苦的欲望。在边沁的伦理理论中，快乐不仅包括物质享受，也涵盖精神满足和社会和谐等多方面内容。他认为，所有行为的目的都应当是追求快乐，并尽量减少痛苦。他将快乐分为数量和质量两个维度，强调不仅要追求快乐的最大化，还要关注快乐的品质。

边沁提出了著名的“快乐计算法”，“它包括七项指标：快乐强度、延续时间、发生概率、发生的时间、产生有益后果的概率、产生有害后果的概率和发生范围等”[②]。如果快乐的总量大于痛苦的总量，便是善、正义，反之就是邪恶和不正义。他试图通过量化的方式来比较不同行为带来的快乐与痛苦，以此判断哪种行为更为道德。边沁认为，一个行为的道德价值取决于它能否带来最大的幸福或快乐和最小的痛苦。这是评价行为正确与否的根本标准，即“最大多数人的最大幸福”。这也是边沁的最高功利原则。边沁的“最大多数人的最大幸福”原则，表面上看起来具有一定的利他性质，因为它关注的是社会整体的福祉而非单个个体的利益最大化。然而，从另一个角度来看，这一原则并不完全等同于纯粹的利他主义。事实上，边沁并不赞成否定和轻视个人利益的整体主义道德，恰恰相反，他把个人利益作为道德的基础。他认为每个人都在追求自身的快乐或利益（即自利），通过合理的设计和制度安排，个人在追求自身利益的同时也能促进社会的整体幸福。因此，在某种程度上，这种理论试图调和个人自利与社会公益之间的关系，使得二者可以在一个框架下和谐共生。[③]

在边沁的观点中，“痛苦欲望”是指人类所有的行动和决策都应以最大化幸福和最小化痛苦为目标，这是摆脱痛苦的欲望，虽然基于这样的欲望并不是在

---

① 参见［英］边沁：《道德与立法原理导论》，时殷弘译，商务印书馆2000年版，第156页。

② 赵敦华主编：《人学理论与历史・西方人学观念史》，北京出版社2004年版，第302页。

③ 参见乔洪武：《正谊谋利：近代西方经济伦理思想研究》，商务印书馆2000年版，第175页。

直接地追求快乐，但是可以避免那些会导致痛苦的行为。同时，边沁也强调为了追求长远的、纯粹的、持久的快乐，人们在某些时候也需要适当控制某些眼下的物质的欲望、降低危险的欲望，甚至某些欲望要被严格克制[①]，引导人们关注健康有益的活动。在他看来，恰当管理与满足欲望是达到幸福的关键途径。不过，这种满足必须遵循功利原则，确保产生的幸福大于由此可能带来的痛苦，并且促进全社会整体福祉的提升。

爱尔维修是18世纪法国启蒙运动中的唯物主义哲学家和作家。他出生在一个医生家庭，早年学习金融财政，青年时受法国王室指派出任总包税官。爱尔维修在13年的包税官生涯中，有机会了解到法国普通百姓身上沉重的负担和悲惨的生活，这促使他深入探究了社会结构、人性本质以及道德哲学社会秩序，最终成就了他在哲学和伦理学领域的重要地位。1758年，他出版了《论精神》一书，提出“自爱鼓动着人的一切欲望”的观点，建立起自爱与欲望的关系，为其幸福思想的形成打下了基础。

对于自爱的解读，爱尔维修认为：“人是能够感受肉体的痛苦和快乐的，因此他逃避前者，寻求后者。就是这种经常的逃避和寻求，我称之为自爱。”[②]自爱是人们一切活动的准则，也是追求幸福的内在依据。爱尔维修认为，人的所有的观念、思想和情感都来自肉体器官的感觉，感觉的直接后果表现为趋乐避苦的感情，之所以趋乐避苦，就是为了保存生命并求得幸福，这是人人具有的天性。基于人身体的感受性，人的快乐分为官能的快乐与预期的快乐。爱尔维修所说的“官能的快乐”，是指通过五官直接感知和体验到的即时满足。这些是人们可以直接感知并立即获得满足的快乐形式。“预期的快乐”则是指人们为了实现未来某种更大的满足或幸福而采取行动时所预想的快乐，实质上还是受肉体需要的驱使，原因在于各种感情的直接结果就是我们的肉体感受性，这是推动精神界的唯一原则。这种快乐并非即刻可得，而是通过理性预见并选择可能带来长期利益的行为来实现。这两个方面在人身上形成被称为自爱的情感。这种自爱产生出幸福的欲望，幸福的欲望产生出权力的欲望。自爱产生出人的各种欲望，欲望成为使人采取行动的唯一动力和原则。人们追求财富、名誉和

---

① 参见翟小波：《功利原则简释》，《河南大学学报》（社会科学版）2021年第2期。

② 北京大学哲学系外国哲学史教研室编译：《十八世纪法国哲学》，商务印书馆1979年版，第557页。

地位，就是满足自爱之情和幸福的欲望。没有了自爱，人们就无事可做，社会也就停止不前。[①]

爱尔维修还认为，每个人源于自爱去追求个人幸福，势必出现无节制的争斗而使世界面临毁灭。因此，他在自爱的大前提下，强调通过教育改变人们的观念以促进社会进步和个人完善。他说："人们好像在牺牲，但是从来不为别人的幸福牺牲自己的幸福。"[②]他的目的就是高举个人幸福，反对禁欲主义，再利用公共幸福宣传共同利益。虽然他没有明确提出一个关于欲望与幸福的具体的功利主义模型，但可以理解为，他认为通过正确的教育引导人们形成合理的欲望和追求，有助于实现个人和社会的幸福。

四、理性、情感和欲望三者混合层面的幸福

在探讨幸福时，理性、情感和欲望三个层面的混合是非常重要的维度。三者的混合是普通公民幸福的正常状态。这种混合层面的幸福还有一种表现形式，就是具理智、兼情感和择欲求的幸福。它就是和信仰有关的宗教层面的幸福。[③] 宗教在理智、情感和欲求这三个层面对幸福的构建提出了独特的见解和实践方法，它旨在引导信众超越短暂的感官快乐，追求内在的平和、长久的安宁以及灵魂的救赎或提升，从而达到更为深刻的幸福境界。康德是这一层面的幸福的代表者。

康德是 18 世纪德国哲学家，德国古典哲学的创始人之一，在西方哲学史上有深远的影响。在康德看来，幸福并非单纯来自感性欲望的满足，而是建立在理性指导下的道德行为的基础之上。康德区分了"自然幸福"与"道德幸福"，主张真正的幸福不仅包含着生活中的实际成就和舒适享受，更体现在一个人是否按照纯粹理性所指示的道德法则来生活。

康德幸福论的三个层次为：以感性为基础的自然幸福、以理性为基础的道德幸福、以上帝为基础的神圣幸福。[④] 康德对于以感性为基础的自然幸福的理

---

① 参见冯俊科：《西方幸福论》，吉林人民出版社 1992 年版，第 252—253 页。

② 北京大学哲学系外国哲学史教研室编译：《十八世纪法国哲学》，商务印书馆 1963 年版，第 537 页。

③ 参见黄蓓蓓、熊火根、朱喆：《马克思幸福观的超越之境和独特意蕴》，《学校党建与思想教育》2019 年第 6 期。

④ 参见施文辉：《幸福的本质及其现实建构》，上海社会科学院出版社 2021 年版，第 12 页。

解是，它是指人类经验世界的直观和感觉能力，涉及对愉悦与痛苦等具体感受的直接反应。感性幸福通常被理解为人们追求那些能够带来即时满足和快乐的事物时所获得的幸福感，这些满足来源于诸如舒适的生活条件、健康的身体、愉快的情感体验以及各种感官享乐等。这种幸福基于个人欲望和冲动的直接实现，是较为原始且受个体生理和心理需求驱动的幸福形态。因此，尽管康德承认感性幸福的存在及其作为人性组成部分的价值，但他更倾向于提倡一种超越单纯感性层面的幸福观。在康德看来，仅仅依赖感性所带来的幸福是有限和不稳定的，因为它受到外部条件和主观情感波动的影响。他强调道德理性和实践理性的重要性，在《实践理性批判》中提出了一种基于先验原则（不依赖于经验）的道德哲学，其中道德行为应当遵循一种绝对和普遍有效的法则。这是最著名的康德道德律表述，它要求我们只按照那些我们能够同时愿意它成为普遍法则的行为准则去行动。道德律是实现幸福与美好生活的法则，它居于幸福之上，支配并统治着人们的幸福生活。康德认为，真正的价值与幸福应当建立在道德律之上，即通过遵循道德律而实现“理性幸福”。康德心中那令人惊奇而敬畏的只要愿意获得幸福的人，唯有对道德律感到敬畏、对其尊崇，并出于道德律而不是符合道德律，才配享真正的幸福。我们不能单纯地为了幸福而幸福，不能为了满足自己的喜好，或者为了满足各种诉求而追求快乐和避免痛苦，我们追求的幸福应该是基于道德基础的，只要我们的行为符合道德标准，即便面临困难或痛苦，也能感受到一种超越物质层面的幸福。或者说，只要出于道德律而采取行为，无论结果如何，都是幸福的。①

除此之外，实现幸福还需要有其他条件的配合。康德将道德与幸福对立，如果追求幸福就没有德性，追求德性就不能有幸福，他认为这种割裂其实也并不明智，因此他希望在一个超自然的上帝的世界中将幸福与德性结合起来。康德的上帝有三大主要内容：他的上帝是整个宇宙万千现象的“绝对统一体”，他的上帝是一个永恒不变的“世界秩序”，他的上帝是自然律同人间道德律相交叉。为此，康德提出，促进至善乃是我们应当具有的职责。他强调至善是一个理想的状态，它体现在上帝的意志之中，让至善的道德实践在灵魂不朽的假设下成为可能，并且只能在彼岸世界即来世实现。康德的宗教幸福观不是指现世

① 参见李谧：《伦理学与美好生活：伦理学专题研究》，九州出版社 2021 年版，第 54—55 页。

中的物质或情感满足，而是指一个人因其道德行为符合普遍有效的道德法则，在某种意义上的精神安宁以及对未来理想状态（即至善）的希冀而带来的幸福感。这样，康德便得出结论："我们必须永远不把道德学本身当作幸福学说来对待，亦即当作某种分享幸福的指南来对待；因为它只有与幸福的理性条件相关，而与获得幸福的手段无关。……因为对幸福的希望只是从宗教才开始的。"[①]当然，并非只要信仰宗教就可以分享幸福，而是要通过德性才行，也就是说，宗教所要求的道德成为人分享幸福的尺度。德性作为至善的第一条件即无上的善，"德性自在地本身就构成一个体系，但幸福却不是如此，除非它精确地按照道德性而被分配。……幸福只有在与理性存在者的德性严格成比例、因而使理性存在者配得幸福时，才构成一个世界的至善"[②]。于是，我们就会发现，上帝是人为了分享幸福而作出的假设。康德说："一个纯粹实践理性的需要则是建立在某种义务之上的，即有义务使某种东西（至善）成为我的意志的对象，以便尽我的一切力量促进它；但我在此必须预设它的可能性，甚至还必须对这种可能性的那些条件即上帝、自由和不朽加以预设，因为我通过我的思辨的理性并不能证明它们，虽然也不能反驳它们。"[③]理解了这一点，我们也就真正理解了康德幸福思想的核心所在。[④]

不难看出，马克思之前的思想家和哲学家关于幸福的思考还不同程度地存在着一些问题。理性层面的幸福观中，柏拉图的幸福观强调把永恒不变的"善的理念"作为最高价值，最终实现灵魂与理念世界的契合，这种精神上的完善被视为最高的幸福状态，其将幸福寄托于脱离实际生活的理想世界。亚里士多德由于认识的局限性，并且缺乏历史唯物主义的指导，肯定人的幸福追求不能离开自己的体，人的灵魂和体不能分离，但与此同时，又把"神"引进了幸福的领域。德谟克利特的幸福观轻视了物质生活基础，强调感官肉欲的快乐越能得到严格限制，内在的精神状态和智慧的快乐越能持久和强化。"理性主义幸福观透露出身心（或肉体和灵魂）分执后对于身体和心灵的抑此扬彼"[⑤]，往往将幸福

---

① ［德］康德：《纯粹理性批判》，邓晓芒译，人民出版社 2004 年版，第 178 页。

② ［德］康德：《纯粹理性批判》，邓晓芒译，人民出版社 2004 年版，第 616—617 页。

③ ［德］康德：《实践理性批判》，邓晓芒译，人民出版社 2003 年版，第 195 页。

④ 参见李谧：《伦理学与美好生活：伦理学专题研究》，九州出版社 2021 年版，第 54 页。

⑤ 黄蓓蓓、熊火根、朱喆：《马克思幸福观的超越之境和独特意蕴》，《学校党建与思想教育》2019 年第 6 期。

简化为灵魂的平静，容易让人们忽略现实生活中的具体幸福，误以为幸福只是一种超脱世俗的精神状态，从而将其视为难以捉摸的、近乎神秘的理想。同时，由于过于强调“德性”“灵魂”的幸福，而忽视了社会经济结构、生产方式和阶级关系对个体幸福的重大影响。

情感层面的幸福观中，伊壁鸠鲁的学说能够减轻人的部分痛苦，但他也成功地发展了享乐主义，即消极的幸福观。费尔巴哈忽视了社会的整体利益和阶级间的矛盾冲突，未能从历史唯物主义的角度分析幸福的产生和发展，即没有充分揭示社会生产力、生产关系和阶级斗争如何塑造和制约着人们的幸福追求。费尔巴哈虽然意识到了人的社会性，但对社会关系的具体分析并不深入，尤其是对阶级关系、权力结构等深层社会现象的探讨不足。由于没有真正触及人的本质问题，因而也不可能正确理解和把握幸福的精髓。

欲望层面的幸福观中，边沁的功利主义幸福观过于抽象，忽视了个体并非孤立存在，而是生活在特定的社会关系中的，其快乐与痛苦深受社会条件、经济结构和阶级地位的影响。爱尔维修对环境和教育的理想化强调可能导致对现实社会问题的逃避，寄希望于通过改变教育和环境的“改良”手段来实现社会变革，而非通过革命性的社会结构变革。“欲望层面的幸福观把欲望视为积极的正面力量，声称欲望的发挥性创造就是幸福。但是，欲望的本性乃是对于他物的依赖性甚至是对于他物的完全支配，这是不自由的；同时，欲望的满足是对于痛苦的暂时的平息，因此，人实际上处在被奴役的状态之中。于是，欲望导致的不自由也就在实际上消除了人们获得幸福的必要条件。”①

理性、情感和欲望三者混合层面的幸福中，康德将道德与幸福割裂开来，主张道德律是实现幸福与美好生活的法则，它居于幸福之上，支配并统治着人们的幸福生活。康德认为，道德法则适用于所有人且不受时间、地点、文化等因素影响，忽视了具体的社会历史条件，没有考虑到不同社会阶级之间利益的差异性。“在宗教层面的幸福那里，知情意三者不平衡，理性不太够，情感不醇厚，而在欲望方面激起或挑起获得永恒拯救和赢得极乐的‘欲求’太高，同时对肉体的欲望予以抑制（节欲乃至禁欲并可能反冲为纵欲），此间造成的震荡难以平衡，

---

① 黄蓓蓓、熊火根、朱喆：《马克思幸福观的超越之境和独特意蕴》，《学校党建与思想教育》2019 年第 6 期。

这种混合层面的幸福有重大缺陷，它本应十分深刻。”[①]

综上可以看到，四个层面的幸福观都不同程度地存在短板和自身无法解决的矛盾，如此一来，这些概念都不能作为我们寻找幸福本质的坚实基础和有效依据。马克思在此基础上对西方哲学进行批判和反思，并从中汲取出马克思幸福思想诞生的思想根源。比如，马克思吸收了费尔巴哈唯物主义中关于人的本质、对宗教的批判以及对人的感性存在的重视等基本思想，通过引入社会实践理论、历史辩证法以及阶级分析，构建了更为全面和深刻的人的本质的理论和更为深刻的历史唯物主义体系。伊壁鸠鲁的自由思想和辩证法也引起了马克思的共鸣。[②] 马克思从康德那里继承了对人类主体性和自由的重视以及批判精神，将这些抽象哲学概念转化为对社会现实的具体分析和改变世界的实践要求。马克思真正实现了对以往哲学的批判和重新建构，进而在立足科学的世界观和方法论的基础上为探索幸福的形成奠定了坚实的基础。

---

① 黄蓓蓓、熊火根、朱喆：《马克思幸福观的超越之境和独特意蕴》，《学校党建与思想教育》2019年第6期。

② 参见范畅：《马克思主义理论的科学性问题》，武汉大学出版社2015年版，第259页。

第二章　马克思幸福思想的发展过程

马克思幸福思想的形成不是一蹴而就的，而是经历了一系列不断发展和完善的过程，马克思幸福思想作为马克思世界观的有机组成部分，其演化发展的内在逻辑与马克思主义世界观的发展历程是同步的。也就是说，马克思主义世界观的发展轨迹是研究总结马克思幸福理论形成发展的主线。从马克思对世界概念本身的探索到向唯物主义和共产主义的转变，再到完整的科学世界观的形成，在这一过程中，我们可以把马克思幸福思想的发展轨迹分为以下四个阶段：马克思幸福思想的孕育萌芽、马克思幸福思想的初步形成、马克思幸福思想的发展成熟、马克思幸福思想的深化发展。马克思幸福思想的形成发展主要体现在马克思从中学时代到哲学博士时期的作业和论文及标志着马克思主义理论成熟的经典著作《资本论》等一系列经典著作中。接下来，结合马克思主义理论的发展过程来分析马克思幸福思想的形成和发展历程。

第一节　马克思幸福思想的孕育萌芽

1835 年，马克思在中学毕业作文中写道："在选择职业时，我们应该遵循的主要指针是人类的幸福和我们自身的完美。……人类的天性本来就是这样的：人们只有为同时代人的完美、为他们的幸福而工作，才能使自己也达到完美，为他们的幸福而工作，才能使自己也达到完美。……如果一个人只为自己劳动，他也许能成为著名学者、大哲人、卓越诗人，然而他永远不能成为完美无瑕的伟大人物。”[①]这一年马克思17岁，对于处在这个年龄段的年轻人来讲，很多人对自己的人生尚且懵懵懂懂，但是青年马克思，他的理想却是为人类的幸福而作出贡献。为什么年仅17岁的马克思就能够想到要为人类而工作？

一、马克思幸福思想在家庭润泽中发芽

1818年5月5日，马克思出生在德国西南部特里尔。特里尔位于摩塞尔河畔，是一个居住着1.5万居民的小城，是摩塞尔地区的行政中心。这是一个有两千多年历史的古城，人们常称它是德国最古老的城市。虽然特里尔的历史非常悠久，但它却大大落后于工业发达的科隆、亚琛等邻近城市。特里尔在历史上曾多次与法兰西产生紧密联系。在中世纪，由于地理位置靠近法国边界，特里尔在不同的历史时期曾是多个势力范围的交会点，包括其曾是法兰克帝国的一部分。在近代早期，随着拿破仑战争的发生，特里尔又被割让给了法国，成为法国的一部分。1815年后，在维也纳会议上，特里尔又被从法国手中归还给普鲁士王国，成为德意志邦联的一员。因而当地居民深受法国资产阶级革命精神和法国文化的影响，造成了莱茵地区居民的思想特别活跃，也成就了马克思的浪漫主义情怀和自由开明的思维。

马克思出生在一个律师家庭。家庭影响主要源自马克思的父亲的开明引导。马克思的父亲亨利希·马克思（也译作亨里希·马克思）是一个博学多才、正直善良的人，他不仅法律才学出众，对古典文学和哲学也有着相当深的造诣。马克思的父亲尤其喜爱拉辛、伏尔泰和卢梭等资产阶级启蒙思想家的著作，倾向于自由主义。马克思的女儿对自己的祖父印象非常深刻，在她的回忆里，祖父完全陶醉在自由思想里，这些思想既包括政治的，也包括文化的，这些都对马克思的世界观和人生观产生了深远的影响。马克思的父亲和莱茵地区自由主义运动密切相关，随着1814年拿破仑帝国的崩溃，特里尔地区重新被普鲁士吞并。为了维护地主阶级的利益，普鲁士王国不惜采取一切手段来遏制和镇压这里的自由民主思想，这也引起了向往自由民主的广大民众的强烈反抗。马克思的父亲是爱国的自由思想者，他支持威廉三世的温和改革，当时激进的自由派

---

① [美]玛丽·加布里埃尔：《爱与资本：马克思家事》，朱艳辉译，湖南人民出版社2018年版，第16页。

认为普鲁士政策是对拿破仑解放欧洲的自由事业的反动。马克思的父亲认为，拿破仑在占领国禁止言论自由，在国内排斥启蒙学者的批评，把孔狄亚克的学生特拉西新创造的“意识形态”概念斥为“知识分子的空论”。马克思的父亲因而说自由派对拿破仑的支持与他们声称的自由原则是相分裂的。[①] 1834 年，特里尔经常举办宣传自由思想的宴会，马克思的父亲偶尔参加，并发表带有温和自由主义思想的演讲。[②] 弗·梅林写道：“亨里希·马克思树立了一种现代人文主义思想，这种思想使他摆脱了犹太教的一切偏见，而他就是把这种自由当作一宗宝贵的遗产留给了他的卡尔。”[③]戴维·麦克莱伦就亨利希·马克思对卡尔·马克思的影响也作了进一步分析：“这种强大的家庭传统对马克思的影响是不可估量的。”[④]同时，马克思的父亲是一个正直又善良的律师。他总是秉持着公正的态度，为附近的居民排忧解难。面对困苦的受难人士，他经常会无偿地对他们施以援手，并且竭尽全力去帮助那些没有自保能力、长期受到欺压的可怜人。[⑤]

对于卡尔·马克思的母亲罕丽达·普勒斯堡，尽管有学者说他们母子关系紧张，甚至断绝了关系，并谈到母亲的自私和狭隘没有对马克思产生什么积极影响，但我们梳理马克思的家庭发现，马克思的母亲对马克思也有不可忽视的影响。比如，罕丽达营造了一个稳定且开明的家庭环境，这对于马克思早期的世界观形成至关重要；罕丽达的文化素养和家庭教育理念对马克思有一定的启蒙作用；罕丽达在马克思困难时期提供的经济资助及其与马克思的通信表明他们之间保持了一定程度的联系。但在历史记录中，有关母亲的具体教诲和直接影响的详细资料可能不如父亲亨利希·马克思那样丰富。

在马克思的成长环境中，他父亲的爱国情怀、自由思想，以及对穷苦人民的深切同情和对被压迫者权益的关切，都成为对他而言宝贵的遗产，也促进了他政治方向的确定。马克思的母亲在马克思的成长过程中为其提供了一个有利于个人发展的家庭环境，这些因素共同奠定了马克思日后成为伟大思想家的基础。马克思渐渐养成了关心社会、关怀民众、关注民生的悲天悯人的心性。他

---

① 参见赵敦华：《马克思哲学要义》，江苏人民出版社 2018 年版，第 88 页。

② 参见[俄]H. И. 拉宾：《青年马克思》，姚颖译，中国人民大学出版社 2022 年版，第 24 页。

③ [德]弗·梅林：《马克思传》上，樊集译，人民出版社 1973 年版，第 10 页。

④ 孙熙国、张梧主编：《马克思恩格斯经典文本研究前沿》上，研究出版社 2022 年版，第 19 页。

⑤ 参见王灵桂、蔡秋实主编：《德国 9 人传》，华文出版社 2021 年版，第 12 页。

总是会特别关注世界的发展趋势，总是在思索这个国家的制度和社会的问题。在他的心里，国家的事情、世界的事情都与他有关。

二、马克思中学时期对幸福的思考

1830—1835 年，马克思在特里尔中学学习了五年。1835 年 8 月，马克思在特里尔中学毕业考试时的七份笔试考卷被认为是至今保存下来的马克思著述中最早的内容，其中包括各种作文、翻译和数学。[①] 其中，三份作文试卷是：1835 年 8 月 10 日的宗教问题作文《根据〈约翰福音〉第 15 章第 1 至 14 节论信徒和基督的一致，这种一致的原因和实质，它的绝对必要及其影响》、8 月 12 日的德语自由作文《青年在选择职业时的考虑》，以及 8 月 15 日的拉丁语作文《奥古斯都的元首政治应不应当算是罗马国家较幸福的时代》。这三篇考试作文集中反映了马克思受耶稣教会学校典型而纯粹的人道主义教育，同时受到被称为"康德哲学专家"的校长——维腾巴赫浪漫主义思想的影响，也反映了马克思当时的政治思想状况以及对幸福的思考，是年少的马克思在这一时期对理想和社会思考的真实表达。这些作文虽然是马克思对人生和社会的初步思考，但对马克思主义的形成发展起着重要作用，其中一些观点在今天依然发挥着作用。

《约翰福音》第 15 章第 1 至 14 节中描述的是耶稣基督与信徒之间的关系，其中耶稣将自己比喻为葡萄树，而信徒是枝子，强调信徒与基督之间生命的联合和依赖关系，这是基督教信仰中关于救赎和灵性生命合一的核心教义。马克思着重论述了信徒同基督结合为一体的必要性，强调"同基督结合为一体是绝对必要的，离开基督，我们就不能够达到自己的目的，离开基督，我们就会被上帝所抛弃，只有基督才能够拯救我们"[②]。少年马克思这样论述是由于同基督结合为一体促使人对善和知识的追求得以实现，"有镇定的信心和一颗不是出于爱好虚荣，也不是出于渴求名望，而只是为了基督而向博爱和一切高尚而伟大的事物敞开的心"[③]。年轻的马克思一度沉醉于这种宗教狂热、虚幻的幸福快乐体验之中。他认为代表唯心主义的柏拉图是当时最伟大的哲人，而把伊壁鸠鲁

---

① 参见[俄]Н. И. 拉宾：《青年马克思》，姚颖译，中国人民大学出版社 2022 年版，第 24 页。

② 《马克思恩格斯全集》第 1 卷，人民出版社 1995 年版，第 451 页。

③ 《马克思恩格斯全集》第 1 卷，人民出版社 1995 年版，第 453 页。

的唯物启蒙思想称为"肤浅的哲学"[①]。但值得一提的是，马克思只是从人们道德的提升方面分析与宗教相关的一面，其实并没有触及二者结合的本质。对这一实质问题的探究为马克思未来研究的转向提供了巨大空间和可能，也是他其后必然反叛虚幻的有神论，开展现实的资本批判的原因所在。[②]

在《青年在选择职业时的考虑》一文中，马克思开始了对生命意义的探寻。这是一篇全班同学都要完成的命题作文。对于命题作文，由于受特里尔中学校长，亦即对马克思有较大影响的维滕巴赫的影响，包括马克思在内的同学们写了关于达到人区别于动物的目标的手段的选择可能性，关于父母和各种生活状况，以及关系对青年选择职业的影响。值得注意的是，马克思在这个规定题目中展现出他的独特性，这也是马克思的独立思考能力超出同龄人之处的体现。马克思在这篇作文中展现的独特性主要表现在两个方面。一是马克思对关系的论述已经跳出同学们的个人与个人关系的层面，升华为在社会上的关系，即"我们并不总是能够选择我们自认为适合的职业；我们在社会上的关系，还在我们有能力决定它们以前就已经在某种程度上开始确立了"[③]。在这里，马克思使用了"社会关系"的表述，这一表述是特里尔中学的校长和老师没有使用过的概念，赋予了"关系"这个概念更丰富的内涵。二是职业选择的动机方面，与同学们只考虑到身边人的利益不同，马克思以更宽广的视野和博大的胸怀写道："在选择职业时，我们应该遵循的主要指针是人类的幸福和我们自身的完美。……人类的天性本来就是这样的：人们只有为同时代人的完美、为他们的幸福而工作，才能使自己也达到完美……如果一个人只为自己劳动，他也许能成为著名学者、大哲人、卓越诗人，然而他永远不能成为完美无瑕的伟大人物。"[④]马克思的职业选择是为全人类的幸福而工作。马克思认为，在选择职业时不应把个人和社会利益对立起来，我们应该遵循的主要指针是人类的福祉和我们自身的发展。由上可见，马克思在《青年在选择职业时的考虑》中对人基于理性的一般自由能力已经有了较为全面的理解。马克思对人的这种理解如同近代启蒙运动

---

① 《马克思恩格斯全集》第1卷，人民出版社1995年版，第453页。

② 参见[俄]Н. И. 拉宾：《青年马克思》，姚颖译，中国人民大学出版社2022年版，第24—25页。

③ 《马克思恩格斯全集》第1卷，人民出版社1995年版，第457页。

④ [美]玛丽·加布里埃尔：《爱与资本：马克思家事》，朱艳辉译，湖南人民出版社2018年版，第16页。

的灯塔，指引了前行的道路，这也体现了马克思受到康德和黑格尔等哲学家的影响。马克思也正是在这样的职业选择下，一生都在为人类的幸福而努力，成为伟大的无产阶级领袖。[①]

拉丁语考试作文《奥古斯都的元首政治应不应当算是罗马国家较幸福的时代》，马克思在这篇作文里运用他积累的历史知识，对比了古罗马的布匿战争以前时期、奥古斯都时代、尼禄皇帝时代，通过纵向对比分析，最后得出判断和结论。布匿战争以前时期政治体制采取的是共和制，“当时人民被认为是最高政权的代表者，他们通过议会（人民大会）和元老院表达自己的意志；主要权力集中在监察官（他们被称为元老）和最高执政官——执政官、全权执政官、大法官、护民官的手中”[②]。马克思认为这一时期“由于风尚纯朴、积极进取、官吏和人民公正无私而成为幸福时代”[③]。但同时也指出那一时期文化和文明的欠缺，以及贵族和贫民之间的斗争比较激烈。对于奥古斯都时代，这是共和制最终衰落和帝制兴起的时代，马克思在作文中写道：“往昔为护民官、监察官和执政官所拥有的一切权力和荣誉都转入了一人之手，所以各种自由，甚至自由的任何表面现象全都消失了，尽管如此，罗马人还是认为，是他们在进行统治，而‘皇帝’一词只不过是先前护民官和执政官所担任的那些职位的另一种名称罢了，他们没有觉得他们的自由受到了剥夺。”[④]在奥古斯都统治下，国家被治理得井井有条，开明的君主把人民的福祉放在了首位，而且优秀的人才也能响应君主的号召积极参与到国家的管理中来；同时，相比布匿战争以前时期，这一时期有了繁荣的文化。[⑤] 另外，马克思还分析了尼禄皇帝时代，马克思对这一时代奴隶主残忍对待奴隶和奴隶主之间的血腥争夺进行了描述：“最优秀的公民被杀害，到处专横肆虐，法律受到破坏……这是怎样一个时代，还有谁不清楚呢？”[⑥]通过三个时期的对比，马克思认为“奥古斯都的元首政治应该算是最好的时代”[⑦]。奥古斯都时代虽然还存在一些不足，存在贪婪无耻和放纵的不正风气，但马克思认为开

---

① 参见［俄］Н. И. 拉宾：《青年马克思》，姚颖译，中国人民大学出版社 2022 年版，第 27—28 页。

② ［俄］Н. И. 拉宾：《青年马克思》，姚颖译，中国人民大学出版社 2022 年版，第 25 页。

③ 《马克思恩格斯全集》第 1 卷，人民出版社 1995 年版，第 461 页。

④ 《马克思恩格斯全集》第 1 卷，人民出版社 1995 年版，第 462 页。

⑤ 参见《马克思恩格斯全集》第 40 卷，人民出版社 1982 年版，第 826 页。

⑥ 《马克思恩格斯全集》第 1 卷，人民出版社 1995 年版，第 462 页。

⑦ 《马克思恩格斯全集》第 1 卷，人民出版社 1995 年版，第 464 页。

明君主统治的奥古斯都时期还算是比较好的时期。[①]

总之，从马克思少年时期的三篇作文中可以看出，受康德等哲学家影响，马克思早期对幸福的认识受宗教的影响比较深，尽管他后来成了著名的无神论者和唯物主义者。在《根据〈约翰福音〉第 15 章第 1 至 14 节论信徒和基督的一致，这种一致的原因和实质，它的绝对必要及其影响》中，可以看到宗教信仰对个人内在世界的塑造，以及这种内在世界如何影响一个人的幸福感知。在《青年在选择职业时的考虑》一文中，马克思对幸福的讨论也受到了宗教的影响，比如，选择一个能够为人类谋福利的职业，许多宗教都鼓励信徒为他人服务；面对职业选择时的奉献和牺牲精神，受到了宗教故事中的英雄或圣人为他人福祉而作出牺牲的影响。在这篇作文中表达的幸福融合宗教对个人道德、社会服务和牺牲精神的强调，展现了他对个人与社会关系的深刻思考，但忽视了社会存在对职业选择的制约。在《奥古斯都的元首政治应不应当算是罗马国家较幸福的时代》中，对于缔造奥古斯都幸福时代的力量，少年马克思接受资本主义自由学派的思想，过于强调优秀人物对幸福社会的影响，而没有看到广大群众在历史发展中的推动作用。在这三篇作文的探讨中，尽管少年马克思对幸福的认识仍然受到宗教的影响，又过于突出杰出人物的作用，但马克思已经从传统神学“神—人”的逻辑理路向“人—神”的思维转变，这为马克思后来致力于共产主义事业和人类幸福奠定了积极的基础，可以看到，少年马克思对幸福的初步探索对马克思幸福思想的形成和成熟是具有重要价值的。

三、马克思大学时期对唯心主义幸福观的研究

大学时期，马克思在欧洲的柏林大学求学，由于黑格尔曾经在柏林大学任教，整个柏林成为研究黑格尔的中心，若干个研究黑格尔的流派在这里研究、辩论，在不断碰撞中又产生新的思想。马克思加入了由一群青年黑格尔派组成的“博士俱乐部”，并被伙伴们选为领袖，青年黑格尔派摈弃了黑格尔所主张的上帝是一种理性的存在，指导着历史的辩证过程。青年黑格尔派主张无神论，自己的命运绝不是虚无的上帝来决定的。这个观点的逻辑就是既然上帝不是命运的主宰，一国之君也不是上帝所指派的，那任何一个人都可以挑战国王的权

① 参见[俄]Н. И. 拉宾：《青年马克思》，姚颖译，中国人民大学出版社 2022 年版，第 25—27 页。

威。这样的观点在当时是非常危险的存在，而马克思就处在风暴的中心。[①] 在这里，马克思转向对黑格尔主观唯心主义的理性批判。受青年黑格尔派追求个性自由的自我意识哲学的影响，马克思通过认真剖析希腊后期哲学，打破自我意识哲学的抽象局限，找到自我意识与现实世界连接的纽带，将自我意识从抽象理论层面转化为一种具有实际影响力的社会行动，用来改变德国当时的政治和社会状况。[②] 最终马克思于 1841 年完成了博士论文，也由此诞生了其第一个独立的世界观——自我意识哲学。

马克思在撰写的博士论文中，通过对德谟克利特和伊壁鸠鲁两位古代哲学家关于原子运动理论的对比研究，深入探讨了伊壁鸠鲁自我意识哲学中蕴含的丰富伦理学意义，强调了自我意识在追求幸福过程中的核心作用。德谟克利特和伊壁鸠鲁在原子论的发展中起到了关键作用。两位哲学家的原子论尽管有一些差异，但他们都坚持认为"作为这两种自然哲学的基础是同一个原则：在世界中，实质只是虚空中运动的原子的各种组合"[③]。伊壁鸠鲁作为德谟克利特的学生，在德谟克利特提出的原子运动是无规则且朝所有方向进行的，原子间的碰撞形成了世界万物的基础上又有新的发展。伊壁鸠鲁提出了"偏斜运动"的概念，即虽然原子总体上直线下降，但偶尔会发生自发的、随机的偏离，这种偏离使得原子能够相互结合，形成复杂结构，从而解释了自然界中的偶然性和非机械性事件的发生。在伊壁鸠鲁的哲学体系中，其不仅在原子的物理特性上有所拓展，还用原子论来证明人的自由意志和幸福追求的可能性。马克思认为，伊壁鸠鲁所说的原子偏斜意味着原子运动的自主性或偶然性，偶然性是事物发展过程中的一种非确定的、不必然的趋势，历史事件的发生往往表现为一系列的偶然现象。如果只存在必然性，那么人将丧失自我意识，沦为宿命的奴隶，那么人也就没有了自由和幸福可言。原子偏斜打破必然性的限制，他在机械决定论的框架内引入了一种偶然性的维度，为解释事物变化的可能性、个体意志的存在提供了基础。并且，伊壁鸠鲁将排斥作为自我意识的初步形式，并应用到

① 参见[美]玛丽·加布里埃尔：《爱与资本：马克思家事》，朱艳辉译，湖南人民出版社 2018 年版，第 20—24 页。

② 参见李水石、秦龙：《马克思幸福观的历史演进：从〈青年在选择职业时的考虑〉到〈德意志意识形态〉》，《河南师范大学学报》（哲学社会科学版）2014 年第 1 期。

③ [俄]Н. И. 拉宾：《青年马克思》，姚颖译，中国人民大学出版社 2022 年版，第 39 页。

政治和社会中去，将偶然性原则应用于人类社会，进一步深化了对人的自我意识、个人意志自由、幸福的可能性等涉及人类幸福议题的理解和阐述。[①] 人在偶然性提供的自由选择空间中，才能培养出自我意识，实现个体独立，这是追求幸福的前提条件和基本可能。“对伊壁鸠鲁无神论及其从哲学上论证个体自由的必然性的尝试抱有好感，对这位古代唯物主义者的自然哲学的详细研究，是青年马克思在观点上准备好产生有别于黑格尔的新倾向。”[②]

马克思在高度评价伊壁鸠鲁的原子偏斜理论中所蕴含的自由精神的同时，也超越了伊壁鸠鲁将自由仅仅视为个体在现实世界之外追求抽象幸福的局限性。马克思又对哲学与世界的关系进行了阐述，提出了哲学世界化和世界哲学化两个命题。对于哲学世界化，“历史进程在马克思看来是哲学意识与经验世界相互作用的结果”[③]，而“哲学与世界的隔离哲学形成了暂时只是由一些抽象的原则组成的某种统一整体”[④]。以往的哲学自我封闭只是追求体系的完美，一切现实问题都被归结为理论问题。马克思指出，哲学不能把自己封闭起来，只满足于自我的反思哲学要走向世界。“在自身中变得自由的理论精神成为实践力量，作为意志走出阿门塞斯冥国，面向那存在于理论精神之外的尘世的现实——这是一条心理学规律。”[⑤]因此，哲学要加强同外部世界的相互作用。当哲学面向世界的时候，其不再是一个封闭的整体，而是表现为部分，进而形成了哲学和世界的关系，打破了哲学内在自我满足和完整性。哲学不再仅仅是抽象的概念游戏或学院式的纯理论探讨，而是要走出书斋，深入实际的社会生活和历史进程中去，指导实践并随着历史实践的发展而发展。

哲学世界化的同时，也需要世界哲学化，即世界在与哲学融合时，现实世界的各种社会关系、经济活动、历史变迁等要在哲学上被理解和把握，即通过哲学思考，达到对世界本质的理解。这也是哲学社会化的过程。

可见，哲学世界化和世界哲学化二者是相通的，是一个事物的两个方面。[⑥]

---

① 参见臧峰宇、潘玥斐：《青年马克思古典学研究的启蒙意蕴与政治旨趣：再读〈德谟克利特的自然哲学与伊壁鸠鲁的自然哲学的差别〉》，《学习与探索》2021 年第 3 期。

② [俄]Н. И. 拉宾：《青年马克思》，姚颖译，中国人民大学出版社 2022 年版，第 40 页。

③ 转引自[俄]Н. И. 拉宾：《青年马克思》，姚颖译，中国人民大学出版社 2022 年版，第 41 页。

④ [俄]Н. И. 拉宾：《青年马克思》，姚颖译，中国人民大学出版社 2022 年版，第 41 页。

⑤ 《马克思恩格斯全集》第 1 卷，人民出版社 1995 年版，第 75 页。

⑥ 参见边立新：《马克思恩格斯哲学形态研究》，黑龙江人民出版社 2013 年版，第 43 页。

“这些个别的自我意识始终具有一个双刃的要求：其中一面针对着世界，另一面针对着哲学本身……这些自我意识把世界从非哲学中解放出来，同时也就是把它们自己从作为一定的体系束缚它们的哲学中解放出来。”[①]哲学需要发挥其能动作用，实现世界的哲学化。哲学要着眼整个世界，促使思想与现实紧密结合，将理论转化为实际行动。这个时候马克思对自我意识的认知已经超出黑格尔的抽象的纯粹精神的局限，建构起了意识与现实世界之间的联系。但马克思对人的真正本质的认识还处于探索阶段，因此其思想还受黑格尔思辨唯心主义的影响。研究马克思早期伦理思想的发展脉络，对于揭示其早期伦理观念的演变历程具有关键作用。

在马克思的博士论文中，其思想是唯心主义的，对传统哲学从理论层面进行了批判，这种批判的力量来自本身的自由意志，突出强调自我意识在实现人的幸福中的能动与变革现实环境的作用。总的说来，这一时期，马克思在青年黑格尔派的影响下，在哲学上逐渐倒向黑格尔，但他并未完全抛弃或否定康德哲学的贡献。实际上，马克思在自己的博士论文中对黑格尔的绝对精神概念进行了批判性分析，认为这种观点过于强调实体性，而忽视了实践和现实中的能动性。马克思赞赏康德对于“自我意识”的强调，尽管他认为这种立场在面对物质世界时显得无力，但康德对“超验”存在的批判，即对那些不能被经验证实的概念的质疑，对于确立人类主体性和自由的重要性是不可估量的。康德的这一批判性立场帮助马克思从纯粹的理论思考转向了对现实社会和历史的考察，从而奠定了他后来发展出的历史唯物主义的基础。[②] 马克思的博士论文已经具有了成熟的哲学思考和现实沉思。

第二节　马克思幸福思想的初步形成

从《摩泽尔记者的辩护》《〈黑格尔法哲学批判〉导言》到《神圣家族》，这一时期是马克思幸福思想体系建构的重要阶段。面对生活在社会最底层的广大劳

---

① 《马克思恩格斯全集》第1卷，人民出版社1995年版，第76页。

② 参见王道林：《文本视域下学生时代马克思伦理思想中的康德元素：从中学作文到博士论文》，《山西大同大学学报》（社会科学版）2023年第6期。

动人民的悲惨生活状态和人们对美好生活的向往的巨大反差，马克思的哲学思想随之逐渐转化。从这些著作中可以看出，马克思开始从唯心主义转向唯物主义和共产主义，开始从唯物主义的立场出发进一步探索关于人类幸福的问题。

一、基于各种关系的客观本性的幸福思想

探讨马克思从唯心主义向唯物主义的转变，离不开马克思在《莱茵报》工作的那段时间（1842—1843 年），这一时期是他从唯心主义向唯物主义转变的关键时期，也是其逐渐形成历史唯物主义观点的起点。在这期间，马克思撰写了大量文章、社论以及编者按语，从这些作品中，我们可以看到马克思开始由不自觉到自觉地转向唯物主义和共产主义，并运用唯物主义分析经济社会中的各种不平等现象。《摩泽尔记者的辩护》出自马克思为《莱茵报》撰稿的时期，其并非单篇完整且独立的作品，而是马克思以摩泽尔记者的名义针对莱茵省总督冯·沙培尔对《莱茵报》上记者发表的两篇文章的批评进行回应和辩护所进行的一系列报道和评论，因此没有具体的单一发表日期，而是指他在这一时间段内连续发表的相关文章。

为了写作《摩泽尔记者的辩护》，马克思收集和查阅了大量文献资料，还到摩泽尔河沿岸农村进行实地调查，深入探讨了摩泽尔河沿岸地区农民如葡萄种植者所面临的困境。马克思在文中批评低效、腐败的政府对人民的贫穷和苦难及其正当诉求置若罔闻，指出了税收过重、管理不善、地方官员贪腐等普鲁士政府政策及行为对当地农民不利的一面，这些因素加剧了农民的经济困境。同时，由于资本主义市场的发展和竞争加剧，尤其是国际市场的波动，导致农产品价格下跌，使得依赖单一作物（如葡萄）为生的农民收入不稳定，进而陷入贫困。马克思不畏惧当权者，对造成农民贫困的原因进行深入的揭露："备遭痛苦折磨的贫困葡萄酒酿造者难道没有权利公开说出使他们陷于赤贫之境的祸根吗？难道他们没有权利要求人们把他们从那些长期吸吮他们膏血的吸血鬼手里讲出来并且把他们杀死吗？……上层人物长期以来对葡萄酒酿造者的苦难处境表示怀疑，他们的求救的呼声被认为是一种蛮横无理的叫喊。"[1]

---

① ［法］科尔纽：《马克思恩格斯传》第 1 卷，刘丕坤等译，生活·读书·新知三联书店 1963 年版，第 416 页。

马克思把问题的根本原因指向国家和政府。他认为造成农民贫困的原因不是自然原因，也和个别官员的职业素养无关。马克思强调："在研究国家状况时很容易走入歧途，即忽视各种关系的客观本性，而用当事人的意志来解释一切。但是存在着这样一些关系，这些关系既决定私人的行动，也决定个别行政当局的行动，而且就像呼吸的方式一样不以他们为转移。只要人们一开始就站在这种客观立场上，人们就不会违反常规地以这一方或那一方的善意或恶意为前提，而会在初看起来似乎只有人在起作用的地方看到这些关系在起作用。"①对关系的认识在马克思主义理论发展中具有重要意义，在《摩泽尔记者的辩护》中，马克思不仅注意了各种关系的客观本性，同时更是关照了各种物质关系，尤其注意私人利益领域和国家利益之间的关系，管理机构内部的关系。②

通过对不同关系的分析，马克思更深入地认识到了普通百姓与部分官员对待同一问题的不同看法，源于国家官僚机构维护特权者利益的本质。政府官员认为农民的贫困仅仅与自然条件有关，或者由于个别事件导致贫困，他们只会在管理机构之外找原因，极力把居民贫困从政府层面撇清关系。马克思指出："摩泽尔河沿岸地区的贫困状况同时也就是管理工作的贫困状况。"③它集中反映了政府的管理原则同客观现实之间的矛盾，这种矛盾内在于官僚制度的本质关系。在马克思看来，"这种本质的关系就是既存在于管理机体自身内部、又存在于管理机体同被管理机体的联系中的官僚关系"④，"贫困的原因不是个别官员或个别政权机关的残酷无情，而是现存关系的整个制度的残酷性的表现。正是这些关系本质是普遍的、肉眼不可见的力量，这种力量迫使个别的官员或证券机关去做那些乍看起来是随意的残酷的行为。因此应该反对的不是个别官员或个别政权机关，而是反对现存社会关系的整个制度"⑤。

马克思深刻揭露了国家的法律和国家机构维护的是特权阶层的利益，而非代表普遍正义，以及摩泽尔河沿岸地区政府脱离人民的管理机构的"官本质"。马克思通过对摩泽尔沿岸地区贫困状况的分析，找到了居民贫困的根源，为居民争取幸福的生活找到了出路。

---

① 《马克思恩格斯全集》第 1 卷，人民出版社 1995 年版，第 263 页。

② 参见[俄]Н. И. 拉宾：《青年马克思》，姚颖译，中国人民大学出版社 2022 年版，第 92 页。

③ 《马克思恩格斯全集》第 1 卷，人民出版社 1995 年版，第 376 页。

④ 《马克思恩格斯全集》第 1 卷，人民出版社 1995 年版，第 377 页。

⑤ [俄]Н. И. 拉宾：《青年马克思》，姚颖译，中国人民大学出版社 2022 年版，第 95 页。

二、基于无产阶级主导的人类解放的幸福思想

《〈黑格尔法哲学批判〉导言》是马克思于1843年年底到1844年年初撰写的《黑格尔法哲学批判》的开篇部分。在这篇导言中，马克思对德国哲学家黑格尔的法哲学体系进行了深入剖析和批判，并提出了他自己关于人类解放和社会变革的观点。马克思在该书中对黑格尔的批判包括政治批判和逻辑批判两部分，批判了黑格尔关于国家和法的理念，尤其是对黑格尔“国家是理性的体现”这一观点进行了深入剖析，指出黑格尔的哲学没有充分反映社会现实，特别是没有揭示出市民社会（即经济基础）对政治国家（即上层建筑）的决定性作用。马克思在导言部分尤其强调了宗教批判和其他一切社会批判的关系，并预示了后来历史唯物主义的基本思想萌芽。这是他从唯心主义向唯物主义和革命实践转变的关键阶段。

在《黑格尔法哲学批判》中，马克思对黑格尔关于市民社会与国家关系的理论进行了深刻的批判和重新解读。黑格尔认为，市民社会是个人追求自身利益、实现自我目的的领域，它是个体自由和私有财产制度之上的一个“需要的体系”，而国家则是超越了市民社会特殊性利益的普遍意志的表现，即作为伦理理念的现实化，是理性的化身，旨在协调并保障市民社会的整体秩序和公共福利。马克思以市民社会和现实的人为视角，对黑格尔把国家置于抽象地位的绝对精神理念进行了批判，尝试通过对国家制度本质的批判，清除政治理想化的残余，放弃空洞的国家框架，创建以市民社会的经济和政治需求为根本的、更为民主和公正的国家制度。马克思强调历史唯物主义的观点，认为市民社会才是决定上层建筑的基础力量。他认为，黑格尔颠倒了国家与市民社会的关系，实际上，家庭和市民社会才是国家存在的基本要素和前提，也是国家发展的活力和动力所在。市民社会的发展，特别是其内在的阶级矛盾和生产力的发展，决定了国家的形式和性质。马克思指出，国家并非独立于市民社会之外的抽象实体，而是市民社会内部矛盾运动的产物，当社会关系发展到一定程度时，国家的功能和形态也将相应发生变化。马克思用唯物主义思想开辟了通往历史唯物主义和辩证唯物主义的道路。在马克思看来，要化解市民社会的内部冲突及与政治国家间的紧张关系，不能简单地仰赖政治国家的抽象承诺，而应当聚焦于市民社会自身的能动性，依靠市民社会主体力量来寻求解决之道。

马克思从黑格尔法哲学出发，对市民社会进行了深入分析。他认为，市民社会（在当时即指资本主义社会）中的物质生产方式以及由此产生的财产关系、阶级对立是理解政治现象和社会发展进程的关键。在市民社会中，私有制导致了工人阶级的异化和被剥削，特别是无产阶级的劳动被资本剥削，从而无法实现人的全面自由和发展。市民社会不仅是思想或精神现象的表现，而且是物质生活的基础和社会关系的直接表现，尤其是经济关系的体现。马克思认为，市民社会中的经济活动和生产方式实际上构成了政治国家的基础，也就是说，市民社会决定着国家的形式和内容，而非像黑格尔那样认为的国家高于并统摄市民社会。这表明仅靠政治层面的解放（如公民权利的确立）不足以实现人的全面解放，而是必须涉及对经济基础和社会关系的根本改造。

马克思结合德国的情况进行分析，对德国来讲，黑格尔的国家哲学和法哲学深刻地反映了 19 世纪德国国家制度的核心特征与内在逻辑，同时也揭示了这些制度中固有的矛盾与局限性。“对德国来说，彻底的革命、普遍的人的解放，不是乌托邦式的梦想，相反，局部的纯政治的革命，毫不触犯大厦支柱的革命，才是乌托邦式的梦想。”[①]马克思在认真总结德国的实际情况后提出，“德国唯一实际可能的解放是以宣布人是人的最高本质这个理论为立足点的解放”[②]。这也说明马克思受费尔巴哈“人是人的最高本质”思想的影响。要使人真正成为人，必须推翻人不能成为人的一切关系。因此，马克思认为，德国必须进行根本性的革命才能打破统治阶级的统治，这个历史重任就落到了无产阶级的身上。无产阶级是一穷二白的阶级，不占有任何生产资料，因此对统治阶级对生产资料的占有以及对贫苦大众的剥削深恶痛绝，有着强烈的消灭生产资料私人占有的动机和欲望，并且把自身已经实现的东西推广到全社会，使整个社会都摆脱私有财产的控制，“马克思这时已看到了无产阶级解放和人类解放的关系”[③]。无产阶级和广大受苦受难的人民的处境和利益是一样的。无产阶级要实现自身的解放，必须消除阶级差异和阶级斗争，终结所有形式的社会剥削与压迫。在以往经历的任何一种社会形态中，任何一个阶级得到解放往往是以对另一个阶级的剥削或新形式的压迫为代价而产生的，但无产阶级的解放不同于

① 《马克思恩格斯文集》第 1 卷，人民出版社 2009 年版，第 14 页。

② 《马克思恩格斯文集》第 1 卷，人民出版社 2009 年版，第 18 页。

③ 陈先达：《陈先达讲马克思主义经典著作》，东方出版社 2022 年版，第 26 页。

以往的解放，它追求的是一个公平正义、人人平等的社会状态，在那里没有剥削和压迫，即实现全人类的共同解放。[①] 马克思最终指出，只有通过无产阶级革命和社会变革，才能实现国家与市民社会真正和谐统一的理想状态。马克思通过对黑格尔法哲学的批判，逐步揭示了隐藏在社会现象背后的社会经济结构以及由此产生的阶级对立与冲突，为后来的历史唯物主义理论奠定了基石。

《〈黑格尔法哲学批判〉导言》作为《黑格尔法哲学批判》的一部分，作为整个批判工作的开端或引子，更加集中地阐述了马克思对人类解放问题，特别是无产阶级革命作用的认识，以及对于落后国家可能走向社会主义道路的初步思考。它不仅是对黑格尔法哲学批判的开始，也是马克思从哲学转向政治经济学，进而探索社会发展规律的重要转折点。相对于《黑格尔法哲学批判》，马克思在《〈黑格尔法哲学批判〉导言》中展现了向历史唯物主义和辩证唯物主义继续深化探索的趋势，但还是没有达到马克思科学社会主义最终成熟时所达到的高度。

首先，马克思对“人类解放”的认识尚有不足。这一时期，马克思尚未充分认识到无产阶级专政及无产阶级意识形态占主导地位的必要性，也未完全意识到无产阶级解放应先从自身和广大劳动人民开始，逐步扩展至全人类解放的进程，而是将革命的对象也视为解放的对象，这表明他对自身的定位还不清晰，与后来无产阶级作为革命主体的定位存在很大区别。[②]

其次，马克思在《〈黑格尔法哲学批判〉导言》中虽然强调了实践的重要性，但他此时还未完全摆脱黑格尔法哲学体系的影响，对抽象概念与现实生活之间关系的理解尚未达到后来历史唯物主义那种基于社会生产活动的具体分析水平。虽然马克思在此提出了市民社会决定政治国家的观点，但这个阶段他对两者间复杂的互动关系及其动态变化的理解还不够深入和全面，尤其是没有明确阐述经济基础对上层建筑的决定作用。虽然在《〈黑格尔法哲学批判〉导言》中，马克思初步触及了无产阶级的历史使命，但对无产阶级通过实践行动实现自身解放和社会变革的具体路径以及条件等方面的论述尚不够清晰和系统化。尽管马克思在这部著作中已经开始将研究的重点放在现实世界和人们赖以生存的物质基础上，但他关于历史唯物主义的基本原理，此时尚未得到充分的发展

① 参见陈先达：《陈先达讲马克思主义经典著作》，东方出版社2022年版，第20—27页。

② 参见李水石：《马克思幸福观及其当代价值》，大连海事大学博士学位论文，2014年。

和阐明。此时的马克思仍是一个革命民主主义者，他的思想还局限在资本主义政治经济体制的范围内，依然相信通过社会革新来达成人类的自由与福祉。

三、基于人的本质的幸福思想

《1844年经济学哲学手稿》是马克思研究经济科学的早期阶段著作，但其中孕育的思想和观点非常丰富，在马克思主义经济理论体系的形成过程中占有重要地位。在这部手稿中，马克思系统地阐述了劳动价值论、剩余价值理论和人的本质理论，为马克思幸福思想的最终形成奠定了坚实的基础。马克思不仅批判吸收了黑格尔历史发展的辩证特征，而且在费尔巴哈的人是“现实的人”的分析的基础上，提出人才是社会的真正主体。马克思以“自由自觉的活动”为基础和前提，以“社会人”为实践基础，以“人类的解放”“每个人的自由全面发展”为价值目标和最终归宿建构了马克思幸福思想。[①]

一是马克思人本思想的类本质。马克思、恩格斯提出可以通过意识、宗教等人类所具有的普遍特征区别人与动物，但“一当人开始生产自己的生活资料，即迈出由他们的肉体组织所决定的这一步的时候，人本身就开始把自己和动物区别开来”[②]。马克思在《1844年经济学哲学手稿》中，对人与动物的区别的论述更推进了一步，“一个种的整体特性、种的类特性就在于生命活动的性质，而自由的有意识的活动恰恰就是人的类特性”[③]。用“自由自觉的活动”规定了“人”这个类概念。“自由自觉的活动”即人的生产劳动。马克思所讲的“自由”是对事物的本质联系和规律等必然性的认识，“自觉”则是指人在实践活动中对客观规律的掌握与支配。“自由自觉”是使人成其为人的自在自为的劳动存在状态。“自由自觉的活动”是人类共有的面向整个自然界的类属性。相比于人类的生命活动，燕子筑巢、蜜蜂采蜜等动物的活动则为生物体趋向于某一特定行为直接需要的生产，动物只能用自身的器官或简单地利用现成的自然物，适应自然界，而不能制造工具，动物的活动出自本能并受制于客观环境的限制，从

---

① 参见孙秀玲：《马克思人本思想视野下的逆全球化思潮批判》，《辽宁省社会主义学院学报》2020年第4期。

② 《马克思恩格斯文集》第1卷，人民出版社2009年版，第519页。

③ 《马克思恩格斯文集》第1卷，人民出版社2009年版，第162页。

未达到真正的自由自觉。①

二是马克思人本思想的现实性本质。马克思关于人的“类”本质的规定是其人本思想的一个层面。为更科学地诠释人类，马克思以人在实践过程中形成的现实社会关系为对象规定了人的现实性本质，实现了马克思人本思想认识的质的飞跃。马克思所说的“人”，绝不是“自然人”，而是活生生的、处于现实社会关系中的有思想、有意志且从事一定实践活动的“社会人”。马克思看到人的劳动的实践性，以及在劳动实践基础上形成的人的社会属性。马克思的“社会人”假说被看作历史唯物主义的出发点，为唯物史观的大厦打下了牢固的根基。社会人是以一定的生产方式从事生产实践活动的，但人的这种活动不是孤立地进行的。人们在社会生活实践中总要产生不以人的意志为转移的社会关系，“即同他们的物质生产力的一定发展阶段相适合的生产关系”②，在生产关系的基础上进而形成社会关系。可见，社会人是处于具体生活世界的人，是处于一定社会关系中的人。进而马克思强调，人的本质不是抽象的、孤立的，“在其现实性上，它是一切社会关系的总和”③。通过这一论断，我们可以发现社会关系与人的本质之间的内在规定性关系，人之为人，是由他的社会关系决定的。④

三是马克思人本思想的价值目标和最终归宿。马克思在《1844 年经济学哲学手稿》中提出了一个核心价值目标，即实现人的自由而全面的发展。马克思还勾勒出了一种未来的社会形态，在这个社会中，每个人的自由发展是一切人的自由发展的条件，即共产主义社会。“共产主义是对私有财产即人的自我异化的积极的扬弃，因而是通过人并且为了人而对人的本质的真正占有”⑤，强调未来共产主义社会是幸福生活实现的社会，是人的本质真正复归的社会。而且，马克思认为，向人的本质的复归是完全的复归，是自觉地把以往发展的全部财富归还给劳动者。“这种共产主义，作为完成了的自然主义，等于人道主义，而作为完成了的人道主义，等于自然主义，它是人和自然界之间、人和人之间的

---

① 参见孙秀玲：《马克思人本思想视野下的逆全球化思潮批判》，《辽宁省社会主义学院学报》2020 年第 4 期。

② 《马克思恩格斯文集》第 2 卷，人民出版社 2009 年版，第 591 页。

③ 《马克思恩格斯文集》第 1 卷，人民出版社 2009 年版，第 501 页。

④ 参见孙秀玲：《马克思人本思想视野下的逆全球化思潮批判》，《辽宁省社会主义学院学报》2020 年第 4 期。

⑤ 《马克思恩格斯文集》第 1 卷，人民出版社 2009 年版，第 185 页。

矛盾的真正解决,是存在和本质、对象化和自我确证、自由和必然、个体和类之间的斗争的真正解决。"[①]这段话涉及真正的劳动者获得幸福生活的社会条件,阐明了未来社会幸福生活的自然的、物质的前提,以及人类社会基本矛盾的真正解决方式。但是这一时期,费尔巴哈的人本唯物主义思想仍然深刻地影响着马克思,导致他所理解的劳动也只是脱离现实物质基础的理想中的劳动,他所构想的美好生活也是理想的和理论中的,不是现实的劳动和现实的生活,因而他对人的本质的理解还处于比较理想的状态,架构美好生活的设想还缺乏深刻的现实基础。

四、以物质生产和物质条件为基础的幸福思想

《神圣家族》是马克思和恩格斯合作完成的重要作品,完成于 1844 年 9 月至 11 月,并于 1845 年 2 月在法兰克福出版。《神圣家族》这个标题是用来喻指布鲁诺·鲍威尔等德国青年黑格尔派。马克思在《神圣家族》中初步阐述了唯物史观的基本思想,对唯心主义哲学进行了深刻的批判。马克思认为,物质生产活动在人类社会居于重要地位,因此,关注的重点应从抽象的人转化为从事物质生产的现实存在的人,应该通过关注无产阶级的社会地位和现实物质生活状况,透视资本主义社会的基本矛盾和危机,关注社会发展的趋势和方向,并从实践的角度探讨未来共产主义实现的途径和道路。

马克思在《神圣家族》中,基于历史唯物主义立场,提出物质生产不仅是人类社会存在的前提,也是社会发展的动力源泉。物质生产是历史唯物主义理论的核心内容之一。马克思从历史唯物主义视角出发,批判了青年黑格尔派的唯心思想。青年黑格尔派继承了黑格尔辩证法的核心思想并运用辩证法来解释历史,但他们倾向于从意识、观念或精神层面去解读历史的发展,认为历史是由人类的思想和意识推动的,而非物质条件和社会实践直接决定。青年黑格尔派有强烈的主观唯心论色彩,强调自我意识的重要性,视其为人类的本质特征和进步的动力源泉,彻底撇开现实生活来谈历史发展。而马克思站在历史唯物主义的立场指出:"正象批判的批判把思维和感觉、灵魂和肉体、自身和世界分开一样,它也把历史同自然科学和工业分开,认为历史的发源地不在尘世的粗陋

① 《马克思恩格斯文集》第 1 卷,人民出版社 2009 年版,第 185 页。

的物质生产中，而是在天上的范范云雾中。”[①]

在这里，马克思已经指出物质生产是历史的发源地，是幸福生活实现的基础。物质生产包括自然生产和工业生产，这是人类社会发展的全部基础。自然生产是指更为原始或传统的农业生产以及其他与自然环境紧密相关的物质生产活动。这些活动通常依赖于直接利用自然资源和生物，在很大程度上受到自然条件的限制和影响。工业生产是指随着生产力的发展和资本主义生产方式的确立而兴起的大规模、机械化、集中化的商品生产。这种生产方式极大地提升了生产效能，拓宽了人际交流的边界，丰富了人类的知识视野，从而有力地推动了社会的进步和发展。随着工业的发展以及生产力的发展和生产方式的改变，工业生产逐渐取代自然生产。人们的社会关系、阶级结构以及整个社会形态也会相应发生变化，是决定社会结构、政治关系以及意识形态上层建筑的根本因素。

马克思和恩格斯认为，每一个时代都有一定的经济结构和与之相适应的政治制度，只有认识各个时代的物质生产方式，才能真正认识那个时代。马克思认为青年黑格尔派对自我意识的无限夸大是很幼稚可笑的。同时，马克思还指出，人民群众在物质生产过程中起着决定性作用，并且随着物质条件的进步，群众会逐渐认识到自己的利益与现存社会制度之间的矛盾，从而推动社会变革和发展，引领人们的生产和生活不断发展，为人类社会的进一步发展作出巨大的贡献。通过《神圣家族》一书，马克思和恩格斯对黑格尔法哲学以及其他青年黑格尔派思想家的观点进行了批判，并在此基础上进一步确立了以物质生产为基础的历史唯物主义基本原理，为后续的《德意志意识形态》等更为系统地阐述历史唯物主义理论体系奠定了基石。

从《摩泽尔记者的辩护》到《神圣家族》，是马克思幸福观的初步形成阶段。这一时期，马克思在费尔巴哈人本唯物主义思想的影响下，批判了德国的宗教生活和政治生活，注重从实际出发，关注如何改善人们的物质生活和经济条件，致力于推动社会变革，以实现人民的幸福生活。他提出了要使人的本质得到复归，过上幸福生活，必须获得人的解放，初步构建了物质生产基础上的理想状态的幸福观。因此，从《黑格尔法哲学批判》到《神圣家族》这一时期，马克思在人

① 《马克思恩格斯全集》第1卷，人民出版社2016年版，第191页。

本唯物主义思想的指导下，初步形成了其幸福思想。[①]

第三节 马克思幸福思想的发展成熟

从1845年到1848年，在这三年时间里，马克思对费尔巴哈哲学进行了反思，并同以往的哲学进行了彻底决裂，这是人类认识发展史的一次重大推进，标志着历史唯物主义的诞生。这些都在《关于费尔巴哈的提纲》《共产党宣言》《德意志意识形态》等重要著作中得到了体现。马克思通过批判和超越青年黑格尔派、老年黑格尔派的唯心主义以及费尔巴哈的旧唯物主义，摒弃了先前的世界观中的错误成分，实现了哲学立场和世界观的根本革新。[②]

一、以人类实践活动为重点的幸福思想

马克思从开始对人类社会哲学问题进行思考时起，就非常重视物质生产实践等问题。但对实践的认识和理解并非一步到位，而是经历了一个逐步深化和完善的过程。在《莱茵报》工作时期，马克思所说的实践主要是指政治批判，在《1844年经济学哲学手稿》中，马克思把人的本质理解为自由自觉的活动，即物质生产劳动，这就抓住了实践活动最基本的形式和内容。1845年春，马克思写成著名的《关于费尔巴哈的提纲》。在这部作品中，马克思第一次把实践作为马克思主义哲学的基本范畴提了出来，同旧唯物主义划清了界限，标志着马克思完成哲学上的伟大变革。《关于费尔巴哈的提纲》虽然篇幅不长，但内容深刻，批判了费尔巴哈等提出的旧唯物主义的主要缺陷，把实践作为马克思主义哲学区别于一切旧哲学的基本特征，它以实践为中心论述了新世界观，阐明了马克思主义哲学的基本观点，提出了实践是检验真理的标准，同时也明确了实践在实现人的幸福中的关键性作用。

《关于费尔巴哈的提纲》主要聚焦于对人类实践活动的重视以及如何通过实践来变革社会与个体生活。《关于费尔巴哈的提纲》给出如下著名的断言：哲

① 参见甄晓英：《马克思美好生活观研究》，兰州大学博士学位论文，2022年。

② 参见甄晓英：《马克思美好生活观研究》，兰州大学博士学位论文，2022年。

学家们只是以不同的方式来解释世界，但关键是要改变世界。因为人的本质是在其现实的、历史的具体实践中得到确认的。而费尔巴哈则从更直接的生命哲学角度探讨了个体如何通过实现自我本质来达到幸福状态。费尔巴哈认为，人的本质在于其感性存在，人追求幸福的源泉应该从现实的人、自然以及人与人之间的关系中而非超验的神或者纯粹的精神领域寻找。在费尔巴哈看来，幸福首先建立在对自身感性生活的满足上，包括物质生活需求的满足以及情感、爱的需求的满足。他强调人与人之间的真实交往和深厚友谊对于幸福感的重要性，认为人只有在爱他人并与他人和谐相处的过程中才能实现真正的幸福。

总的来说，费尔巴哈的幸福观是一种基于现实生活的、以人为本的幸福观，他倡导人们积极面对现实生活，通过满足人的自然需求和社会需求来追求和实现幸福。在《关于费尔巴哈的提纲》中，马克思虽然没有专门探讨幸福理论，但他批判费尔巴哈的唯物主义是"半截子唯物主义"，并把实践作为连接主客体的中介，提出实践唯物主义的哲学观点。在马克思看来，尽管费尔巴哈反对宗教和黑格尔的唯心主义哲学，并提出了对自然界物质性的肯定以及对人的感性存在的重视，但他仍然没有完全摆脱旧唯物主义的局限性，停留在认识与被认识的感性阶段。马克思在《关于费尔巴哈的提纲》中指出："从前的一切唯物主义——包括费尔巴哈的唯物主义——的主要缺点是：对对象、现实、感性，只是从客体的或者直观的形式去理解，而不是把它们当作人的感性活动，当作实践去理解，不是从主体方面去理解。"[①]马克思进一步指出："人应该在实践中证明自己思维的真理性，即自己思维的现实性和力量，自己思维的此岸性。"[②]

费尔巴哈的人本学唯物主义虽然强调了人的自然属性和社会关系，但在历史观上却没有能够提供一种基于社会生产活动和阶级斗争分析的历史唯物主义理论框架。马克思进一步提出，应当将实践作为理解人类社会生活和历史发展过程的基础，而不是仅仅停留在对客观事物静态的认识层面。通过这种实践唯物主义的立场，马克思创立了历史唯物主义，揭示了社会存在决定社会意识的基本原理，从而超越了费尔巴哈的不彻底的唯物主义。马克思对在主观范围内寻找真理标准的观点提出了批判。就是说，我们应该把实践作为检验真理的唯一标准。

---

① 《马克思恩格斯选集》第1卷，人民出版社1995年版，第58页。

② 《马克思恩格斯选集》第1卷，人民出版社2012年版，第134页。

物质生产劳动是最基本的实践形式，它是整个人类得以生存和发展的基础，也是人获得幸福的根本途径。马克思在考察人的本质时，将人的实践活动作为人的本质特征。他认为，人的本质形成的基础是生产活动或劳动实践。物质生产实践是人类社会存在和发展的基础，创造了丰富的物质产品，满足了人们基本的生存需求，它直接关系到人民生活的质量与幸福程度。

一是物质生产实践成为社会关系的发源地。在生产过程中，人们便会发生一定的联系结成生产关系，并在此基础上逐渐形成各种政治关系和社会关系。只有在这些关系的范围内，生产才能顺利进行。由此可见，无论是生产本身，还是从事生产的人都是依赖各种关系的存在，脱离了关系，无论生产还是人都是根本不存在的。所以，马克思将人的本质归结为一切社会关系的总和。社会关系包括经济方面、政治方面、文化方面的各种形式的社会联系和交往，这些关系都对人的本质产生影响。总之，马克思从物质生产实践出发探索人的本质，并从社会关系角度规定人的本质，指出人的本质是在后天的实践中形成的，而不是与生俱来固定不变的。[①] 因此，可以看到，生产劳动实践创造了各种社会关系，社会关系又规定和制约着人们的生产劳动。这样，生产实践是人获得幸福的根本途径，社会关系就成为人们获得幸福的社会环境和条件。

二是实践形成了社会生活的基本领域，在人类社会生活中起着基础性和决定性作用。在实践中构成社会生活的各种领域，包括物质生产实践、社会政治实践、科学文化实践和社会交往实践，这大大丰富了人的幸福形式。

三是物质生产实践是社会发展的根本动力。从根本上说，社会历史发展的过程就是人类的实践活动发展的过程，社会发展的动力不可能离开人的实践活动。物质生产实践的发展进步直接推动社会生产力的发展。生产力构成要素中劳动者素质的提升以及科学技术在生产工具中的应用，不仅提升了生产效率，也为社会财富的积累和社会结构的变化提供了可能。再者，物质生产实践也决定了社会关系的性质和形式，对于社会意识形态的形成与发展具有深远影响。因此，从马克思主义哲学角度看，物质生产实践不仅是社会历史的前提，也是社会历史发展的根本动力。在《关于费尔巴哈的提纲》中，马克思在实践的基础上克服了费尔巴哈的人本主义的影响，从现实的社会关系的总和中理解人和

---

① 参见伍志燕编著：《〈路德维希·费尔巴哈和德国古典哲学的终结〉文本导读》，新华出版社 2021 年版，第 219 页。

人的幸福，强调改造现实的社会关系和改造人自身的一致性，标志着马克思哲学思想发展中的重大飞跃，这为创立唯物主义幸福思想作了积极的思想准备。

二、以自由人联合体为目标的幸福思想

《共产党宣言》诞生于19世纪中叶，是顺应工业革命的发展和无产阶级与资产阶级矛盾激化的时代背景而产生的。在工人阶级发起大规模起义和罢工，工人运动迅速发展的阶级基础之上，《共产党宣言》作为回应历史发展呼唤的产物，在思想潮流和社会斗争交汇中应运而生。这部由马克思和恩格斯共同撰写的纲领性文献系统完整地表述了科学社会主义原理，为国际共产主义运动和无产阶级解放斗争提供了科学的理论指导。《共产党宣言》不仅阐述了无产阶级政党的性质、目标和历史使命，揭示了人类社会发展的规律和资本主义灭亡的历史必然性，还提出了以“自由人联合体”为核心的“共同体”思想，主张把人从现实的羁绊中解放出来、实现人的自由全面发展作为马克思实践主体最高发展形态。

马克思在《共产党宣言》中运用历史唯物主义方法，批判和反思了当时资本主义社会的现实生活，阐明了生产力和生产关系的矛盾是社会革命的根源，指出无产阶级是社会革命的主体力量，认为资产阶级生产了自己的掘墓人，为自己的毁灭埋下了种子。“随着生产过剩，商业危机加速，支撑工业社会机器的工人大军——工人阶级或革命的无产阶级——将成为毁灭这个社会的力量”[①]，无产阶级将推翻资产阶级的统治，建立无产阶级政权，并最终实现共产主义社会。马克思对未来共产主义社会的描述是：在这个社会中，人们将超越阶级剥削和压迫的状态，私有制将被废除，取而代之的是一个基于集体所有制和协作的社会组织形式。在这个联合体中，每个人的自由发展不再受到物质条件和社会关系的限制，而且每个人最大限度的自由发展将成为全体社会成员自由发展的必要条件和基础。

具体而言，《共产党宣言》第二章末尾指出：“代替那存在着阶级和阶级对立的资产阶级旧社会的，将是这样一个联合体，在那里，每个人的自由发展是一切

① [美]玛丽·加布里埃尔：《爱与资本：马克思家事》，朱艳辉译，湖南人民出版社2018年版，第107页。

人的自由发展的条件。"这一表述反映了马克思和恩格斯对于未来理想社会的设想,它是一个消除阶级、实现人类全面解放和自由个性发展的新型社会组织形态。马克思的"自由人联合体"的社会组织形态是要消除阶级的。人类历史就是一部阶级斗争的历史。在阶级社会中,统治阶级总会利用手中的权力保护既有的生产关系,阻碍社会的变革,但社会的发展需要变革束缚生产力发展的生产关系,建立新的、适应生产力发展的生产关系,阶级斗争是阶级社会发展的动力。在共产主义社会阶段,随着生产力的高度发展和社会财富的极大丰富,私有制将被公有制取代,劳动成为生活的第一需要而非谋生手段,从而从根本上消除了产生阶级差别的经济基础,实现了"各尽所能,按需分配",人们不再因为生产资料占有关系而形成不同的阶级。因此,通过消除阶级与阶级斗争,可以有效推动人类社会向更高形态发展。

马克思的"自由人联合体"的社会组织形态是要实现人类全面解放,即使人从自然界、社会关系、自身的桎梏中摆脱出来,个人的生存与发展、自由与尊严能够得到积极保证,实现人的本质升华的生命和生存的统一体。在自然解放中需要提升人类认识自然、改造自然的能力和水平,意味着自然界不再是人的外在的异己力量;实现社会解放的过程中需要消除那种强制性的、固定性的分工,实现人与人之间的平等,每个人加入"自由人联合体"中;每个个体在物质和精神两重属性的基础上,都能得到充分发展,进而实现自我。在人类的解放过程中,改变了过去那种以统治阶级个人的自由为目的,把被压迫者也纳入进来的虚假共同体,在这个虚假共同体里,统治阶级以压制个人、吞噬个人的方式为自身发展开辟道路。对于广大被压迫者来说,"它不仅是完全虚幻的共同体,而且是新的桎梏"①。而马克思提倡的是要实现"在真正的共同体的条件下,各个人在自己的联合中并通过这种联合获得自己的自由"②。

马克思的"自由人联合体"的社会组织形态是要实现自由个性发展。在资本主义社会也存在统治阶级标榜的"自由"和"个性",但在资本主义社会中,实质上这种"自由"局限于资本对劳动的剥削之中,工人的个性和自由受到资本的严重压抑和异化。马克思的自由个性思想与资产阶级所谈的自由是截然不同的两个概念。马克思认为,人的最高发展阶段就是"人的自由个性阶段"。"马

① 《马克思恩格斯文集》第1卷,人民出版社2009年版,第571页。

② 《马克思恩格斯选集》第1卷,人民出版社2012年版,第199页。

克思对'自由个性'的理解是一种建立在对'个人的独立性'和对'人本身'确认基础之上的'每一个个人'个性独立、自由而全面的发展的社会生存状态。"[①]这一状态体现了马克思追求自由、平等、独立的价值诉求，是马克思哲学和政治经济学理论中的一个重要组成部分，它是关于人类在未来的共产主义社会中实现个人全面且自由发展的理想状态。

马克思认为，在资本主义以前，人受制于物质条件。随着生产力的发展和社会进步，虽然劳动者在形式上获得自由，但这种独立性是基于财产占有关系而非人本身的自由发展。只有到了共产主义社会，消除剥削和压迫，每个人都能根据自己的兴趣和能力得到充分发展，劳动不再是谋生的手段而是自我实现的过程，这样就能建立在个人全面发展和他们共同的社会生产能力成为他们的社会财富这一基础上的自由个性。这里的"自由个性"意味着个人不再受经济条件的奴役，能够自由地选择和发展自己的潜能，并与他人建立起和谐互助的关系，从而实现全人类的共同自由。

第四节　马克思幸福思想的深化发展

马克思在《资本论》中运用和发展了唯物辩证法和唯物史观，对资本主义生产方式进行了深刻的分析和批判。《路易·波拿巴的雾月十八日》可以说是总结欧洲革命经验的最重要的著作，该作品不仅是对历史事件的具体分析，更是马克思运用唯物史观进行历史辩证法实践的重要体现。两部著作分别从经济理论和历史分析的角度，揭示了影响人类幸福的社会经济条件、政治结构以及历史变迁，为理解幸福的本质、追求幸福的方式以及构建更加公正、和谐的社会提供了深刻的理论视角。

一、在对资本批判中实现了对共同富裕的论述

马克思在《资本论》中实现了对传统政治经济学的根本性颠覆，创立了一种全新的、批判的、革命的新型政治经济学理论。在《资本论》中，马克思进一步运

① 李爱华主编：《马克思主义研究辑刊(2011年卷)》，山东大学出版社2011年版，第29页。

用和发展了唯物辩证法和唯物史观，对资本主义生产方式进行了深刻的分析和批判。这些批判具有明确的目的，都是人的解放和幸福。它的目的是以开展社会主义革命，把无产阶级与劳苦大众从资本残酷的压迫剥削下解放出来，逐步实现共同富裕的道路，这些理念为后人理解和追求人类幸福提供了理论基础。

《资本论》通过辩证唯物主义和历史唯物主义科学方法论对资本主义生产方式进行批判，对追求集体福祉的共同富裕目标具有指导意义。理解共同富裕有两个关键点：一是“共同”，二是“富裕”。“共同”体现了提倡公平分配、消除剥削和促进社会整体和谐发展方面的价值导向。在“共同”方面，马克思揭示了工人阶级贫困化的内在机制。他认为，在资本主义经济体系中，工人的劳动被异化为商品，而劳动力本身也成为商品，其价值由生产和再生产劳动力所必需的生活资料的价值决定，工人被迫出卖自己的劳动力给资本家以换取工资。

在《资本论》中，马克思对资本主义分配方式进行了深刻的分析和批判。他认为，资本主义的分配方式是建立在生产资料私有制基础之上的，其主要体现在工资制度方面(马克思在 1867 年的《资本论》中集中研究了工资形式问题)。他认为“工资本身又采取各种各样的形式”，但却有“两种占统治地位的基本形式”[①]，即计时工资和计件工资。所谓“计时工资”就是按工人的劳动时间支付的工资。“一般的规律就是：如果日劳动、周劳动等等的量已定，那么日工资或周工资就决定于劳动价格，而劳动价格本身或者是随着劳动力的价值而变化，或者是随着劳动力的价格与其价值的偏离而变化。反之，如果劳动价格已定，那么日工资或周工资就决定于日劳动或周劳动的量。”[②]后来他又从这个规律出发指出：“首先可以得出这样的结论：劳动价格越低，工人为了保证得到哪怕是可怜的平均工资而付出的劳动量必然越大，或者说，工作日必然越长。劳动价格的低廉在这里起了刺激劳动时间延长的作用。但是，劳动时间的延长反过来又会引起劳动价格的下降，从而引起日工资或周工资的下降。”[③]关于计件工资，即按工人所完成的产品数量支付的工资，但对于产品是否完成的标准完全由资本家说了算，劳动者是没有发言权的，而且在计件的动力下，工人提高劳动强度和延长工作日，造成工人间的竞争，忽视了工人的共同利益。可见无论是计时工

---

① 《资本论》第 1 卷，人民出版社 2004 年版，第 623 页。

② 《资本论》第 1 卷，人民出版社 2004 年版，第 625 页。

③ 《马克思恩格斯文集》第 5 卷，人民出版社 2009 年版，第 629—360 页。

资还是计件工资，都深刻揭示了资本家如何利用这种工资形式来加强对工人的剥削，从而进一步阐释了工资的本质。[①]

在《资本论》中，马克思通过阐释工资和利润相互消长的一般规律来进一步揭示工资的本质："工资和利润是互成反比的。资本的份额即利润越增加，则劳动的份额即日工资就越降低；反之亦然。利润增加多少，工资就降低多少；而利润降低多少，则工资就增加多少。"[②]这说明雇佣劳动的利益同资本是根本对立的一对矛盾体，"工资"这个范畴本身就表明资本家对工人的剥削和奴役。马克思认为，工人的工资只是维持他们及其家庭基本生活的必要劳动价值，并不包括他们在劳动过程中创造出来的剩余价值。剩余价值是由雇佣工人无偿提供的，它被资本家占有，并转化为利润、利息和地租等形式进行分配。在资本主义生产方式下，资本家通过不断积累和集中资本，导致贫富差距加大和社会阶级分化。资产阶级与无产阶级之间的收入分配并非基于公正原则，而是由资本主义生产关系决定的剥削关系。马克思强调，分配关系是由生产关系决定的，只有改变资本主义私有制的基础，才能根本解决分配不公的问题。在社会主义或共产主义制度中，人们将基于共同所有权和平等权利原则来重新组织生产和分配。

在"富裕"方面，富裕体现了生产力标准要求，反映了人民群众物质财富、精神财富的高水平供给和高品质消费的质量属性。物质财富上，马克思指出，在资本主义条件下，尽管物质财富极大丰富，但由于生产资料私有制和社会不平等分配制度的存在，大多数人并不能真正享受到这种富裕带来的幸福感。无产阶级的贫困不仅表现为"绝对贫困"，即生活资料水平低下、生存条件恶劣，还表现为"相对贫困"，即使随着社会生产力的发展，工人生活水平有所提高，但相较于资本家积累的财富和社会整体财富的增长，工人阶级依然处于相对贫困状态，因为他们的收入增长速度落后于整个社会财富的增长速度。马克思指出，随着资本的积累，一方面资本家的财富会不断增长并集中到少数人手中，另一方面劳动者的贫困也会相应地增加。这是因为资本对劳动的需求受到利润率和扩大再生产的影响，可能会导致失业增加和劳动条件恶化，从而加剧无产阶级的贫困。

---

① 参见宋涛主编：《马克思主义经济理论全书》，吉林人民出版社 1992 年版，第 505—506 页。

② 《马克思恩格斯选集》第 1 卷，人民出版社 1995 年，第 353 页。

在精神文化上,《资本论》直接讨论“精神文化”这一主题的内容并不集中,因为该书的核心是政治经济学批判,尤其是对资本主义生产方式的深刻剖析。然而,马克思在《资本论》中通过对经济基础与上层建筑关系的论述,间接涉及了精神文化问题。马克思认为,社会的经济结构构成了社会的基础,并最终决定法律的、政治的以及思想的上层建筑。在这个框架下,精神文化可以被理解为上层建筑的一个重要组成部分,它包括哲学、宗教、艺术、道德观念、法律体系等表现形式,这些都反映并服务于特定历史阶段的社会经济形态。例如,在分析商品拜物教时,马克思揭示了资本主义社会中商品形式如何掩盖劳动的社会性质,进而影响人们的思想意识和社会关系,这实际上是对资本主义社会特定精神文化的批判。他还指出,随着生产力的发展,人们的物质生活条件发生了变化,从而导致整个社会的精神面貌也随之改变。此外,《资本论》通过揭示资本主义内在矛盾和剥削本质,鼓励读者从批判的角度去审视既定的文化现象,倡导一种基于人类解放和普遍正义的文化理想。这种对现实社会及其文化现象的深入剖析和批判,为后来马克思主义者进一步研究和探讨精神文化问题提供了理论依据和方法论指导。

在共同富裕的实现上,马克思深刻剖析了资本主义生产方式及其内在矛盾,他认为资本主义无法自我解决贫富差距问题,进而预测了资本主义制度最终将被更高阶段的社会形态取代。马克思认为,在资本主义社会中,追求利润最大化成为主导逻辑,劳动异化现象普遍存在,这导致工人的劳动成果与其自身的需要、价值实现以及精神满足相分离。马克思以 19 世纪的英国工厂为例,再次向我们阐释了资本主义制度下对工人的剥削,工人阶级依然处在被剥削、被压迫的处境。工人是一种商品的主人,他们出卖自己的劳动,雇主给工人阶级使用生产设备并给他们发工资。“例如,资本家支付劳动力一天的价值。在这一天内,劳动力就像出租一天的任何其他商品(例如一匹马)一样,归资本家使用。……劳动过程是资本家购买的各种物品之间的过程,是归他所有的各种物品之间的过程。因此,这个过程的产品归他所有,正像他的酒窖内处于发酵过程的产品归他所有一样。”①

资本家为了获得利润,想尽办法从工人的劳动中榨取剩余价值。榨取剩余

① [美]玛丽·加布里埃尔:《爱与资本:马克思家事》,朱艳辉译,湖南人民出版社 2018 年版,第 321 页。

价值的办法包括延长工作时间，雇用工资更低的女工、童工，提高生产效率。正如马克思所说："在资本主义社会里，一个阶级享有自由时间，是由于群众的全部生活时间都转化为劳动时间了。"①"资本由于无限度地盲目追逐剩余劳动，像狼一般地贪求剩余劳动，不仅突破了工作日的道德极限，而且突破了工作日的纯粹身体极限。它侵占人体成长、发育和维持健康所需要的时间。它掠夺工人呼吸新鲜空气和接触阳光所需要的时间。……资本把积蓄、更新和恢复生命力所需要的正常睡眠，变成了恢复精疲力尽的机体所必不可少的几小时麻木状态。"②

马克思主张，只有当劳动从异化的状态转变为自由自觉的活动，当人们能够控制自己的劳动过程并从劳动中获得全面发展的机会时，才能实现真正的幸福。消除"异化"直接决定了共产主义和资本主义两大阵营的对立，这是一种反噬资本主义制度自身的巨大力量，也是实现共同富裕的潜在力量。③ 无产阶级运动是以谋求绝大多数人的利益的共产主义社会为旨归的，资产阶级发展所带有的社会关系的疏离、财富的过度集中和分配的失衡是固有弊端，而共产主义文明就是要消灭阶级差别，最终进入美好的共产主义社会。且在未来共产主义社会中，生产资料归全体社会成员所有，社会财富资源按需分配，工人与劳动产品、劳动者与劳动资料的异化困境被有效破除，为实现共同富裕提供了条件。在这种意义上，《资本论》通过对资本主义的批判，间接地阐述了一个关于未来共产主义社会中如何可能实现更为深刻、全面的幸福的愿景。

二、无产阶级革命实践深化基础上对幸福实现路径的优化

在《路易·波拿巴的雾月十八日》这篇著作中，马克思运用唯物史观分析了法国1848年2月革命以来政治发展的进程及其内在的必然联系，对路易·波拿巴的政变的原因和实体作了深刻分析，并提出和完善了一系列深刻的思想。这部作品被恩格斯称为"一部天才的著作"。马克思通过对这一具体历史情境

① [美]玛丽·加布里埃尔：《爱与资本：马克思家事》，朱艳辉译，湖南人民出版社2018年版，第323页。

② [美]玛丽·加布里埃尔：《爱与资本：马克思家事》，朱艳辉译，湖南人民出版社2018年版，第324页。

③ 参见朱辉进：《〈资本论〉共同富裕思想的三维审视：出场语境、内涵特征与践行理路》，《南都学坛》2023年第5期。

的剖析，强调了阶级斗争、政治变革与社会意识之间如何共同塑造历史进程，而不是简单的理想或追求幸福的思想就能决定社会变迁的方向。

在《路易·波拿巴的雾月十八日》中，马克思不满足于仅仅描述历史表面的政治变动，而是深入探究了这些政治现象背后的社会经济结构和阶级斗争的动力关系。他强调历史进程不是由英雄人物或个别人物的思想决定的，而是由社会生产力的发展水平、生产关系的变化以及由此产生的阶级矛盾推动的。马克思通过对法国农民阶级的行为、小资产阶级的心理及其与大资产阶级和无产阶级的关系的细致分析，揭示了当时法国特定历史条件下的阶级动态和革命形势。马克思在这部著作中探讨的核心问题之一是无产阶级和资产阶级的政治动态，以及小农阶级在其中扮演的角色。他指出，法国大革命后的各个阶级，在革命的过程中，无论无产阶级政党还是资产阶级共和派等，"每个党派都向后踢那挤着它向前的党派而向前伏在挤着它后退的党派身上。无怪乎它们在这种可笑的姿势中失去平衡，并且装出一副无可奈何的鬼脸，奇怪地跳几下，就倒下去了。革命就这样沿着下降的路线行进"[①]。

马克思又对当时的社会和经济情况进行分析，并指出，法国工业革命以来，工业得到了迅猛的发展，相伴随的无产阶级和资产阶级的力量也在不断增长。当无产阶级有觉悟有力量登上历史舞台，资产阶级与无产阶级大革命时期的合作也宣告终止，资产阶级把无产阶级视为了敌人。无产阶级与资产阶级的对立为路易·波拿巴制造了机会。[②]"波拿巴代表一个阶级，而且是代表法国社会中人数最多的一个阶级——小农。"[③]马克思在《路易·波拿巴的雾月十八日》中将"小块土地"视为理解法国小农的出发点，以"耕种的小块土地→交往的狭小空间→利益的极小重叠"为基本思路，指出小农之"小"不仅在于其耕种的土地面积之"小"，更在于其生活世界、交往空间的窄小，眼光视野、社会关系的狭小，以及社会地位、政治地位的弱小，并由此阐释了小农道德观必然表现出的落后、保守、迷信和偏见。而小农在数量上并不少，占全国人口超过75%。[④]而且当时的"法国人在从事革命的时候总不能摆脱对拿破仑的追念，12月10日的选举就

① 《马克思恩格斯全集》第8卷，人民出版社1961年版，第145页。

② 参见赵立行主编：《外国史学名著导读》，复旦大学出版社2007年版，第194—198页。

③ 《马克思恩格斯选集》第1卷，人民出版社2012年版，第762页。

④ 参见王露璐：《小农"小"在哪里：〈路易·波拿巴的雾月十八日〉中的小农道德观及其方法论意义》，《南京师大学报》（社会科学版）2021年第1期。

证明了这一点"[①]。法国农民阶层对拿破仑一世的怀旧情感以及他们对现状的不满，导致对工人阶级嗤之以鼻，讽刺工人们是黑色的魔鬼，因此，在这样的背景下，路易·波拿巴作为拿破仑的侄子，理所当然受到百姓拥护，顺利当选法兰西第二共和国总统。

然而，路易·波拿巴并不满足于总统职位，于1851年发动政变，巩固了个人权力，并最终在1852年建立了帝制，恢复了波拿巴家族对法国的统治。正是农民阶级的支持，让法国1848革命成果毁于一旦，法国也通过潜心打造的普选推出的波拿巴，于四处侵略、连年征战中把自己送进坟墓。在马克思的分析中，我们看到了农民起的消极作用。马克思指出："人们自己创造自己的历史，但是他们并不是随心所欲地创造，并不是在他们自己选定的条件下创造，而是在直接碰到的、既定的、从过去承继下来的条件下创造。"[②]马克思对法国小农的大量论述，正是要阐释他们囿于其"直接碰到的、既定的、从过去承继下来的"小块土地生产方式及在此基础上形成的政治特征和思想意识。马克思认为，"波拿巴是流氓无产阶级的首领，他只有在这些流氓无产者身上才能大量地重新找到他本人所追求的利益"[③]。恩格斯在该著作的序言中认为，根据唯物史观，"一切历史上的斗争，无论是在政治、宗教、哲学的领域中进行的，还是在其他意识形态领域中进行的，实际上只是或多或少明显地表现了各社会阶级的斗争"[④]，因此，"在革命进程还没有把站在无产阶级与资产阶级之间的国民大众即农民和小资产者发动起来反对资产阶级制度，反对资本统治以前，在革命进程还没有迫使他们承认无产阶级是自己的先锋队而靠拢它以前，法国的工人们是不能前进一步，不能丝毫触动资产阶级制度的"[⑤]。

在现存的条件下，无产阶级革命要想获得成功，必须联合一切可以联合的力量，马克思在此特别强调的是，必须争取获得农民的支持，形成农民阶级与无产阶级的"合唱"，"若没有这种合唱，它在一切农民国度中的独唱都会成为孤鸿哀鸣"[⑥]。马克思通过对这一具体历史情境的剖析，强调了意识形态、群众心理

---

① 《马克思恩格斯选集》第1卷，人民出版社2012年版，第671页。

② 《马克思恩格斯选集》第1卷，人民出版社1972年版，第603页。

③ 《马克思恩格斯选集》第1卷，人民出版社2012年版，第719—720页。

④ 《马克思恩格斯选集》第1卷，人民出版社2012年版，第667页。

⑤ 《马克思恩格斯全集》第7卷，人民出版社1959年版，第22页。

⑥ 《马克思恩格斯文集》第2卷，人民出版社2009年版，第4页。

和阶级斗争如何共同塑造历史进程，而不是简单的理想或追求幸福的思想就能决定社会变迁的方向。他认为，只有当社会生产力发展到一定程度，当无产阶级作为独立的阶级意识到自身解放的真正途径时，才能实现真正的社会变革和人民大众的普遍幸福。

第三章　马克思幸福思想的主要内容

马克思幸福思想是一个庞大的思想体系，要想了解马克思幸福思想，必须对其主要内容有清楚的认识和把握。马克思在革命过程中，围绕实现幸福生活的目标探讨了一系列的举措，探索了一条创造幸福生活的科学社会主义道路，提出了一系列关于实现幸福生活的论述。了解其主要内容，也是研究马克思幸福思想的核心。马克思幸福思想是一个系统的理论体系，包含现实的人是幸福的主体、需要是幸福追求的内在驱动力、自由自觉的劳动是实现幸福的唯一手段、生态幸福是实现幸福的自然条件、人的自由全面发展是幸福的最终目标。

第一节　现实的人是幸福的主体

一、幸福的实现场域从“彼岸世界”回归“现实生活”

当人们面对现世遭受的苦难、折磨却没有办法改变的时候，柏拉图、奥古斯丁等思想家们将世界分裂为他们所预想的“可知的世界”，“理想国”就是人们所希望的那个没有压迫、没有剥削的彼岸世界。彼岸世界的幸福和美好与此世的苦难形成鲜明对比，体现了人类对幸福生活的向往和对超越世俗的精神寄托。马克思把人们对幸福的认识从彼岸世界拉到此岸世界，主张在现实世界中寻找自己的幸福。马克思认为，之所以会产生原初的宗教神学思想，是由于人们对自我认识的无知以及对非人力力量的恐惧，而产生的一种对美好世界的期盼以及一种对超自然力的依赖。[①] 马克思批判了人把幸福寄托在彼岸世界的这种异化现象，揭露了在资本主义社会中，由于劳动异化和社会关系的物化，人们往往无法在现实生活中找到幸福，于是被迫将希望寄托于彼岸世界的问题实质。马克思认为，人们自己创造的彼岸世界脱离了人的主体性存在，有了人主观形成的彼岸世界，人们把实现美好生活的希望寄托在灵魂救赎、来世福报等非物质的、超现实的理想状态，这样作为主体的人失去了追求幸福的动力和实践幸福的能力，转移了人们对现实改造的关注。

针对马克思的批判，我们可以认识到："真理的彼岸世界消逝以后，历史的任务就是确立此岸世界的真理。人的自我异化的神圣现象被揭穿以后，揭露具有非神圣形象的自我异化，就成了为历史服务的哲学的迫切任务。"[②]这句话意味着对幸福的追寻从彼岸世界回到现实，意味着它不再停留在人的主观意识和理念中，而是为现实生活服务。对于"现实"概念，马克思也有过论述：是同"理性""思想"等概念相对立，与"感性""生活"概念相近的能够通过感官经验感觉到的客观存在。"生活"概念指的是人们的"日常生活"物质活动、生产实践和生命活动。"现实生活"的概念更多地表示与观念、意识相对立的人的物质实践和其他生活实践。[③] 为现实生活服务就要立足于生产力与生产的关系，揭露人类自我异化的根源，探寻出人类实现美好生活的具体路径，把异化给非神圣形象的人的本质归还给人，把人的世界和人的关系还给人自己。[④] 并且从人的现实生活入手重新考察幸福的实现场域，人只有立足于现实生活，才能拥有幸福的真实性。

二、作为幸福主体的现实的人

在追问个人和人类历史如何可能的过程中，马克思得出了这样的结论："任何人类历史的第一个前提无疑是有生命的个人的存在。因此第一个需要确定

① 参见王让新主编：《新世界观的创立与哲学史的伟大变革：马克思〈关于费尔巴哈的提纲〉》研究》，电子科技大学出版社 2015 年版，第 186 页。

② 《马克思恩格斯全集》第 40 卷，人民出版社 1965 年版，第 2 页。

③ 参见朱立元：《马克思与现代美学革命：兼论实践存在论美学的哲学基础》，上海交通大学出版社 2016 年版，第 33 页。

④ 参见刘建新：《实践：马克思主义哲学创新的最深厚根基》，《社会主义研究》2005 年第 5 期。

的具体事实就是这些个人的肉体组织，以及受肉体组织制约的他们与自然界的关系。”[①]在《德意志意识形态》中，马克思指出，现实的个人及其社会实践活动才是一切历史的基础。历史的本质基础是人类的感性生产。其中，一方面是伴随生产实践的人自身的再生产，另一方面是人在现实生活中形成的经济、政治、文化等关系的感性生产。而现实的个人及其现实生活世界，正是开展和完成感性生产的主体和载体。因此，无论现实的人还是现实的生活，都是人类历史产生和发展所依赖的客观存在。

基于此，我们可以看到，马克思提出的现实的人，首先是“有生命的个人的存在”。“现实的个人”是具体的、活生生的人，他们在物质生产活动中形成并受制于人与其生存的条件之间的辩证关系。马克思认为，人的本质并非固定不变的抽象理念，而是由其社会实践活动所决定的。马克思指出：“人不是抽象的蛰居于世界之外的存在物。人就是人的世界。”[②]还指出，我们的出发点是现实生活中从事物质生产活动的人，不是人们头脑中凭空产生出来的，而是现实生活中“发展着自己的物质生产和物质交往”[③]的人。马克思强调人是实践的存在物，人类通过劳动实践改造自然，创造物质生活资料，同时也改变自身和整个社会结构。马克思立足于有生命的人的生存现实，剖析了资本主义社会基于生产资料私有制的市场经济体系、雇佣劳动制度、资本扩大再生产以及由此产生的种种社会矛盾和不平等现象。马克思对被压迫民众所处的困境感同身受，开始致力于探索底层百姓追求的幸福问题。

其次，“现实的个人”是“一切社会关系的总和”。人作为现实的存在，通过劳动、交往等实践活动创造了物质财富，也塑造了精神财富，然而，这些实践的范围和方向受到当时物质生产条件和生产关系的制约和影响。马克思指出：“人的本质不是单个人所固有的抽象物，在其现实性上，它是一切社会关系的总和。”[④]马克思在这里所说的社会关系，即“以一定的方式进行生产活动的一定的个人，发生一定的社会关系和政治关系”[⑤]。在马克思看来，现实的人是处在一

① 《马克思恩格斯全集》第3卷，人民出版社1960年版，第23页。
② 《马克思恩格斯选集》第1卷，人民出版社1995年版，第1页。
③ 《马克思恩格斯文集》第1卷，人民出版社2009年版，第525页。
④ 《马克思恩格斯文集》第1卷，人民出版社2009年版，第501页。
⑤ 《马克思恩格斯文集》第1卷，人民出版社2009年版，第523—524页。

定社会关系中从事着相应的实践活动的人，一定社会关系包括现实的人与自然界发生的关系、人与人之间的物质交往以及人与外界的精神交往关系；现实的人处在一定社会关系的同时，还会产生政治关系。政治属性并不是人类与生俱来的属性，是伴随阶级和国家出现而产生的属性。“人身上的政治关系只有到了社会分化出公共领域、出现了阶级和不同的利益群体时，特别是产生出公共权力及其管理机构时，才被创造出来。随着阶级的消灭和由此引起的一切差别的消失，人类的政治关系与政治属性就会消失。”[①]

最后，“现实的个人”是存在于具体的历史条件下的人。资本主义社会私有制和异化劳动，是“现实的人”在资本主义历史条件下面临的困境，“造成人民不幸的表现就是人的本质遭到歪曲，人的现实性丧失殆尽”[②]。为了使“现实的人”获得他们所希望的幸福，真正占有自己的本质，无产阶级必须进行彻底的、全面的革命，只有通过深刻变革人的本性和其所处的社会环境，才能使民众实现真实的、实质性的幸福。因此，探索现实的人的幸福决不能停留在抽象精神和绝对理性层面，要紧密结合具体的时代背景和社会条件，人的幸福是存在于具体的、历史的、现实的世界中的真实感受和体验。[③]

三、“现实的个人”是幸福生活的创造者

（一）物质生活资料的生产是人类社会进步的基础

在《德意志意识形态》中，马克思和恩格斯发挥了马克思在《关于费尔巴哈的提纲》中制定的马克思主义的实践观，指出“实践活动、这种连续不断的感性劳动和创造、这种生产，正是整个现存的感性世界的基础，是人与自然相统一的基础。还从发生学的角度揭示出，人们最基本的实践活动即物质生活资料的生产（简言之物质生产）……”[④]，强调“我们首先应当确定一切人类生存的第一个前提也就是一切历史的第一个前提，这个前提就是：人们为了能够‘创造历史’必须能够生活。但是为了生活，首先就需要衣、食、住以及其他东西。因此第一

① 严强、张凤阳、温晋锋：《宏观政治学》，南京大学出版社1998年版，第7页。

② 朱亚男：《马克思人民幸福思想研究》，兰州大学博士学位论文，2023年。

③ 参见朱亚男：《马克思人民幸福思想研究》，兰州大学博士学位论文，2023年。

④ 《马克思恩格斯列宁哲学经典著作导读》编写组编：《马克思恩格斯列宁哲学经典著作导读》，人民出版社、高等教育出版社2012年版，第130页。

个历史活动就是生产满足这些需要的资料，即生产物质生活本身。同时这也是人们仅仅为了能够生活就必须每日每时都要进行的（现在也和几千年前一样）一种历史活动，即一切历史的基本条件”①。恩格斯在《在马克思墓前的讲话》中精辟而又通俗地阐明了这一条规律：“正象达尔文发现有机界的发展规律一样，马克思发现了人类历史的发展规律，即历来为繁茂芜杂的意识形态所掩盖着的一个简单事实：人们首先必须吃、喝、住、穿，然后才能从事政治、科学、艺术、宗教等等；所以，直接的物质的生活资料的生产，因而一个民族或一个时代的一定的经济发展阶段，便构成为基础，人们的国家制度、法的观点、艺术以至宗教观念，就是从这个基础上发展起来的，因而，也必须由这个基础来解释，而不是象过去那样做得相反。”②在不同的历史时期和社会形态下，物质生活资料的生产方式会有所不同，但其对于社会进步的重要性始终不变。随着生产力的发展，生产方式不断变革，推动了社会结构、经济关系、文化观念等一系列社会现象的演变，进而促进整个人类社会历史的前进。历史的进步往往伴随着生产力的提高、科技的发展、文化的繁荣以及社会制度的改善，这些因素可以显著提升人们的生活水平，为个人追求幸福创造更多可能性。

（二）物质生活资料的再生产是满足人类多种需求的基础

历史是人创造的，这是历史存在的第一个前提，这是一切历史都必须记载的“第一个需要确定的具体事实”③。接下来马克思说：“第二个事实是，已经得到满足的第一个需要本身、满足需要的活动和已经获得的为满足需要用的工具又引起新的需要。这种新的需要的产生是第一个历史活动。”④“新需要是生产的历史结果，但又是生产本身推进的内在要求，而这种新的需要的实现则构成再生产过程。当然，这里的再生产不仅仅是一般的简单再生产，而是包含着由生产工具创造的新需要所构成的生产本身的质的发展。这也就是说，人类历史性存在同时包含着一种内在的持续性的过程。这也正是马克思高明于德国的那些思辨哲学家的地方。”⑤这里马克思告诉我们，历史的第二个前提同样重要，

① 张立斌：《实践论、后实践论与美学的重建》，《学术月刊》1996 年第 3 期。
② 《马克思恩格斯选集》第 3 卷，人民出版社 1972 年版，第 574 页。
③ 《马克思恩格斯全集》第 3 卷，人民出版社 1960 年版，第 23 页。
④ 《马克思恩格斯全集》第 3 卷，人民出版社 1960 年版，第 32 页。
⑤ 向延仲：《马克思世界历史理论研究》，湖南大学出版社 2007 年版，第 145—146 页。

那就是生产活动的连续性。“新的需要”是生产活动必然导致的结果，同时又是生产活动继续下去的内在要求，“新的需要”的实现必须依靠再生产。

历史之所以能够向前发展，是因为人们并不总是从“无”开始。实际上，人们是在前人打好的基础与取得的成就的前提下前进的。若每一个行为都没有基础，人类社会就无法有任何发展，而是会在周而复始的循环中停滞不前。所以，马克思再次强调“第一个历史活动”是再生产的重要性，他指出没有生产活动，人类既无法生存也无法创造历史。人类历史并非瞬息即逝或孤立发生的事件，而是由无数代人接连地创造和发展出来的历史过程。因此，人类的生产活动就内蕴着再生产活动，再生产就不是第二个活动或次要的活动，它是“历史的时间性的根本”。[①] 为了满足新的需要，比如生存需要、发展需要、享受需要，人们就必须从事物质生活资料的再生产，“已经得到满足的第一个需要本身，满足需要的活动和已经获得的为满足需要用的工具又引起新的需要”[②]。正是由于人的需求是不断变化增长的，为了满足这些新出现的需求，社会必须不断进行生产和再生产，这个过程不仅满足了个人的需求，也促进了整个社会的发展和进步，并使得人类社会不断向前发展。

（三）社会关系的生产是人类所有行动的前提

在物质生产和再生产的同时，还要进行人类自身的再生产。“每日都在重新生产自己生命的人们开始生产另外一些人，即繁殖。这就是夫妻之间的关系，父母和子女之间的关系，也就是家庭。这种家庭起初是唯一的社会关系”[③]，“亲属关系在一切蒙昧民族和野蛮民族的社会制度中起着决定作用”[④]，“而人口的增多又产生了新的需要的时候，这种家庭便成为从属的关系了（德国除外）”[⑤]。随着生产力的提升和演化，人类的需求体系也经历了从简单到复杂、从基础生存需求到多元化发展需求的转变。在这一过程中，新的需求催生了超越家庭单位的社会联系与合作模式，促进了社会结构的多元化和复杂化。社会关系的扩展不仅加深了个体间的相互依赖，还拓宽了人们交流互动的领域，使得

① 参见干成俊：《马克思哲学本体论及其当代意义》，安徽人民出版社2006年版，第176—177页。

② 李世忠：《马克思实践范式的“大唯物史观”研究：兼论科学发展观对马克思主义的继承与发展》，中国民主法制出版社2011年版，第192页。

③ 《马克思恩格斯选集》第1卷，人民出版社2012年版，第159页。

④ 《马克思恩格斯选集》第4卷，人民出版社1995年版，第25页。

⑤ 《马克思恩格斯选集》第1卷，人民出版社2012年版，第159页。

社会活动的内容和形式更加丰富多彩。“马克思和恩格斯阐明了物质资料的生产与人的生产的关系，认为物质资料的生产本质上可以归结为人的生命的生产（自己生命的生产和他人生命的生产）。因为，物质生活资料的生产是为了满足和产生新的需要以及家庭（他人生命的生产）。而生命的生产，一方面表现为人与自然的关系，另一方面表现为人们之间的社会关系，两者是密不可分的。”[①]总之，无论是人与自然关系的生产还是社会关系的生产，都是人类社会存在和发展的基础，它不仅塑造了社会的基本结构和运作机制，也影响着个体的行为和思想，为人类幸福生活的实现构建了社会关系的基石。

第二节　需要是幸福追求的内在驱动力

有学者从心理学的角度给需要下定义：“需要是人脑对生理需求和社会需求的反映。它是由个体在生理上或心理上感到某种欠缺而力求获得满足的一种内心状态，它是个体进行各种活动的基本动力。”[②]从马克思“丰富的人类需求”观点出发，休斯认为，马克思的需要概念其实是一种“为了Y需要X的”三元结构，这就意味着“所需要的一个事物（满足因素，X）始终需要作为获得某种目的或物品的条件”[③]。可以看到，马克思的需要概念是立足于人自身的生存和发展，通过劳动创造自身所需的生产、生活资料。“对马克思需要概念的坚持是对虚假需要和异化消费的超越，满足的是人的使用价值和自我实现的真正追求。”[④]人的需要与幸福是紧密相连的。幸福是个人对其各方面需要的一种相对持久的追求或实现某种理想和目标得到的满足和愉悦感。马克思和恩格斯曾指出：“一切划时代的体系的真正的内容都是由于产生这些体系的那个时期的需要而形成起来的。”[⑤]“人们在为着这些需要工作、奋斗，如果这些需要得到了

---

① 《马克思恩格斯列宁哲学经典著作导读》编写组编：《马克思恩格斯列宁哲学经典著作导读》，人民出版社、高等教育出版社2012年版，第130页。

② 李迎春主编：《心理学》，北京希望电子出版社2014年版，第180页。

③ [英]乔纳森·休斯：《生态与历史唯物主义》，张晓琼、侯晓滨译，江苏人民出版社2010年版，第233页。

④ 张彦、魏颖：《迈向共同富裕时代的价值观挑战》，《思想理论教育》2022年第3期。

⑤ 《马克思恩格斯全集》第3卷，人民出版社1960年版，第544页。

实现，就会在心理上产生一种满足的状态，这就是幸福感。如果人的需要长期不能满足和得不到实现，人就会感到不幸福。”①马克思从人的需求出发解决了幸福研究的起点问题，他认为人有需求才有实现幸福的动力。

一、需要是“现实的人”的本质要求

马克思恩格斯在人的本质论中揭示了人的需要即人的本性。正如马克思所说：“任何人如果不同时为了自己的某种需要和为了这种需要的器官而做事，他就什么也不能做。”②马克思强调了人的需要作为人的本质属性的重要性，并将之视为推动人类历史发展的根本动力，人们因为满足各自的需要的实践而产生沟通交往的必要。这里的“人”是“现实的人”，而不是抽象意义上虚幻的人，是为了满足自身需要处于一定社会关系中从事生产劳动的人，是现实的、具体的、有意识的人。作为现实的人，马克思恩格斯把人类发展及自身的需要依次划分为人的生存需要、享受需要和发展需要。

首先，人的生存需要。人的生命本质的客观性必然要求自己有维持自身生存和发展的能力，具体来说，人就要有起码的饮食、住宿、着装、种的繁衍的需求保障，这些需求是确保生命得以持续与后代繁衍的本能需求。人类赖以生存的物质条件，是开展人类生产实践的前提保障。马克思指出：“一切人类生存的第一个前提也就是一切历史的第一个前提，这个前提就是：人们为了能够‘创造历史’，必须能够生活。但是为了生活，首先就需要衣、食、住以及其他东西。因此第一个历史活动就是生产满足这些需要的资料，即生产物质生活本身。”③在这里，马克思强调了衣、食、住、饥、渴、性等方面的生理机能需要，这是现实的人维持基本生活的实践活动的基础。人的生理需要与动物吃、喝、生殖的本能需要有很大的共性，“人类饮食男女的欲望冲动，在生物学意义上，正是动物的本能需要的直接延长”④。但人的生存需要与动物的生理需要是有区别的。动物的需要是简单、被动的，受制于自然界，基本上是本能的需要，即使大猩猩能够通过工具拿到高处的香蕉，那也是远低于人类合目的的有意识的行为。而人的生

① 邢国海、李印主编：《人生哲理教程》，中国矿业大学出版社 1991 年版，第 121 页。
② 《马克思恩格斯全集》第 3 卷，人民出版社 1960 年版，第 286 页。
③ 《马克思恩格斯选集》第 1 卷，人民出版社 1972 年版，第 32 页。
④ 夏伟东：《道德的历史与现实》，教育科学出版社 2000 年版，第 10—11 页。

存需要不是简单片面的需要，人是有意识的、能动的，人可以积极地利用自然界、支配自然界，也可以按照自己的意志来构建自己的需要，进而构建理想世界，达到自己的理想目的。因此，随着人类的不断演进，人不仅能从自然界中获取人类所需要的物质能量，而且还能与自然界交互互动，相互作用、相互影响，满足不断发展的复杂多元的需要。

其次，人除了基本的生存需要，还具有享受需要。“人作为理性的动物，不但会滋生享受的欲望和要求，而且有能力通过自己的创造性劳动来满足这种欲望和要求。在马克思恩格斯看来，人的需要不应该仅仅是生存需要，还应该是享受需要和劳动创造的需要。”[①]1875 年，恩格斯在致拉甫罗夫的信中，同意拉甫罗夫的下述观点，即人不仅为生存而斗争，而且为享受，为增加自己的享受而斗争。马克思认为，享受需要主要包括两个方面：一是生存需要得到满足后，人们产生的享受需要，这种需要包括物质需要也包括精神需要。物质生活需要包括更好的居住条件、更便捷的交通设施方面。精神生活需要包括审美、道德、信仰、求知等方面的精神诉求。二是纯粹的“奢侈需要”。马克思说：“奢侈是自然必要性的对立面。”[②]也就是说，奢侈需要或享受需要是脱离生存需要之外的一个特殊存在。马克思主张随着社会生产力的发展，人们不再为生存而发愁的时候，要不断满足人的享受需要。[③] 同时，我们还必须看到，生存需要和享受需要是相对而言的，随着社会的发展和进步，原来的享受需要成为今天的生存需要的一部分了。

最后，发展需要是指人们为了提高自身的素养和社会的文明程度，为了实现人的自由全面发展和自由人联合体而产生的需要。发展需要体现在物质领域和精神领域。物质领域体现在消除异化，表现为人能够自由自觉的劳动的需要。在精神领域表现为对科学的向往、对自由的追寻的需要。“由于创造性的实践活动是人的本质力量的实现，人只有在实践活动过程中才能确证自己、拓展自身、实现个人的价值。因此，人存在着一种以对象化活动来实现自我的需要，人的自由自觉的实践活动是对人的发展需要的满足。劳动需要在生存需要中是谋生的手段，而在发展需要中则是发展的目的本身，是为了在自由自觉的

① 王双桥：《人学概论》，湖南大学出版社 2004 年版，第 117 页。

② 《马克思恩格斯全集》第 46 卷，人民出版社 1980 年版，第 20 页。

③ 参见赵长太：《马克思的需要理论及其当代意义》，河南人民出版社 2008 年版，第 88 页。

劳动中发展其才智与创造力从而获得精神上的愉悦和满足。”[①]需要的丰富性才是全人类所追求的。马克思认为这种丰富的人类需要所具有的意义，使“人的本质力量得到新的证明，人的本质得到新的充实”[②]。

二、需要推动生产和人的自由全面发展

需要表现为人为了维持自身生存和谋求更好的发展而产生的对客观条件的需求，具有客观必然性，而幸福是人的需要得到满足后的一种主观体验。需要表现为人对客观需求对象的渴望与向往，幸福则表现为自己的生存、享受、发展需要得到实现的满足感。需要的终点是需要的诉求得以实现。动态地看，需要是幸福的逻辑起点，而幸福是需要的最终归宿。人生的幸福就是在全面满足人类的需要和个人需要中获得的。[③] 人的需要，就是人生存和发展的客观要求。

（一）需要是推动生产的动因

马克思在《〈政治经济学批判〉导言》中明确说明了需要对生产的作用，即“没有需要，就没有生产”[④]。恩格斯曾指出：“根据唯物主义观点，历史中的决定性因素，归根结蒂是直接生活的生产和再生产。但是，生产本身又有两种。一方面是生活资料即食物、衣服、住房以及为此所必需的工具的生产；另一方面是人自身的生产，即种的蕃衍。”[⑤]作为现实的人，为了生存发展就会产生各种需要，首要就是物质资料的需要，以满足基本的衣食住行需求。然而，满足这些需要的物质资料不可能凭空产生，因此，人们必须从事一定的生产活动，这便是人类的物质生产实践。生产力和生产关系正是在人的需要不断地向生产劳动的转化过程中形成和发展的。这一期间，伴随私有制的出现、生产工具的进步、劳动技能的积累和劳动分工的出现，生产力不断得到提高，人们的交往越来越频繁，使人们在物质生产实践中形成了一定的生产关系。这种生产关系随着资本的扩张迅速地在全世界扩展开来，推动世界历史的发展。[⑥] 在此基础上，就如马

---

① 赵长太：《马克思的需要理论及其当代意义》，河南人民出版社2008年版，第88页。

② 《马克思恩格斯文集》第1卷，人民出版社2009年版，第223页。

③ 参见邢国海、李印主编：《人生哲理教程》，中国矿业大学出版社1991年版，第122页。

④ 《马克思恩格斯全集》第46卷，人民出版社1979年版，第29页。

⑤ 《马克思恩格斯选集》第4卷，人民出版社1995年版，第2页。

⑥ 参见余达淮等：《新时代中国特色社会主义伦理问题》，上海人民出版社2022年版，第222页。

克思所说："已经得到满足的第一个需要本身、满足需要的活动和已经获得的为满足需要而用的工具又引起新的需要，而这种新的需要的产生是第一个历史活动。"[①]"人的新的需要"的不断产生驱动着人类持续进行物质生产活动。

人类自身的生产也是由需要推动的。在人类社会产生之初，由于自然环境恶劣，人们要与自然灾害作斗争，还要面临陆地上其他大型食肉动物的竞争和威胁。人类为了生存进行的打渔狩猎也经常需要多人参与，而且要共同对抗外部入侵。因此，在这种情况下，为了自身的发展，原始时代的人们十分重视自身的生产，随着人类自身的生产发展和逐渐形成的劳动关系，语言和意识也由于交往的需要而越来越丰富。同时，也正是体力劳动和部落的需要，人口性别比例等也随着生产需要不断自我调整。社会的发展对人的劳动技能、科学素养和道德品质有了更高要求，人类自身也在生产和实践中通过不断地提高自己，改造着自身，使满足需要的条件发生了变化。

由此可见，一切生产都是由需要决定和推动的，需要的满足，是促进生产发展的内在因素，推动生产不断向前发展。人们通过生产实践活动创造物质生产和生活资料，不断满足人们日益增长的物质文化需要，人们的生存需要推动人自身的再生产。需要是人进行生产活动的动因。而且随着"现实的人"的需要得到满足，需要的质量越来越高。现实原来的需要得到了满足，又会向生产提出新的要求，而生产的发展也为劳动者创造了新的需要。"没有需要，就没有生产"，这是不需要怀疑的命题。人的需要是人的生产活动的先在的前提，生产如果不符合人的需要，那也就没有生产的必要。以上，我们可以看到需要对生产的作用。同时，也要注意到"在现实中，生产决定需要，并最终超越需要，创造出新的需要"[②]。例如，人们不生产基本的生产工具，物质资料的生产就难以为继；不生产书等文化产品，就不能满足人的精神需要。生产为需要提供物质前提，决定需要的对象、方式和结构。所以，马克思认为生产是实践的起点。社会生产和需要是对立统一的辩证关系。

（二）需要推动人的自由全面发展

生产所要满足的需要，不仅包括物质需要，还包括享受需要、发展需要等人

---

① 《马克思恩格斯选集》第1卷，人民出版社2012年版，第159页。

② 赵长太：《马克思的需要理论及其当代意义》，河南人民出版社2008年版，第105页。

的全面发展的各个领域的需求，也就是马克思所说的"占有自身"或自身的享受。恩格斯指出，在社会主义社会里，"通过有计划地利用和进一步发展现有的巨大生产力，在人人都必须劳动的条件下，生活资料、享受资料、发展和表现一切体力和智力所需的资料，都将同等地、愈益充分地交归社会全体成员支配"①。马克思强调未来共产主义社会中，个人全面而自由的发展将成为社会的核心价值追求。在这种理想状态下，每个人的多种需要将得到充分尊重和发展，形成人与人之间、人与自然之间的和谐共生关系。共产主义社会生产力极大发展，物质财富极大丰富，能够满足每个社会成员的需要。同时，全体社会成员都具有较高的思想道德修养，都具有丰富的专业知识和较高的人文素养，在德、智、体、美、劳等方面得到自由而全面的发展。因此，在这样的目标前提下，"现实的人"的需要就不会被限制在某一领域，或者局限在低层次的需要，它不仅包括生存资料，而且包括享受资料和发展资料。② 人们既追求物质生活的富裕，也寻求精神生活的丰富多彩。需要的多样性和层次性赋予了人们推动文明发展的内在动力，为人的自由全面发展创造了条件，提供了实现路径。

第三节　自由自觉的劳动是实现幸福的唯一手段

马克思的劳动概念是一个随着社会发展不断演进的历史概念。在《德意志意识形态》中，马克思把劳动定义为物质生产活动，并确定了人创造自己历史的第一个活动就是生产满足自身生活需要的物质生活资料。因此，马克思强调"整个所谓世界历史不外是人通过人的劳动而诞生的过程"③，进一步确立了劳动是历史发展的重要推动力。在之后的政治哲学中，马克思提出劳动是人的第一需要，也是人的自由存在的载体。"劳动作为使用价值的创造者，作为有用劳动，是不以一切社会形式为转移的人类生存条件，是人和自然之间的物质变换即人类生活得以实现的永恒的自然必然性。"④从中透露出劳动是人的本质的存

① 《马克思恩格斯全集》第22卷，人民出版社1965年版，第243页。

② 参见潘石、张应高：《社会主义政治经济学读本》，吉林人民出版社1986年版，第137页。

③ 《马克思恩格斯全集》第3卷，人民出版社2002年版，第310页。

④ 《马克思恩格斯全集》第23卷，人民出版社1972年版，第56页。

在论表达，是人类区别于动物的标志。“在马克思主义视角下，‘幸福’就其内容而言，意指人的自由自觉的存在状态；就其本质而言，它指的是人的自由劳动。”[①]劳动是创造幸福生活的唯一手段。因此，要想达成幸福的人生目标，就必须把劳动作为唯一途径。人通过劳动，创造和改造世界，创造人类赖以依存的物质财富和精神财富，打造人类幸福生活的基本条件，同时在自由、自觉的劳动中，个人的能力得到充分发挥，精神得到升华，从而感受到作为主体存在的幸福感和满足感。

一、劳动是幸福的逻辑起点

人与动物都是世界上有生命的存在。人与动物的对比关系也是马克思恩格斯重点关注的问题。“一句话，动物仅仅利用外部自然界，简单地通过自身的存在在自然界中引起变化；而人则通过他所作出的改变来使自然界为自己的目的服务，来支配自然界。这便是人同其他动物的最终的本质的差别，而造成这一差别的又是劳动。”[②]尽管某些动物也有比较高的智商，甚至有的动物还可以制造工具，例如，啄木鸟会衔着细枝条的一端，而把另一端伸进洞去，将小虫拨弄出来，然后饱餐一顿；海獭使用石块用力敲击海胆等食物；小白鼠拉动藤架像荡秋千那样来回摆动，跳到另一端终于如愿以偿地享用着乳酪。但无论是啄木鸟还是海獭等动物的活动都只是出于生存本能在大自然下被动适应的表现，都不具有能动性和创造性，当然也就不属于劳动范畴，这是无法跟人类的劳动创造性相比的。正如马克思所讲：“动物和自己的生命活动是直接同一的。动物不把自己同自己的生命活动区别开来。它就是自己的生命活动。人则使自己的生命活动本身变成自己意志和自己意识的对象。他具有有意识的生命活动。”[③]这样的表述让我们看到了人与动物的区别，人是高等动物，因为劳动从其他生命中区分开来，显示出自己超出动物的优越性。

恩格斯曾经在《劳动在从猿到人的转变中的作用》中说：“劳动是一切财富的源泉。其实，劳动和自然界在一起才是一切财富的源泉，自然界为劳动提供

---

① 吴荣：《“幸福”概念的马克思主义诠释：兼论“劳动幸福”的哲学基础》，《宁夏社会科学》2021年第5期。

② 《马克思恩格斯选集》第3卷，人民出版社2012年版，第997—998页。

③ 《马克思恩格斯选集》第1卷，人民出版社1995年版，第46页。

材料，劳动把材料转变为财富。但是劳动的作用还远不止于此。劳动是整个人类生活的第一个基本条件，而且达到这样的程度，以致我们在某种意义上不得不说：劳动创造了人本身。”[①]比如从人类和动物肢体的变化来看，人类的手脚分工就经过了数万年。从进化的角度来说，人类也是经过了从低等动物到高等动物的漫长进化过程。在这个过程中，劳动起了决定作用，甚至人类社会本身的发展也是劳动创造的结果。除此之外，人的成熟也离不开劳动。个体的人从婴儿到成年人的发展仍然离不开劳动的作用。正是由于个体参与到各种人类活动中，促使个体的心智和生理逐渐成熟，加上个体的积极参与，从而使个体成为人的样态。[②]

二、“幸福”在本质上是自由自觉的劳动

人类的劳动不仅受到自然环境和外部条件的制约，同时也具有主动性和创造性，能够根据自身的意愿和目的去影响和改变周围的世界，以及理解和解释自己的生活经历。“就能动性表现为有目的、有意识的活动而言，能动性必然是自觉的；而就能动性表现为对感性受动性的超越而言，能动性必然是自由的。因此，当撇除特定的社会形式而一般地考察劳动的性质时，答案必然是自由自觉性。劳动在一般意义上指的是人所特有的自由自觉的活动。”[③]马克思主义视角下，人的自由自觉性是现实的，“因为它是基于劳动和人的类本质关联确立起来的。在根本上，这种自由自觉性乃是人的自由自觉的劳动确立起来的。两者根本同一，不可分离”[④]。“在本真意义上劳动是人的自为的一种目的性活动。人通过劳动不断生成着自己的类本质，实现着自己的主体性与创造性，因此劳动也成为人肯定其本质力量的活动。所以，参加劳动活动本来应该属于最幸福的事情。”[⑤]

---

① 《马克思恩格斯选集》第 3 卷，人民出版社 2012 年版，第 988 页。

② 参见何云峰：《劳动幸福权：通过劳动创造兑现的人之初始权利》，《湖北大学学报》（哲学社会科学版）第 3 期。

③ 吴荣：《“幸福”概念的马克思主义诠释：兼论“劳动幸福”的哲学基础》，《宁夏社会科学》2021 年第 5 期。

④ 吴荣：《“幸福”概念的马克思主义诠释：兼论“劳动幸福”的哲学基础》，《宁夏社会科学》2021 年第 5 期。

⑤ 何云峰：《劳动幸福权：通过劳动创造兑现的人之初始权利》，《湖北大学学报》（哲学社会科学版）第 3 期。

我们需要站在人的类本质的高度认识劳动幸福问题。人们通过劳动证明自身作为人的存在本质，当劳动越来越能够确证人的类本质，劳动幸福也就会历史地呈现出来，实现劳动与人的类本质的同一，人从而获得强烈的幸福感受。然而在资本主义社会，劳动与人的本质之间是一种异化关系，资本主义条件下劳动成为人的枷锁，是对人的类本质的否定。不言而喻，异化劳动带给人的不是幸福，而是不幸，它是劳动幸福的最大羁绊。[①] 马克思强调，劳动创造幸福在资本主义社会中发生异化，劳动不仅没有使劳动者获取幸福，还使劳动者被剥削和压迫得更严重。在资本主义社会，劳动体现的是资本家对工人自由劳动时间的占有，对工人创造剩余价值的剥削，工人的劳动时间越长、创造的价值越多，说明被资本家剥削得越严重，劳动使工人连生存都难以维持，更别说人的全面发展和美好生活的实现，这也就是人的异化。马克思认为，生活在资本主义社会中的人只有在运用吃喝拉撒等基本的动物机能时，才能称得上是自由的活动。而一旦劳动被异化以后，劳动变成与马克思所说的人的类本质相对立的活动，此种样态的劳动把人类的有意识的活动变成动物本能的生存手段。“这也就是说，劳动本来应该确证人的类本质的，但也可能成为奴役人们的纯粹手段，这就是异化劳动的一种形式。从事这样的劳动不仅不能获得劳动幸福，反而将劳动者带回到了一般动物的存在状态。”[②]马克思认为，克服异化劳动，实现劳动与人的自由本质的统一，是通向真正自由和幸福的关键。他提出，在未来共产主义社会，当劳动不再是被迫的手段，而是成为人们自我实现和享受的过程，当劳动者能够自由地发展自己的能力和创造性，劳动就成了自由的体现。在这样的社会中，劳动不再是外在的负担，而是内在的需要，是个人成长和社会进步的动力源泉。[③]

三、自由自觉的劳动创造人类幸福的全新路向

人类总是在不断发展中前进的，人类为了获得更幸福的生活，不断总结过去的经验教训，立足现实进行生产创造，展望未来的幸福生活。总是将自身安

---

① 参见何云峰：《从劳动作为人的类本质的视角看劳动幸福问题》，《江汉论坛》2017年第8期。

② 何云峰：《劳动幸福权：通过劳动创造兑现的人之初始权利》，《湖北大学学报》（哲学社会科学版）第3期。

③ 参见何云峰：《从劳动作为人的类本质的视角看劳动幸福问题》，《江汉论坛》2017年第8期。

置在现实与未来、有限与无限、自由与必然的动态平衡当中，在这一过程中，通过一定的努力和实践奔向幸福的生活。在这一动态平衡中，人类不断挑战自我、提升自我，在与世界的交互作用中，人学得世界内容，同时世界也被人学习和掌握。人们在追求幸福的过程中，根据社会需要不断进行生产资料、享受资料、发展资料的生产，突破一个个不可能，努力冲破一个又一个束缚，在克服各种挑战和挫折中不断实现自我，为实现人的自由全面发展而不断努力。由此可见，幸福各层次的实现最终都来源于劳动创造。同时，“人通过劳动不断生成着自己的类本质，实现着自己的主体性与创造性，因此劳动也成为人肯定其本质力量的活动”[①]，为人类幸福指出了一个全新路向。

首先，人的劳动是自由自觉的。劳动作为能动的实践活动，一方面，可以满足人类各方面的需求，提供丰富的物质财富和精神财富，为幸福的实现打好基础；另一方面，人类在自由自觉的劳动中，“真正地证明自己是类存在物”[②]，从而获得其想要的幸福，人的类本质在这一过程中也进一步得到确证。只有通过自由自觉的劳动，人们才能在劳动过程中体会到身心愉悦，人的主体地位和能动价值才能更好地体现，因此，劳动不能是受动的，劳动需要考虑有生命的、活生生的、有意识的人的主观感受，使人的本质力量得以体现。当人们的劳动成果得到认可和尊重时，人们能真切地感受到劳动带来的需要不断满足的幸福感，每个人能更好地实现自己的价值，社会关系更加和谐，最终达到“全体社会成员自由全面发展”的理想状态。

其次，主体的创造力是人们在劳动中产生幸福的主要因素。主体的创造力使人能更好地发挥人的主观能动性，劳动不仅为人们奠定了追求幸福生活的物质基础，还在精神层面促进了个体的成长和潜能的挖掘。人们为自己的智慧和力量能得到充分的发挥而感到幸福，为创造人类需求的物质财富、精神财富而感到幸福。

最后，自由自觉的劳动也是对异化劳动的扬弃。劳动不再是人们所厌恶的活动，而是实现人自由全面发展的一种路径。劳动为我们每个人都提供了一个全面发展的平台，以劳动作为人类实现幸福的重要手段，人类的劳动过程将成

---

① 何云峰：《劳动幸福权：通过劳动创造兑现的人之初始权利》，《湖北大学学报》（哲学社会科学版）第3期。

② 《马克思恩格斯文集》第1卷，人民出版社2009年版，第163页。

为一个受人尊重的、快乐的、自愿的，并最终获得幸福的过程，在某种程度上对于人类劳动自身而言，也是一种更高层次的享受，体现了人类作为“自由的生命体”的本质，是我们追求幸福生活不可或缺的一步。

第四节　生态幸福是实现幸福的自然条件

对于“生态幸福”这一概念，马克思并未直接进行过表述。有学者甚至认为，马克思主义理论集中体现的实践的概念和认识世界、改造世界的理论所凸显的是人对自然的征服和改造思想，但没有注意到马克思主义理论中把自然主义与人道主义的统一作为实现人的生存的意义必不可少的环节，马克思消除了人与自然的对立。马克思认为，那些“现实的、肉体的、站在坚实的呈圆形的地球上呼出和吸入一切自然力的人”，“本来就是自然界”。[①] 同时，马克思对资本主义生态危机的根源进行了深刻的分析。人们可以在尊重和保护生态环境的基础上追求全面而持久的幸福生活。

一、人与自然的和谐共生关系

（一）人类依赖自然界生活

在对人与自然的关系解读中，马克思主义认为人是自然界长期演化的产物，人类所需要的一切物质资料和精神营养都需要从自然界中获取，自然是“人的无机体”。恩格斯也指出：“人本身是自然界的产物，是在自己所处的环境中并且和这个环境一起发展起来的。”[②]自然界作为人类的无机体，为人类提供了丰富的物质前提。

一是自然资源助力生产活动。“自然界一方面在这样的意义上给劳动提供生活资料，即没有劳动加工的对象，劳动就不能存在，另一方面，自然界也在更狭隘的意义上提供生活资料，即提供工人本身的肉体生存所需的资料”[③]，在自

① 《马克思恩格斯文集》第 1 卷，人民出版社 2009 年版，第 209 页。

② 《马克思恩格斯选集》第 3 卷，人民出版社 1995 年版，第 374—375 页。

③ ［德］马克思：《1844 年经济学哲学手稿》，人民出版社 1985 年版，第 49 页。

然界和人类社会的交互作用中，人不停地在与自然进行着物质、能量与信息的交换，自然界蕴含着空气、水、风、森林、矿藏等丰富的自然资源，为物质生产源源不断地提供原材料和动力支持，也就是说，没有自然资源，生产劳动就不可能存在。同时，人类的衣、食、住、行和用的一切，都直接或间接取之于自然。

二是自然资源直接关乎人的身体健康。“自然界是人为了不致死亡而必须与之处于持续不断的交互作用过程的、人的身体。所谓人的肉体生活和精神生活同自然界相联系，不外是说自然界同自身相联系，因为人是自然界的一部分。”①自然环境如阳光、空气、水分等资源与人的生存发展息息相关，自然资源越丰富，自然条件越便利，自然再生产能力越强，人类“可获得的生存资料就愈丰富，人本身的自然就愈发达”②。在经济社会发展全过程中，水安全、食物安全、资源安全、空气安全构成最为基础的安全保障，自然界清洁的水、干净的空气、富饶的土壤、放心的食物、丰富的自然资源、良好的生态环境结构、丰富多彩的生命和健全的生命维持系统等要素，都对人的生命安全和身心健康以及人的自由而全面的发展产生重要影响。

三是自然界可以满足人的精神需求。自然界中奔腾的河流、险峻的高山、广袤的草原都滋养了人的性格、情感、意志，使人的精神得以丰盈，极大地塑造了人的精神幸福。它的重要作用主要呈现在两个方面：其一，自然界的宁静与和谐具有强大的疗愈功能。如自然界山川的秀美、蓝天白云的赏心悦目、树林的静谧、鸟儿的啼叫等都能有效缓解压力，提升人们的心理健康。同时，人通过身体器官去感受自然并从中获得美的体验，并把美的体验经过加工改造以另一种形式重现。③ 人自觉“用自然生态美的规律构建自己的世界意义”④，比如，中国的国画、西方的油画的素材无不来源于自然界。其二，自然界是科学研究的对象。自然界的神秘激发了人的求知欲。人们探索宇宙星空和各种天象的奥秘，探索事物的数量关系和空间形式的奥秘，探索生命的起源等现象的奥秘，探索物质的结构和性质的奥秘等，使人类对事物发展的规律有了从浅显到深刻的认识，促进了天文学、物理学等科学的发展和完善。对自然规律的探索既是发

① 《马克思恩格斯选集》第1卷，人民出版社2012年版，第55—56页。

② 解保军：《马克思自然观的生态哲学意蕴》，黑龙江人民出版社2002年版，第65页。

③ 参见王宇翔、毕秋：《马克思恩格斯生态幸福观的四维论析》，《思想教育研究》2021年第4期。

④ 相雅芳、高国希：《马克思生态美学思想的内在逻辑及话语体系构建》，《宁夏社会科学》2020年第6期。

现自然界奥秘的过程,也是人的精神境界不断升华的过程。[①]

四是自然界作为人际交往的桥梁和纽带,大大拓展了人的社会交往平台。人是群居动物,人们“只有以一定的方式共同活动和互相交换其活动,才能进行生产”[②]。自然界为人类的交往提供了广阔的空间。

(二)自然界离不开人的存在

“当地球上出现了人类以后,就结束了纯粹自然的历史。”[③]自然界具体可以分为自在自然和人化自然。自在自然包括人类历史之前的自然,也包括在人类历史之后未被打上人类烙印的原生态的环境。人化自然同自在自然相对,意思是并非“原始自然”,而是经由人类劳动实践活动所改造过的自然界,人化自然的核心要义是人作为自然的组成部分。前面我们分析了人离不开自然界,事实上,自然也需要人的参与。马克思认为,真正的现实的自然界不是开天辟地以来就有的自在自然,而应是人化自然。对人类而言,人化自然才是真正的自然。而要理解这一点,需要基于实践的角度,实践搭建起自然界与人类的联系。从历史的发展过程来看,人在实践过程中创造了人类社会的历史,同时,还生成了自然界的历史。也就是说,在人化自然的过程中,人化自然既有客观现实性也有社会历史性。[④]

马克思从另一角度论证了人类历史与自然历史的统一生成过程。今天,随着生产力水平的提高,“人工自然”已占整个自然界的83%。正如恩格斯所指出的:“自然和历史——这是我们在其中生存、活动并表现自己的那个环境的两个组成部分。”[⑤]恩格斯在《自然辩证法》中指出:“我们连同我们的肉、血和头脑都是属于自然界和存在于自然界之中的。”[⑥]由此可见,人化自然一刻也不能脱离实践活动,离开了实践活动就要失去意义。[⑦] 而自在自然,尚未被人类认识和改造,正如马克思所讲,那种“被抽象地理解的、自为的、被确定为与人分隔开来的

① 参见王宇翔、毕秋:《马克思恩格斯生态幸福观的四维论析》,《思想教育研究》2021年第4期。

② 《马克思恩格斯文集》第1卷,人民出版社2009年版,第724页。

③ 曹广胜主编:《马克思主义哲学原理》,辽宁大学出版社1990年版,第121页。

④ 参见严金强、夏碧英:《马克思主义自然观视域下的生态文明新理念研究》,《理论探讨》2020年第4期。

⑤ 《马克思恩格斯全集》第39卷,人民出版社1974年版,第64页。

⑥ 《马克思恩格斯文集》第9卷,人民出版社2009年版,第560页。

⑦ 参见严金强、金兴华:《绿色发展的政治经济学探索:生态与经济协调发展的视角》,天津人民出版社2021年版,第47页。

自然界，对人来说也是无”[1]，恩格斯也在《自然辩证法》中说，如果我们对事物不能加以研究，那么它对我们来说就是不存在了。但马克思和恩格斯阐述的内涵并非“自在自然”不存在，而是说这样的自然对于人类的生存没有现实意义，但自在自然无疑不但是与人相关的人化自然的前提，而且是一切财富的前提，是被人类认识和实践的前提。所以，自然界既是人的改造对象，又必然打上人类智慧和行为的印记，不断向人化自然转化。[2] 这是自然与人类的直接同一的表现。

二、生态困境对幸福生活的羁绊

在资本主义社会，追求利润、获取最大额度的剩余价值是资本家生产的最终追求，这就决定了资本主义生产的盲目性和贪婪性。资本主义生产的无限扩张性和短期逐利性导致资源过度消耗和环境退化。马克思深刻揭示了资本主义生产方式的本质特征。资本家进行商品生产，只不过是为了获得商品的价值而必须履行的手续。在资本主义社会，资本家生产什么，生产多少，如何生产，都以能否取得或能够取得多少剩余价值或利润为转移。“生产剩余价值或赚钱，是这个生产方式的绝对规律。”[3]这样一来，生产和消费相脱节，市场的滞后性导致过度生产，过度生产严重浪费了自然资源，自然环境也被破坏。同时，资本家为了满足无限的物质需求，为了无限追求利润最大化，在生产过程中通过大量开采自然资源，破坏环境，污染空气、土壤、水源等公共资源来实现个人财富的不断积聚和资本的扩张性循环。生产产生的垃圾随意堆放在城市，废水随意排放到河流，忽视了生产活动对环境的负面影响。资本家把自然界当作一种取之不尽用之不竭的资源，任其被污染和破坏，导致人与自然关系越来越紧张，人和自然之间的物质变换变得不可持续。[4]

马克思在《资本论》中作出了如下著名的论断：“资本主义生产使它汇集在各大中心的城市人口越来越占优势，这样一来，它一方面聚集着社会的历史动力，另一方面又破坏着人和土地之间的物质交换，也就是使人以衣食形式消费

---

① 《马克思恩格斯文集》第 1 卷，人民出版社 2009 年版，第 220 页。

② 参见曹广胜主编：《马克思主义哲学原理》，辽宁大学出版社 1990 年版，第 122 页。

③ 《资本论》第 1 卷，人民出版社 2004 年版，第 714 页。

④ 参见郁蓓蓓、孙昊怿、陆树程：《论马克思“生态人”思想及其当代价值》，《世界哲学》2019 年第 3 期。

掉的土地的组成部分不能回到土地，从而破坏土地持久肥力的永恒的自然条件。这样，它同时就破坏城市工人的身体健康和农村工人的精神生活。”①这些生态环境问题如果得不到解决，将给人类带来严重的后果，人们将无家可归。恩格斯就在《伍珀河谷来信》中描述了他家乡的伍珀河被严重污染的状况和恶果。“这条狭窄的河流泛着红色波浪，时而急速时而缓慢地流过烟雾弥漫的工厂厂房和堆满棉纱的漂白工厂。然而它那鲜红的颜色并不是来自某个流血的战场——因为这里相互厮斗的只有神学家的笔杆和长舌妇们，而且往往是为了琐碎小事，——也不是源于人们羞于启齿的行为（虽然这确实有足够的根据），而是完全源于许多使用土耳其红颜料的染坊。如果你是从杜塞尔多夫奔向这里，那你在松博恩附近就已进入这片神圣的地区；伍珀河带着泥沙从你身旁懒洋洋地爬过，同你刚才看到的莱茵河相比，它那副可怜相会使你大为失望。”②“本质上，生态危机是以‘天灾’为表现形式的‘人祸’，即人们在工具理性的引导下不合理地发挥主观能动性，肆意地干涉、开采和使用自然资源，以致大气污染、全球变暖、土地荒漠化、动植物多样性锐减甚至消失等。此种扭曲了的人与自然之间的关系，从表面上看是人改造自然能力的提高，但从本质上看是社会制度、运行方式和整体实践的现实问题，要想从根本上解决人与自然的矛盾，需要对资本主义的整个社会制度实行完全的变革。”③

摈弃资本主义生产方式，生态文明的最终归宿是共产主义制度。保护自然是人类获得幸福的迫切任务，马克思和恩格斯深刻分析了造成环境污染、生态危机背后的资本主义制度根源。自然界对资本家来讲，就是其不断获得剩余价值、不断实现利润最大化的筹码，对工人来讲，就是要不断地对这些自然资源进行加工和改造，异化自己的劳动，劳动越多，被剥削得越惨重。资本的贪婪和无耻使绿色发展、可持续发展成为一种奢望，试图在资本主义制度框架内平衡人与自然的关系，实现人与自然的同一，“本质是一种绿色乌托邦情结”④。解决生态危机的出路在于：“只有一种能够有计划地生产和分配的自觉的社会生产组织，才能在社会关系方面把人从其余的动物中提升出来，正象一般生产曾经在

① 《马克思恩格斯全集》第 23 卷，人民出版社 1972 年版，第 552 页。
② 《马克思恩格斯全集》第 2 卷，人民出版社 2005 年版，第 39 页。
③ 《马克思恩格斯文集》第 9 卷，人民出版社 2009 年版，第 561 页。
④ 王宇翔、毕秋：《马克思恩格斯生态幸福观的四维论析》，《思想教育研究》2021 年第 4 期。

物种关系方面把人从其余的动物中提升出来一样。历史的发展使这种社会生产组织日益成为必要,也日益成为可能。”[①]“这种共产主义,作为完成了的自然主义,等于人道主义,而作为完成了的人道主义,等于自然主义,它是人和自然界之间、人和人之间的矛盾的真正解决。”[②]只有在共产主义,人与自然才能实现真正的同一,进而实现人的幸福。在马克思所描述的共产主义社会,人与自然实现了完美的统一,“它是人和自然界之间、人和人之间的矛盾的真正解决”[③],是“人同自然界的完成了的本质的统一”[④]。

其一,在共产主义社会,消除人与自然的异化。人类与自然之间建立的将是这样一种关系,“社会化的人,联合起来的生产者,将合理地调节他们和自然之间的物质变换,把它置于他们的共同控制之下,而不让它作为盲目的力量来统治自己;靠消耗最小的力量,在最无愧于和最适合于他们的人类本性的条件下来进行这种物质变换”[⑤]。也就是说,人们自觉尊重自然界、爱护自然界,正确认识人与自然的和谐共生关系,在人与自然的物质和能量交换中,以对自然最小的索取获得最大的产值,把人对自然的依赖,比如呼吸新鲜的空气、欣赏最美的自然风景视为幸福生活的重要组成部分。在改造自然界之前,要充分考量自然的承载力,合理规划开采的力度、范围和时间,并在生产实践过程中不断反思自身活动对自然界可能造成的不利影响,实现人与自然共同和谐发展。

其二,“就人与人的关系而言,共产主义社会消除了产生利益冲突的剥削制度,是人与人利益统一的美好社会。个体在从事与自然的物质变换活动中,兼顾经济效益与环境效益、个体利益与集体利益、当前利益与长远利益,为子孙后代的生态幸福留下相应发展空间”[⑥]。

---

① 《马克思恩格斯全集》第 20 卷,人民出版社 1971 年版,第 375 页。
② 《马克思恩格斯文集》第 1 卷,人民出版社 2009 年版,第 193 页。
③ 《马克思恩格斯全集》第 42 卷,人民出版社 1979 年版,第 120 页。
④ 《马克思恩格斯全集》第 42 卷,人民出版社 1979 年版,第 122 页。
⑤ 《马克思恩格斯全集》第 25 卷,人民出版社 1974 年版,第 926—927 页。
⑥ 王宇翔、毕秋:《马克思恩格斯生态幸福观的四维论析》,《思想教育研究》2021 年第 4 期。

第五节 人的自由全面发展是幸福的最终目标

一、人的自由全面发展是幸福生活的内在要求和必然结果

马克思关于人的自由全面发展的思想是马克思主义哲学和政治经济学中的核心理念之一，它描绘了一个理想的社会状态，在这个状态下，每个个体都能够不受剥削、压迫和外在条件的限制，充分发挥自己的潜能，实现多维度、全方位的发展。从概念内涵来看，人的自由全面发展是相对资本主义社会的异化劳动下人类被剥削、被压迫、毫无自由而言的，是包括人的能力、社会关系、个性等方面的全面发展。

其一是人的能力的发展。马克思指出："全面发展的个人……不是自然的产物，而是历史的产物。要使这种个性成为可能，能力的发展就要达到一定的程度和全面性，这正是以建立在交换价值基础上的生产为前提的，这种生产才在产生出个人同自己和同别人的普遍异化的同时，也产生出个人关系和个人能力的普遍性和全面性。"①在马克思看来，人的能力主要指物质生产能力、社会交往能力等，人的能力在人从事实践活动中得到不断提高，是人自由全面发展的的重要前提和依据。人只有具备物质生产能力，才能生产出丰富的物质财富，进而为人的自由全面发展打好物质基础。

其二是社会关系的发展。人作为群居动物，在其现实性上，人的本质是一切社会关系的总和。在生产劳动中，人们结成了人与人、人与自然、人与社会的关系，人就是在各种关系中存在并进行着生产实践活动，不断体验着实践满足人的需要之后的幸福感受。人只有在错综复杂的社会关系中才是活生生的人，人的幸福只有在社会中才能成为人的幸福。"人是一个什么样的人，每一个人的幸福是怎样的幸福，完全是由人所处的社会关系规定和制约的。离开社会联系，尽管人有生命机体，也并不能成为真正意义上的人，更不能说是人的

① 《马克思恩格斯全集》第46卷，人民出版社1979年版，第108—109页。

幸福。”[1]

其三是个性发展，人的自由全面发展不仅要德、智、体、美、劳全面发展，在马克思看来，人的自由全面发展要促进人的个性的发展。人的个性是指个体在社会实践活动中形成和表现出来的独特性和自我实现的程度。也就是说，人可以根据自己的兴趣、爱好和特长，规划自己的发展方向。人的自由发展是对自我意识和自主性的全面把握，不受外力的牵绊和束缚。对自由发展的追求是人的内在的、自然的追求。[2] 幸福在于人性的回归，人真正成为人，人以绝对的力量认识了必然，突破了一切抑制人性的枷锁，全面地恢复了人的自由发展的自然本性，获得了人的自由地位并实现了人的自身价值。马克思显然意识到，人受困于必然规律的强制性和非自由性是痛苦的，而掌握规律后的自由是幸福的前提，更是幸福的实现形式。

二、自由人联合体是人的自由全面发展的保障

马克思将人类社会发展分为人的依赖性、物的依赖性、人的自由全面发展三个阶段。人的依赖性通常指的是在原始社会、奴隶社会和封建社会中人与人之间基于血缘、部落、家族或者人身依附关系的依赖。物的依赖性主要指的是资本主义社会中人与物之间的关系。马克思认为，私有制与社会分工的存在导致人的片面、畸形的发展，而资本主义制度的出现又使社会分工达到了极端的地步。随着机器大工业时代的到来，机器逐渐主宰了人，人成为劳动力这一特殊商品，人们在生产过程中受到资本的支配，从而出现了人受制于物的现象，即“物的奴役”。人的丰富的本质被逐渐吞噬。在资本主义条件下，就是以人为工具，而不是以人的自由全面发展为目的，这样本末倒置的社会是无法实现人的幸福的。工人自身的劳动异化为异己的力量，工人在生产财富的同时也生产着自己的绝对贫困。而让工人失去幸福的资本家们也不可能实现自身的全面发展，“精神空虚的资产者为他自己的资本和利润欲所奴役；法学家为他的僵化的法律观念所奴役，这种观念作为独立的力量支配着他；一切‘有教养的等级’都为各式各样的地方局限性和片面性所奴役，为他们自己的肉体上和精神上的短

① 欧阳康：《哲学研究个性化道路初探》，华中科技大学出版社2022年版，第153页。

② 参见程婧：《积极思想政治教育研究》，南开大学出版社2020年版，第42—43页。

视所奴役，为他们的由于接受专门教育和终身从事一个专业而造成的畸形发展所奴役”[①]。只要资本主义生产关系仍然存在，人就无法逃离被剥削、被奴役的命运，也就无法实现自由全面发展。只有资本主义制度被消灭之后，人才会全面、自由地占有自我的本质，最终实现自由全面发展。而只有社会进入共产主义阶段，人的本性得到了真正的复归之后，人才能自己控制着客观异己的力量而实现全面发展，人的自由活动也才能真正成为全部社会的基础和整个社会的本身，社会也才能真正成为“自由人”的“联合体”。

《共产党宣言》提出，未来社会“将是这样一个联合体，在那里，每个人的自由发展是一切人的自由发展的条件”[②]。在“自由人的联合体”中，每个人都是联合体中的独立个体，大家共同掌握和引导社会关系，有效应对来自外部世界的挑战，每个个体都能够实现自由全面发展。他们“成为自己的社会结合的主人，从而也就成为自然界的主人，成为自身的主人——自由的人”[③]。只有在自由联合体中，生产力才高度发达，人们创造的物质财富越来越丰富，人才能在生存得以保障的情况下追求个人的发展。“当人们还不能使自己的吃喝住穿在质和量方面得到充分保证的时候，人们就根本不能获得解放。”[④]生产力的发展，促进了人类整体劳动能力提升，“而且还可能保证他们的体力和智力获得充分的自由的发展和运用”[⑤]。因为，“社会生产力的发展将如此迅速，以致尽管生产将以所有人的富裕为目的，所有的人可以自由支配的时间还是会增加。因为真正的财富就是所有个人的发达的生产力”[⑥]。社会整体必要劳动时间减少，为人类拥有更多自由时间提供了可能，人的自由时间越多，实现自由全面发展的可能就越大。“整个人类的发展，就其超出对人的自然存在直接需要的发展来说，无非是对这种自由时间的运用。”[⑦]“这种时间不被直接劳动所吸收，而是为个人的自由活动和才能的发展开辟广阔的天地，并把占有它的人变成另一主体。”[⑧]总之，人的自由全面发展，是社会生产力进步的直接结果。在生产力高度发达的自由人

① 《马克思恩格斯文集》第9卷，人民出版社2009年版，第309页。
② 《马克思恩格斯文集》第2卷，人民出版社2009年版，第53页。
③ 《马克思恩格斯选集》第3卷，人民出版社1995年版，第760页。
④ 《马克思恩格斯文集》第1卷，人民出版社2009年版，第527页。
⑤ 《马克思恩格斯文集》第3卷，人民出版社2009年版，第563—564页。
⑥ 《马克思恩格斯全集》第46卷，人民出版社1980年版，第222页。
⑦ 《马克思恩格斯全集》第47卷，人民出版社1979年版，第216页。
⑧ 杨兴林：《马克思的人的自由而全面发展理论》，《当代世界社会主义问题》2003年第3期。

联合体中，人能够摆脱基本生存需求的束缚，拥有更多时间和资源去追求个人兴趣、提升自我能力和实现社会价值，从而促进人的自由全面发展。[①]

综上，以现实的人为幸福的主体，是马克思幸福思想的理论基点，在此基础上强调人的需要是追求幸福的内在驱动力，生态幸福是幸福的自然条件。之后通过劳动作为连接人与自然界的纽带，指出劳动是创造幸福生活的唯一手段，最后总结提出实现人的自由全面发展是幸福的最高目标。马克思幸福思想是对人类真正意义上的终极关怀，是人类有史以来最为科学的幸福思想。

① 参见万庆：《马克思幸福思想研究》，中共中央党校博士学位论文，2013 年。

第四章　马克思幸福思想的实现条件与路径建构

“哲学家们只是用不同的方式解释世界，问题在于改变世界。”[①]马克思幸福思想不仅是学理层面的理论表达，更是一种经过革命斗争和实际行动应当努力去实现的实践活动。幸福思想的实现条件与路径建构是幸福生活主体基于一定的社会历史条件，发挥主观能动性进行创造性活动的做法。幸福生活的实现不是凭空产生的，而是人们在幸福生活实现的条件和基础上借助于一定的手段主动创造的。鉴于此，马克思在揭露和批判资本主义制度的基础上，使幸福生活从一种理想图景变成了一种实践过程，只有在阶级斗争和实践创造的基础上，在无产阶级政治解放的前提下，工人阶级和劳动人民对幸福生活的向往和追求，才会通过自由自觉自主的劳动成为真实的生活。[②]

第一节　马克思幸福思想的实现条件

一、无产阶级政党的领导

“马克思主义认为，政党是为实现一定阶级利益的政治组织。任何政党都是本阶级意志的集中代表和阶级利益的捍卫者，其成员一般都是这个阶级中最

① 《马克思恩格斯选集》第1卷，人民出版社1995年版，第57页。

② 参见甄晓英：《马克思美好生活馆研究》，兰州大学博士学位论文，2022年。

积极的中坚分子，是这个阶级的核心力量、组织者和领导者。无产阶级政党也不例外，它是无产阶级的阶级组织，是无产阶级意志和利益的集中代表，是积极组织和领导无产阶级进行斗争的政治组织。”[①]马克思在《共产党宣言》中鲜明指出：“过去的一切运动都是少数人的或者为少数人谋利益的运动。无产阶级的运动是绝大多数人的、为绝大多数人谋利益的独立的运动。”[②]无产阶级政党不同于资产阶级政党的本质就在于其天然的人民性，无产阶级政党从诞生起就是为了受压迫的人民而斗争，为谋求劳动者的幸福生活而不断努力，它与资产阶级私有制水火不容，只有在无产阶级政党的领导下，人民才能实现自身价值，获得物质与精神的解放。

由此可见，无产阶级政党诞生的终极目的只有一个，那就是实现人民幸福。因此，马克思恩格斯等伟大革命导师都反复强调，在资本主义私有制下，人民不可能过上幸福生活，无产阶级要迅速成长起来并在与资产阶级的对抗中取得胜利，改变被剥削被压迫的悲惨命运，就必须建立一个与资产阶级相对立的代表无产阶级利益的政党。无产阶级只有在代表自己利益的马克思主义政党的带领下，建立无产阶级政权，使无产阶级能够作为一个阶级来行动，才能把全世界无产者联合起来，并在正确的方向和道路的指引下，共同为实现无产阶级的伟大历史使命而奋斗。[③] 在向共产主义迈进的过程中，无产阶级政党以共产主义为理想追求，超越了狭隘的阶级偏见，以实现全人类解放和幸福为最高价值目标追求，致力于改善工人阶级以及其他劳动人民的生活条件，消除贫困，促进社会公平正义，提高大众福利，这些都是通往幸福生活的必经之路。只有无产阶级政党才有资格、有能力承担实现幸福这个人类的伟大梦想。换言之，致力于为绝大多数人的幸福而奋斗，也是无产阶级政党的本质和初衷。

二、物质生产力的极大发展

马克思对幸福的思考超越了传统的感觉主义范畴，通过对人类社会发展规律的洞察，找到生产力这一社会发展的根本动力，强调生产力在实现幸福中的重要作用。马克思运用唯物史观的方法分析指出，不顾生产力的发展程度而抽

① 徐冲德主编：《马克思主义基本原理》，上海社会科学院出版社 1987 年版，第 262—263 页。

② 《马克思恩格斯选集》第 1 卷，人民出版社 1995 年版，第 283 页。

③ 参见徐善广主编：《科学社会主义》，湖北教育出版社 1985 年版，第 69—70 页。

象地谈论人的幸福的实现是不现实的，幸福这种人的主观体验必然离不开生产力这一客观物质条件。在物质生产力发展的基础上，一方面，人的基本生存需要得到满足后才能更好地发展和完善自己；另一方面，人的物质生活的情况总会反馈到人的精神世界。[①] 现实的人首先是有生命的存在，需要基本的物质条件维持和延续生命，所以人必须首先生产个体生存所需的物质生活资料。"历史唯物主义最初在资本主义社会是作为一个普遍存在的唯物主义的宣言而出现。在这一点上，这个唯物主义的原则，是揭露使人受物质生产盲目结构奴役的社会批判工具。个体幸福的自由和普遍实现的思想相反，则包括了一个肯定的唯物主义，也就是说，包含一个人类物质满足的肯定。"[②]

在马克思的经典著作中，物质生活资料占据人类社会的核心地位，物质生活资料是人类社会存在和发展的物质基础。同时，马克思也认为，生产物质生活资料的实践是人类社会最基础的实践活动，比如，为了生存、享受、发展所需要的衣、食、住等物质生活资料的生产，以及人类自身的生产。这是因为，随着物质生产力各要素的发展和进步，社会能够更高效地创造和提供各类物质产品，从而积累和增加物质财富。

马克思强调，"生产力的这种发展……之所以是绝对必需的实际前提，还因为如果没有这种发展，那就只会有贫穷、极端贫困的普遍化；而在极端贫困的情况下，必须重新开始争取必需品的斗争，全部陈腐污浊的东西又要死灰复燃"[③]。只有人的基本生存需要有了保障，才能进一步满足人的享受和发展等高层次需要。马克思并不满足于物质资料给人们带来享受和幸福，他认为"人以其需要的无限性和广泛性区别于其他一切动物"[④]。人作为社会存在物，不仅具有物质需要，也具有"精神需要和社会需要"[⑤]，"精神需要的满足带来的享受和幸福则是更深刻的。在马克思看来，精神需求的满足往往能给人带来更大的幸福和更高级的享受"[⑥]。马克思本身就是一个非常重视精神追求的人，他从小受中学校

① 参见颜军：《历史唯物主义：马克思幸福思想的理论出场》，《江苏大学学报》（社会科学版）2020年第2期。

② 陈学明：《二十世纪哲学经典文本·西方马克思主义卷》，复旦大学出版社1999年版，第254页。

③ 《马克思恩格斯选集》第1卷，人民出版社1995年版，第86页。

④ 《马克思恩格斯全集》第49卷，人民出版社1982年版，第130页。

⑤ 《马克思恩格斯文集》第5卷，人民出版社2009年版，第269页。

⑥ 颜军：《历史唯物主义：马克思幸福思想的理论出场》，《江苏大学学报》（社会科学版）2020年第2期。

长维滕巴赫影响，具有浓厚的人道主义和理性主义精神，17岁的时候就语出惊人，树立了要“为人类幸福而工作”的理想，这是何等远大的抱负和宽阔的胸怀。人如果仅仅把吃、穿、住等基本生存需要的满足作为最终的追求，而没有更高层面的追求，那么人类的存在就可能退化为类似动物的本能生存状态，幸福对人而言就成为遥不可及的感受。生产力的发展不仅为人类提供了丰富的物质财富，同时也不同程度地满足了人们的精神生活，为人的自由全面发展创造了条件。人的自由全面发展既是创造幸福的内在要求，也是实现幸福的核心体现。①

三、社会的高度和谐

和谐社会是一种理想的社会状态和社会发展目标。和谐社会是在对差异、矛盾、冲突的社会状态进行扬弃的基础上产生的。也就是说，社会并不是一开始就是和谐的存在，任何社会都是有矛盾和冲突的。“在马克思的彻底的唯物主义辩证法中，开放的、永无终结的矛盾冲突理论代替了仍然神秘的黑格尔唯心主义目的论。”②在马克思的理论框架中，由于人们各自的需要和利益不同，发生矛盾冲突是任何一个社会都普遍存在的事实。矛盾被视为事物发展的内在动力和源泉，是客观世界普遍存在的现象。马克思在分析社会矛盾和冲突时，分析了影响社会和谐的几个方面。一是生产资料私有制，资本主义社会的基本矛盾就是生产社会化同生产资料私人占有之间的冲突。生产资料集中在少数资本家手中，资本家靠占有社会材料剥削工人，从而造成资产阶级和工人阶级的对立，这是影响社会和谐的根本原因。二是资本家对工人创造的剩余价值的榨取，资本家通过增加劳动强度和延长劳动时间获取剩余价值，而工人劳动时间越长，被剥削越多，导致贫富差距越大，工人阶级的生活条件越无法得到保障，进而加剧社会矛盾。三是随着资本主义的发展，阶级分化日益明显，社会不平等加深，尤其是在财富分配、教育资源、健康医疗等方面表现得尤为突出，这些都会严重影响社会和谐。四是对自然资源的过度开发和破坏，导致自然资源严重浪费，最终损害社会和谐。因此，不能否认和掩盖社会矛盾和冲突，“马克思的社会冲突理论是以社会生产实践为基础的，这一理论表明，社会冲突根源

---

① 参见颜军：《历史唯物主义：马克思幸福思想的理论出场》，《江苏大学学报》（社会科学版）2020年第2期。

② ［美］理查德·皮特：《现代地理学思想》，周尚意等译，商务印书馆2007年版，第95页。

于人们在社会生产中地位的不平等，要解决阶级对抗社会中的冲突就要采用社会革命的方式。”[①]按马克思所说，对于无产阶级来说，他们的历史使命不仅是破坏一个旧世界，同时还要建设一个新世界。重要的是，马克思通过建设和谐社会找到了幸福社会建设的具体路径。[②]

协调利益冲突是建设和谐社会的重要基础。社会不和谐的主要原因是社会成员对公共利益的占有不均衡，有的占有很多，有的甚至不能够维持自身基本生存。因此，让全体社会成员实现对公共利益的共建共享是构建和谐社会的有效途径。在资本主义体系中，造就资本主义社会紧张状况、利益冲突、阶级对立等危机的根源是资本主义生产资料私有制和社会化大生产之间的矛盾。生产资料主要由私人占有，资本家拥有并控制着工厂、土地和其他关键资源，这决定了利润主要流向资本所有者，而不是大量的劳动者。这样就陷入一个恶性循环，与资本主义社会化大生产要求突破任何限制而绝对地发展相矛盾。而且随着资本主义的发展，资本有机构成提高，技术进步往往带来对劳动力需求的结构性变化，可能还会导致其他问题，确实难以解决利益冲突的问题。这样变革所有制关系为和谐社会建设提供保障成为必须解决的问题。因为生产资料所有制决定人们之间利益分配的性质。马克思指出，“共产党人可以把自己的理论概括为一句话：消灭私有制”[③]，“无产阶级将利用自己的政治统治，一步一步地夺取资产阶级的全部资本，把一切生产工具集中在国家即组织成为统治阶级的无产阶级手里，并且尽可能快地增加生产力的总量”[④]。这里，马克思所讲的就是未来社会的共产主义所有制，生产资料归社会集体或国家所有，目的是消除阶级剥削，实现平等和公正的分配。

在具体分配制度上，马克思根据应得原则，“一是肯定了资本主义社会‘等价交换’原则及其在劳动力商品上的贯彻对于促进形式平等的历史性功绩，进而批判了工人劳动所得少于劳动贡献等非正义现象；二是阐释了预想中的共产主义社会第一阶段‘按劳分配’原则在消除剩余价值剥削等方面的正义性，进而指出了这一原则残存着的资产阶级法权印记与事实不平等因素；三是预言了共

① 何影：《利益共享的理念与机制研究：和谐社会的视角》，黑龙江大学出版社2013年版，第59—60页。

② 参见刘孝菊：《马克思恩格斯幸福社会理论及现实意义》，浙江大学博士学位论文，2013年。

③ 《马克思恩格斯选集》第1卷，人民出版社1995年版，第286页。

④ 《马克思恩格斯选集》第1卷，人民出版社2012年版，第421页。

产主义社会高级阶段'各尽所能，按需分配'原则最终将消除不平等现象，实现人的自由全面发展的理想图景"[①]。

真正的民主是实现和谐社会的重要途径。资本主义民主通常以议会制、普选权、两党或多党制为主要表现形式。列宁指出："资产阶级民主同中世纪制度比较起来，在历史上是一大进步，但它始终是而且在资本主义制度下不能不是狭溢的、残缺不全的、虚伪的、骗人的民主，对富人是天堂，对被剥削者、对穷人是陷阱和骗局。"[②]因为在资本主义社会，生产资料和国家政权为资产阶级所掌握，建立在资本主义私有制和雇佣劳动基础上的民主，其实是金钱和财富的民主。工人实际上一无所有，处于无权的地位。资本主义无论怎么宣传美化所谓自由、平等、博爱的资本主义民主，都掩盖不了它只是一部分人的民主的本质。在马克思看来，即使工人阶级有了选举的权利，但只要资本主义基本矛盾没有解决，工人阶级就不可能获得真正的自由和平等。马克思强调，资产阶级的民主只是它一个阶级的民主，劳动人民不能享有真正的民主。资本主义发展到帝国主义时期，资产阶级往往不再掩饰而公开走向反动，实行法西斯专治。随着历史的发展，资本主义民主必然为社会主义民主所代替。[③] 因此，马克思倡导的是超越资本主义民主的无产阶级专政，目标是实现真正的人民主权和平等，消除阶级剥削和不平等，进而过渡到共产主义社会，在那里才能实现真正的人民民主，即全体社会成员在生产资料公有制基础上的共同决策与管理。

四、实现共产主义

共产主义社会是实现人民幸福的理想社会。资本主义社会实行生产资料私有制，贫富两极分化，所谓的幸福只是针对资产阶级自身而言，不可能实现广大人民的幸福。马克思指出："代替那存在着阶级和阶级对立的资产阶级旧社会的，将是这样一个联合体，在那里，每个人的自由发展是一切人的自由发展的条件。"[④]这个自由联合体就是共产主义社会。由此可见，共产主义不是虚幻的，

① 唐卓：《应得原则：马克思评价分配方式的正义预设》，《湖南社会科学》2023 年第 5 期。

② 《列宁选集》第 3 卷，人民出版社 2012 年版，第 601 页。

③ 参见罗公略、柴德军编：《〈马克思主义哲学学习纲要〉名词解释》，中国人事出版社 1990 年版，第 157 页。

④ 《马克思恩格斯文集》第 2 卷，人民出版社 2009 年版，第 53 页。

而是现实存在的。共产主义的生发也不是凭空出现的，是从资本主义旧社会的胎包里诞生的。但需要认识到，“从资本主义向共产主义过渡，是一个很长的历史时期，因而无论是世界范围还是一国范围，迈向这一目标都要经历若干历史阶段，需要根据实际情况确定阶段性目标和实现这一目标的信念。就像火炬接力，每一阶段性理想都是一支燃烧着的火炬，最终通向点燃熊熊燃烧的主火炬。两者相互辉映，不可或缺。阶段性和终极性的统一，就是在这个接续奋斗的过程中实现的”①。

共产主义具体样态怎样，马克思和恩格斯在《德意志意识形态》中给予了论证，“马克思恩格斯强调共产主义作为世界历史性的事业，必须以普遍交往与生产力的发展为绝对的前提；强调共产主义必须消灭资产阶级市民社会，最终通过劳动者共同占有生产资料的联合劳动而达到每个人自由全面的发展；强调共产主义不进行脱离现实生活的道德说教，既不拿自我牺牲来反对利己主义，也不拿利己主义来反对自我牺牲，共产主义是普遍利益与特殊利益有机统一的真正共同体”②。马克思思考和实践的内容为实现人的自由全面发展、实现人类解放指明了方向。

第二节　马克思对幸福思想的路径建构

对马克思幸福思想建构路径的探索，实质上是在探寻一种系统性的思维框架与行为模式，以促进马克思幸福思想的实现进而持续提升民众的幸福感。马克思通过对现代社会的批判、通过无产阶级联合起来进行革命、通过无产阶级的自由自觉的劳动、通过生产资料公有制至上的“按需分配”系统建构他的幸福思想。

一、马克思通过对现代社会的批判建构他的幸福思想

1843 年 9 月，马克思在《致阿尔诺德·卢格》的信中写道：“新思潮的优点又

① 侯惠勤：《共产主义理想决定性意义的科学论证》，《世界社会主义研究》2023 年第 5 期。
② 霍玉敏：《〈德意志意识形态〉中的共产主义思想探赜》，《学校党建与思想教育》2023 年第 12 期。

恰恰在于我们不想教条地预期未来，而只是想通过批判旧世界发现新世界。”[①] 这里，马克思谈到了“批判”，“批判是马克思主义的基本精神”，德里达在谈到马克思时曾经说：“如果有一种我永远也不准备放弃的马克思主义的精神，那么它不仅仅是批判的精神和质问的态度……它毋宁说是某种对于解放和获救的肯定，是某种许诺我们可以设法摆脱任何独断观念，甚至摆脱任何形而上学一宗教的预定，摆脱任何救世福音的体验。”[②]马克思把批判立足于现实的人所生存的现实世界，将批判的视角从苏格拉底、康德的观念、意识、思维转向了现实的批判。马克思指出，“要对现存的一切进行无情的批判，所谓无情，就是说，这种批判既不怕自己所作的结论，也不怕同现有各种势力发生冲突”[③]。马克思对现实的批判不是为了批判而批判，其目的是“使用现实的手段来变革现实世界”。他对资本主义制度进行了无情的批判，对宗教虚幻性进行了无情的批判，对资本主义社会异化现实进行了无情的批判，等等。这些无所畏惧的斗争性的对现实世界的批判，预见了未来美好社会的发展趋势。马克思就是在批判旧世界的过程中，推动新世界也就是现存世界的发展。新世界是脱胎于旧社会之中的，新世界与旧世界不是完全对立的，而是承前启后、有机衔接的。[④]

（一）马克思在批判资本主义制度的基础上阐述了实现幸福的现实社会条件[⑤]

资本主义是代表历史前进方向的新生事物，不仅解放了巨大的生产力，创造出了大量的财富，而且打破了封建社会对人的禁锢。“资产阶级在它不到一百年的阶级统治中所创造的生产力，比过去一切世代创造的全部生产力还要多，还要大。自然力的征服，机器的采用，化学在工业和农业中的应用，轮船的行驶，铁路的通行，电报的使用，整个整个大陆的开垦，河川的通航，仿佛用法术从地下呼唤出来的大量人口——过去哪一个世纪料想到在社会劳动里蕴藏有这样的生产力呢？”[⑥]但是马克思看到：“在私有制的统治下，这些生产力只获得

---

① 《马克思恩格斯全集》第 47 卷，人民出版社 2004 年版，第 64 页。

② ［法］雅克·德里达：《马克思的幽灵：债务国家、衰悼活动和新国际》，何一译，中国人民大学出版社 1999 年版，第 132 页。

③ 《马克思恩格斯全集》第 47 卷，人民出版社 2004 年版，第 64 页。

④ 鲍金、马尚明、朱玉霞：《马克思恩格斯书信细读》，中央编译出版社 2023 年版，第 27—31 页。

⑤ 参见颜军：《马克思幸福思想的叙述范式》，《理论学刊》2017 年第 2 期。

⑥ 《马克思恩格斯文集》第 2 卷，人民出版社 2009 年版，第 36 页。

了片面的发展，对大多数人来说成了破坏的力量，而许多这样的生产力在私有制下根本得不到利用。”[①]因为在私有制结构下，“私有财产本身由于它的相互外化或异化而获得外化的私有财产这个定义。首先，因为它不再是这种财产占有者的劳动产品，不再是占有者的个性的特殊表现，因为占有者使它外化了，它脱离了曾是它的生产者的占有者，并且对于不是它的生产者来说获得了私人的意义。私有财产对占有者来说失去了私人的意义”[②]。在私有制下，劳动者不是通过劳动实现自己的幸福生活，劳动者的劳动成果表现为异己的力量，为资本家创造的财富越多，其他自身则越贫穷。

随着生产力发展、市场需求变化，以及在资本积累和市场竞争机制的作用下产生的资本主义分工制度，劳动者处境更加悲惨。“第一次大分工，即城市与乡村的分离，立即使农村人口陷入愚昧，使城市居民受到各自专门手艺的奴役，它破坏了农村居民的精神发展的基础和城市居民体力发展的基础。”[③]这样的分工与其说是农民拥有土地，居民拥有手艺，不如说是土地对农民的占有和束缚，手艺对居民的“绑架”。正如恩格斯所说：“在生产自发地发展起来的一切社会中(今天的社会也属于这样的社会)，不是生产者支配生产资料，而是生产资料支配生产者。在这样的社会中，每一种新的生产杠杆都必然地转变为生产资料奴役生产者的新手段。这首先是大工业建立以前的最强有力的生产杠杆——分工的特点。”[④]随着分工的精细，体力劳动与脑力劳动分开，同一产品的不同工序分开，工人从精神到肉体都彻底沦为机器，只是每天连续从事着单调而机械的劳动，从而导致“某种智力上和身体上的畸形”，“个体本身也被分割开来，转化为某种局部劳动的自动的工具”。[⑤] “它压抑工人的多种多样的生产志趣和生产才能，人为地培植工人片面的技巧……个体本身也被分割开来，成为某种局部劳动的自动的工具。”[⑥]具体来讲，“他的生命表现为他的生命的牺牲，他的本质的现实化表现为他的生命的失去现实性，他的生产表现为他的非存在的生

① 《马克思恩格斯文集》第1卷，人民出版社2009年版，第566页。

② 中国社会科学院哲学所历史唯物主义研究室：《论人性、异化、人道主义》，清华大学出版社1983年版，第180页。

③ [德]恩格斯：《反杜林论》，人民出版社1974年版，第320页。

④ 《马克思恩格斯选集》第3卷，人民出版社1995年版，第641—642页。

⑤ 《马克思恩格斯文集》第5卷，人民出版社2009年版，第417页。

⑥ 《马克思恩格斯全集》第23卷，人民出版社1972年版，第399页。

产，他支配物的权力表现为物支配他的权力，而他本身，即他的创造物的主人，则表现为这个创造物的奴隶”[①]。人受生产资料的奴役，成为从事不同工种的机器，丧失了按照自己的需要来安排世界的本性，人的自由全面发展根本无从谈起。

总之，在看似生产高速发展的资本主义制度下，纸醉金迷的资本家与饥肠辘辘的劳动者的生活形成对比，物质和精神产品的富足和完美与创造这些产品的人的贫困和畸形形成对比。其背后两极分化和人性异化的致命缺陷注定资本主义制度最终摆脱不了被否定、被毁灭的结局。在马克思看来，无论资本主义社会制度的生产力多么发达、物质财富多么富裕，都是注定要被否定的制度。[②] 取而代之的是实行生产资料公有制、扎实推动共同富裕、注重每个人自由全面发展的社会主义制度。

（二）马克思在批判宗教虚幻性的基础上阐述了幸福的现实性[③]

奥古斯丁在其著作《上帝之城》中提出，生活的世界充满了苦难与罪恶，真正的幸福在于追求上帝之城，也就是要相信上帝，死后进入天堂。柏拉图在其理念论中对幸福进行界定，认为幸福的实现是在彼岸，真正实在的东西是客观独立存在的理念，现实世界是对理念世界的不完美模仿，最高的善和真理存在于超越现实的彼岸世界。在黑格尔那里，上帝并不是一个独立于世界之外的存在，上帝即表现为世界的历史进程和发展规律的“绝对精神”。黑格尔认为，整个现实世界都是绝对精神自我认识、自我发展的过程，这个过程就是绝对精神的实现，黑格尔把人对幸福的追求引渡到抽象的理性之中。可以看到，在对幸福的追求中，宗教层面的幸福一度产生重要影响。马克思指出：“对宗教的批判是其他一切批判的前提。”“在宗教批判中，马克思深刻指出了人以神的绝对存在否定自身主体性存在，以及以神的绝对圆满否定自身不圆满存在的双重荒谬逻辑，进而揭示了在这样的双重逻辑中‘人’与‘幸福’的双重异化，即人异化为缺失幸福创造能力的主体，幸福异化为疏离主体的异己幻想。”[④]

---

① 《马克思恩格斯全集》第 42 卷，人民出版社 1979 年版，第 25 页。

② 参见陈兆芬、黄明理：《马克思恩格斯批判资本主义制度的三重维度及其启示》，《理论导刊》2013 年第 1 期。

③ 参见颜军：《马克思幸福思想的叙述范式》，《理论学刊》2017 年第 2 期。

④ 颜军：《马克思幸福思想研究》，中国社会科学出版社 2019 年版，第 188 页。

马克思从幸福主体、场域、手段等方面对宗教的虚幻幸福进行批判。在主体上，马克思认为宗教领域的幸福是一个现实主体人的缺位的概念层面的幸福，人必须对脱离现实的人的主体即绝对精神、上帝、善等最高存在完全顺从。从马克思的视角来看，神也不再神秘和高尚，更确认了人的生存基础，进而赋予了人主体力量。在马克思看来，神等最高存在本身就是人根据自己的主观愿望虚构出来的，既然是虚构出来的，那么神等就是脱离现实世界的，其不必关心现实世界的苦乐哀愁，也不必谋取利益，作为意念中的存在也是相对完美的。可见，既然神是虚幻的存在，那么以神为主体的幸福也是虚幻的。马克思指出，在宗教领域，人往往发生自我异化，将自己的本质移位到一个虚无主体"身上"，人的幸福也表现为人的异化，并对异己的幻想本质产生依赖。在幸福领域方面，马克思批判了宗教世界主张对痛苦和悲惨的现世生活采取悲观、消极、忍耐的态度，而把希望放到来世的彼岸幸福。马克思强调，这种来世的幸福只是人在面对苦难时消极的心理慰藉。马克思认为，人不应该只是忍受现实世界的苦难，更应该通过实践活动积极地去改变这个世界，重建人们的幸福生活。紧密结合现实生活的基本情况来探索幸福，依据对生命的思索来理解幸福。马克思认为"全部社会生活在本质上是实践的"①，"人的幸福寓于人的实践之中，实践在人的生活中展开并实现，人的幸福与人的现实生活是同构的。人总是在现实的生活环境中生存和生活"②。马克思认为，只有通过实践的手段才能获得幸福，以宗教的手段寻求来世的幸福是一种悲观、逃避现实的方法，真正的幸福应当是在现实社会中实现的，通过消除阶级压迫、保障每个人的基本权利和自由，人能够在现实世界中追求和享受幸福。

（三）马克思在批判劳动异化的基础上阐述了劳动幸福的现实性和可能性③

马克思在《1844 年经济学哲学手稿》中对劳动异化理论作了较为集中的阐述，劳动异化是马克思对资本主义私有制下劳动者的生产生活状态和人性扭曲进行的深刻批判。劳动异化表现为四个方面。

首先，劳动者与劳动本身的异化。在资本主义制度下，资本家由于对生产

---

① 《马克思恩格斯文集》第 1 卷，人民出版社 2009 年版，第 501 页。

② 颜军：《马克思幸福思想：从虚幻到现实的超越》，《理论探索》2015 年第 3 期。

③ 参见颜军：《马克思幸福思想的叙述范式》，《理论学刊》2017 年第 2 期。

资料的占有，无形中也占有了工人为维持生存而付出的劳动。资本家通过较低的工资、延长劳动时间占有工人劳动，使劳动变成了外在于自身的强制性活动。劳动原本应该是人类创造力和自我实现的源泉，反而成为奴役工人的手段。

其次，劳动者与其劳动产品的异化。工人们在劳动中生产的物质资料，所有权并不属于自己，而是通过交换价值让渡给资本家。劳动者无法占有自己的劳动成果，劳动成果成为与劳动者相对立的存在，“工人对自己的劳动的产品的关系就是对一个异己的对象的关系。因为根据这个前提，很明显，工人在劳动中耗费的力量越多，他亲手创造出来反对自身的、异己的对象世界的力量就越强大，他本身、他的内部世界就越贫乏，归他所有的东西就越少”[①]。

再次，劳动者与其类本质的异化。“人是类存在物，不仅因为人在实践上和理论上都把类——他自身的类以及其他物的类——当做自己的对象；而且因为——这只是同一种事物的另一种说法——人把自身当做现有的、有生命的类来对待，因为人把自身当做普遍的因而也是自由的存在物来对待。”[②]但在资本主义生产关系中，劳动必须直接生产交换价值，也就是说，必须直接生产货币。因此，劳动必须是雇佣劳动。雇佣劳动下的劳动者完全失去了自主性，劳动时间、劳动地点、劳动如何分工都由资本家说了算，人沦为资本家获得剩余价值的手段，而不是自由自觉类本质的存在。

最后，劳动者与他人的异化。在资本主义社会中，工人的生存条件非常恶劣，工人们为维持生活必需，往往因为一个难得的工作机会而相互竞争，这种竞争关系使得工人之间的相互对抗常常发展到白热化的程度，而不是马克思主义思想家想要看到的工人们的团结协作。处于底层的工人们之间的这种竞争关系，进一步加深了人的社会关系的异化。

马克思揭露了资本主义社会的非人性，论证了在共产主义社会，私有制被克服以及无产阶级对财产关系重新占有。共产主义社会中，生产资料不再为私人所有，而是由社会集体或国家所有，这消除了劳动者与生产资料之间的异化，因为劳动者可以直接控制生产过程和产品分配。资源和产品也将根据个人需要而不是劳动力投入或市场价值来分配，这有助于消除劳动作为获取生活必需品手段的异化。劳动不再是单纯的谋生手段，而是个人自我实现和自我表达的

---

① 《马克思恩格斯全集》第 3 卷，人民出版社 2002 年版，第 268 页。

② 《马克思恩格斯文集》第 1 卷，人民出版社 2009 年版，第 161 页。

一部分，人们可以自由选择他们想从事的工作，这将使劳动变得更有意义，使人更有满足感。随着生产力的提高，劳动时间将大大减少，这为个人提供了更多的时间用于教育、休闲和个人发展，减少了劳动的压迫性，人与人的关系也越来越和谐。共产主义社会鼓励人的自由全面发展，这意味着每个人都有机会在多方面培养自己的能力和兴趣，而不只是被限制在单一的劳动角色中。在共产主义社会中，阶级差别被消除，这也有助于消除由阶级关系引起的劳动异化。在当时的马克思看来，这就是人性的复归。[①] 劳动不再是一种负担或异化，而是一种自由自觉的劳动，人们在劳动中实现自我和追求个人发展，创造属于自己的幸福生活。

二、马克思通过无产阶级联合起来进行革命建构他的幸福思想

（一）革命的根源：资产阶级对无产阶级的残酷剥削

无产阶级在资本主义社会中处于最底层，再没有其他阶级比其处境更为艰难。随着机器大工业的发展，工人的地位和待遇并没有改善，在机器的掩盖下工人被剥削得越来越严重。也就是说，资本主义的发展并没有带来普遍的生活条件改善和普遍的幸福。人民实现幸福的途径是无产阶级革命。对于马克思在《〈黑格尔法哲学批判〉导言》中提出的历史疑问："德国解放的实际可能性到底在哪里呢？"答案是"这个社会解体的结果，作为一个特殊等级来说，就是无产阶级"，"无产阶级是新生产力的代表，肩负着彻底改造旧世界的历史使命"[②]。马克思把历史的重任放到了无产阶级身上。马克思指出，在资本主义条件下，无产阶级生活在社会的底层，"工人在生活上所失去的，是资本家在货币上所得到的……工人在生活享受上所得到的，是资本家在占有他人劳动的比率上所失去的"[③]。"资本不光靠剥削劳动来生活。像显贵的野蛮的奴隶主一样，资本也要他的奴隶们陪葬，即在危机时期要使大批的工人死亡。"[④]恩格斯在致《新闻报》编辑中指出："取消星期日对工人来说，纯粹是损失。雇主们竭力这样来降

① 参见陶富源、陶庭马：《马克思学说现实人本主题论》，安徽师范大学出版社 2016 年版，第 209 页。

② 《马克思恩格斯选集》第 1 卷，人民出版社 2012 年版，第 9 页。

③ 《马克思恩格斯全集》第 32 卷，人民出版社 1998 年版，第 266 页。

④ 《马克思恩格斯全集》第 1 卷，人民出版社 1961 年版，第 506 页。

低工资：他们保持工资的名义数额，却强迫工人多劳动比如十五分钟，缩短吃午饭的时间等等。”①

资本家想尽办法占用工人的自由劳动时间，由于工厂的订货非常多，因此都加紧生产，千方百计地不执行10小时工作制法案，增加更多的劳动时间。“1816年的一次调查结果表明，许多儿童在5岁、6岁或7岁的时候就开始在纱厂干活。而有些工厂的工作时间是14小时至18个小时，就连最小的儿童也要从清晨3点一直工作到晚上9点或10点，只有四五个小时的时间睡觉，吃饭的时间也非常短，更别说花时间去做游戏和受教育了。”②而对于工人的居住条件，“这些街道常常窄得可以从一幢房子的窗子一步就跨进对面房子的窗子；而且房子是这样高，这样一层叠一层，以致光线很难照到院子里和街道上。城市的这一部分没有下水道，房子附近没有渗水井，也没有厕所，因此，每天夜里至少有5万人的全部脏东西，即全部垃圾和粪便要倒到沟里面去。因此，街道无论怎么打扫，总是有大量晒干的脏东西发出可怕的臭气，既难看，又难闻，而且严重地损害居民的健康。如果说，在这些地方人们不仅忽视健康和道德，而且也忽视最平常的礼貌，那又有什么奇怪的呢？不但如此，凡是和这个地方的居民比较熟识的人都可以证明，疾病、贫穷和道德堕落在这里达到了什么程度。在这里，社会已经堕落到无法形容的下流和可怜的地步。贫穷阶级的住宅一般都很脏，而且显然是从来没有打扫过。这些住宅大半都只有一个房间，虽然空气很不流通，但是由于玻璃被打破了，窗框又不好，所以屋里还是很冷。屋子是潮湿的，往往位于地平线以下，家具总是少得可怜或者干脆就没有，一捆麦秸常常成为全家的床铺，男人和女人、小孩和老头乱七八糟地挤在一片。水只有到公用的水龙头那里去取；取水的困难自然在各方面都促进了肮脏的传播。”③

在这样的状态下，工人的生存都存在问题，“工人的身体免于过早的衰弱”④，工人的仇恨都显得那么无能为力，当时为争取10小时工作制，曼彻斯特成立了委员会，然而出席会议的委员们都是些被笨重不堪的劳动折磨和摧残得十分严重的、默不作声的、敬畏上帝和温顺驯服的人，他们对于宪章主义和社会

---

① 《马克思恩格斯全集》第6卷，人民出版社1961年版，第638页。

② ［美］海斯、穆恩、韦兰：《人类简史：从远古到二十一世纪》，王敬波译，天津人民出版社2017年版，第351页。

③ 《马克思恩格斯全集》第2卷，人民出版社1957年版，第316页。

④ 《马克思恩格斯全集》第7卷，人民出版社1959年版，第279页。

主义感到虔诚的畏惧，对于国王和宗教表现了应有的尊敬。在这样的生存环境下，工人们的生存价值就是被资本家奴役和剥削，为资本家创造价值。工人生活的主体性地位丧失，更不要说人格和尊严了，当然也无任何的幸福感可言，工人开始觉醒，为争取好的生活条件而斗争。

（二）人民幸福需要通过无产阶级的联合革命运动实现

无产阶级的共同诉求体现在对美好生活的向往上，包括提高工资待遇、改善劳动条件、维护劳动权益、消除剥削制度等方面。资本主义体系下的资产阶级是无产阶级共同的敌人，推翻资产阶级统治、建立无产阶级专政或社会主义制度成为无产阶级联合起来追求的目标。随着资本主义的发展，“大工业把大批互不相识的人们聚集起来。竞争把他们的利害关系分开。但是维护工资这一对付老板的共同利益，使他们在一个共同的思想（反抗、组织同盟）下联合起来。因此，同盟总是具有双重目的：消灭工人之间的竞争，以便同心协力地同资本家竞争。反抗的最初目的只是为了维护工资，后来，随着资本家为了压制工人而逐渐联合起来，原来孤立的同盟就组成为集团，工人们为抵制经常联合的资本而维护自己的联盟，就比维护工资更为必要”①。同时，“产业革命使资产者和无产者都集中在最有利于发展工业的大城市里，广大群众聚集在一个地方，就使无产者意识到自己的力量。后来，随着产业革命的发展，随着挤掉手工劳动的新机器的不断发明，大工业就把工资愈压愈低，把它降低到上述的那种最低额，因而无产阶级的处境也就愈来愈不堪忍受了。这样，一方面由于无产阶级不满情绪的增长，另一方面由于他们力量的壮大，产业革命便孕育着一个由无产阶级来进行的社会革命”②。

可以看到，机器大生产把广大无产阶级集中在城市，城市便利的交通也为工人们相互沟通提供了方便。广大工人联合起来是自然而且也是必要的。只有通过联合，才具备可以共同对抗资产阶级、争取更好生活的力量。但由于无产阶级受教育水平普遍较低，长期的小农生活又使无产阶级有着自私性和狭隘性，无产阶级的联合还是分散的。马克思和恩格斯等思想家为无产阶级提供了理论基础和行动指南，指出只有通过阶级斗争和最终的无产阶级革命才能彻底

① 《马克思恩格斯全集》第4卷，人民出版社1958年版，第196页。

② 《马克思恩格斯选集》第1卷，人民出版社1972年版，第215—216页。

改变自身的处境。这些理论提高了无产阶级的阶级意识，促进了国际联合行动。

三、马克思通过无产阶级的自由自觉的劳动建构他的幸福思想

前文提到，马克思在《1844年经济学哲学手稿》中，对人与动物的区别进行论述："一个种的整体特性、种的类特性就在于生命活动的性质，而自由的有意识的活动恰恰就是人的类特性。"[①]马克思所讲的"自由"是对事物的本质联系和规律等必然性的认识，"自觉"则是指人在实践活动中对客观规律的掌握与支配。"自由自觉"是使人成其为人的自在自为的劳动存在状态。用"自由自觉的活动"规定了"人"这个类概念。需要注意这里的人的指向，马克思谈到的人的发展中的个人从来不是孤立的个人，而是真正意义上的每一个人，是社会的每一个成员。因为马克思认识到，真正意义上的人的发展是社会每一个成员的发展。但在资本主义生产关系下，生产资料通常由资本家占有，资本家以工资的形式雇用工人进行生产，人属于生产关系本身，并不占有生产关系，正是人的本质的异化，导致只维护了少数资本家的利益而牺牲了大部分工人的发展，不能够达到每一个社会成员自在自为的状态。同时，马克思看到，在资本主义生产关系中，工人只是以资本为基础的生产的条件，"他们不仅不会促进工人的发展，反而是限制他们在生产之外的其他才能"[②]。在资本主义的大机器生产中，由于分工，工人被安排在生产链条的某个岗位，进行单一、重复的操作。这种单一操作导致工人的劳动成为没有任何创造性的重复，工人完全失去了自主性，劳动时间、劳动地点、劳动如何分工都由资本家说了算，可见，当工人成为资本家劳动的工具，其发展只能是片面的、工具性的，已经背离了人的类本质，很难说人是幸福的。

无产阶级改变自身不幸的内在需求和对幸福的向往本身就是自身本质的要求和必然，幸福生活的实现要通过对异化劳动的扬弃，推动人的本质向自由自觉的劳动的复归。在共产主义社会，人们基于共同占有生产资料和计划经济的原则，共同劳动、共同分配，这样劳动就不再是外在的强迫手段，而是实现个

---

① [德]马克思：《1844年经济学哲学手稿》，人民出版社2018年版，第53页。

② 《马克思恩格斯全集》第30卷，人民出版社1995年版，第607页。

人自由全面发展的社会形态。“一方面,任何个人都不能把自己在生产劳动这个人类生存的必要条件中所应承担的部分推给别人;另一方面,生产劳动给每一个人提供全面发展和表现自己的全部能力即体能和智能的机会,这样,生产劳动就不再是奴役人的手段,而成了解放人的手段,因此,生产劳动就从一种负担变成一种快乐。”[①]正是因为这种自由自觉的劳动,人才能明确目标和要求,更好地安排自身的生活,实现自由全面发展。

一是人的类特性赋予人的发展以无限可能。[②] 在资本主义社会,人的劳动与自己的类本质相异化,工人只能在分工的限制下机械地操作着自己所负责的工作,工作要受到限制,也不可能实现真正的自由自觉。而在共产主义社会,人的类特性让人自由自觉活动,能够根据自己的兴趣和意愿来开展活动,从而充分发挥主观能动性,让人的发展有了很多可能。正是因为人没有被限定的确定性,所以才获得了利用一切可能方式发展自身潜在力量的可能性以及朝着自由全面发展这个目标前进。

二是人的类特性让人能够有意识地、有目的地进行各种实践活动。[③] 人只有是有意识的,才能成为能动的现实主体。对象性活动在马克思主义理论中经常被提到,“当现实的、肉体的、站在坚实的呈圆形的地球上呼出和吸入一切自然力的人通过自己的外化把自己现实的、对象性的本质力量设定为异己的对象时,设定并不是主体;它是对象性的本质力量的主体性,因此这些本质力量的活动也必须是对象性的活动。对象性的存在物进行对象性活动,如果它的本质规定中不包含对象性的东西,它就不进行对象性活动。它只创造或设定对象,因为它是被对象设定的,因为它本来就是自然界。因此,并不是它在设定这一行动中从自己的‘纯粹的活动’转而创造对象,而是它的对象性的产物仅仅证实了它的对象性活动,证实了它的活动是对象性的自然存在物的活动”[④]。由此可见,对象性活动体现了人类实践活动的根本特性,强调的是主体与客体之间的相互作用和统一。对象性活动让自然界从自然物转化为人的本质的对象化存在,在这一过程中人也不断创造和完善着自身。具体来讲,是指“在这一过程

① 《马克思恩格斯选集》第3卷,人民出版社2012年版,第681页。

② 参见贾磊:《马克思恩格斯“人的全面而自由的发展”思想探析》,《长江论坛》2023年第4期。

③ 参见贾磊:《马克思恩格斯“人的全面而自由的发展”思想探析》,《长江论坛》2023年第4期。

④ [德]马克思:《1844年经济学哲学手稿》,人民出版社2000年版,第105页。

中，正因为人的对象性活动是有意识的，因而是自由的，让人可以借助感性对象来表征生命个性和本质力量，获得自身发展的现实可能，这是人的对象性活动的主体客体化过程。与之相对应的则是客体的主体化过程，即对象向人的生成过程，亦即'自由的有意识的活动'能够将自然的人化或者人所创造的对象转化为人的本质力量的构成要素，让人的潜力现实化，从而实现更全面、更自由的发展"[①]。

三是人的类特性让人能够占有自己的全面的本质。[②] 马克思讲过，从现实性上来看，人的本质是一切社会关系的总和。在资本主义社会中，人不占有生产关系，人的发展是受限的。因为人的自由全面发展不仅包括个人品德素养的提升，更包括人作为社会存在物的社会关系和谐发展。"人的类特性能够自觉到人的发展的片面性，自觉到人的社会关系的多层次性和变化性，进而否定和扬弃不合理的社会关系，选择更符合现实境遇的社会关系并最终实现对社会关系的自我调节。在这个意义上，全面而自由发展就是发展人的全面的社会关系以及他对这种社会关系全面占有的统一。"[③]可见，通过人的自由自觉的活动在各方面的延伸，人能够得到充分发展，只有各方面得到充分发展的人，才更有可能体验到深层次、持久的幸福感。

四、马克思通过生产资料公有制之上的"按需分配"建构他的幸福思想

马克思指出："所谓的分配关系，是同生产过程的历史地规定的特殊社会形式，以及人们在他们的人类生活的再生产过程中相互所处的关系相适应的，并且是由这些形式和关系产生的。这些分配关系的历史性质就是生产关系的历史性质，分配关系不过表现生产关系的一个方面。"[④]"生产关系对分配关系（方式）起着决定性的作用。"[⑤]因此，要了解分配制度必须从生产关系入手。资本主义生产关系的本质是以生产资料私有制为基础，以雇佣劳动为特征。这种生产

① 贾磊：《马克思恩格斯"人的全面而自由的发展"思想探析》，《长江论坛》2023 年第 4 期。
② 参见贾磊：《马克思恩格斯"人的全面而自由的发展"思想探析》，《长江论坛》2023 年第 4 期。
③ 贾磊：《马克思恩格斯"人的全面而自由的发展"思想探析》，《长江论坛》2023 年第 4 期。
④ 《马克思恩格斯全集》第 46 卷，人民出版社 2003 年版，第 999—1000 页。
⑤ 刘洪刚：《马克思恩格斯过渡时期理论与现时代》，厦门大学出版社 2022 年版，第 78 页。

关系决定了社会生产包括劳动力商品生产和剩余价值生产，是工人劳动价值和创造剩余价值的统一。资本家为了掩盖剥削的实质，将工人的雇佣劳动时间分为必要劳动时间和剩余劳动时间，必要劳动时间生产劳动力的价值，剩余劳动时间生产剩余价值。资本家支付给工人的工资是以工人劳动所得呈现的，但实质上只是工人劳动力的价值。劳动力的价值由工人维持基本生产生活所必需的物质资料的价值决定。这样就掩盖了工人所创造的被资本家无偿占有的剩余价值。在资本主义貌似公平的等价交换原则下，工资是以工人全部劳动的价值呈现的，其实质是模糊了工人必要劳动时间和剩余劳动时间的本质区别，掩盖了资本主义分配中的剥削本质。更为隐蔽的是，工人剩余劳动时间创造的剩余价值被资本家以投入的生产资料增值部分“理所当然”地纳入其口袋，也构成了社会其他收入形式的基础和来源。

在资本主义社会向共产主义社会转变的过渡时期，资本主义生产方式继续存在，但已经不占主导地位，无产阶级的力量逐渐强大，生产资料公有制也逐步取代生产资料私有制。在这种情况下，随着市场对劳动力资源的需要缺口越来越大，资本家要想招聘工人，那么他支付的工资起码要与公有制企业工资水平齐平，否则将面临停产的危险。这也在一定程度上缓解了资本家对工人的压迫和剥削，工人的收入也增加了。在马克思的基本理论中，社会主义社会是共产主义社会的第一阶段，这一社会形态是在战胜资本主义制度的基础上诞生的，实行的是按劳分配的制度。按劳分配指的是在生产资料公有制下，以劳动作为分配的尺度和标准，在为社会发展所需进行必要扣除后，根据每个劳动者向国家或集体提供的劳动的数量和质量来分配个人产品，即多劳多得、少劳少得、不劳不得。这一方式分配体现了公有制下劳动者通过自身劳动创造的价值与其所获得的回报的对应关系，鼓励劳动者积极投身劳动并提高效率。这样每个人都变成了自食其力的劳动者，因为除了自己的劳动，谁都不能提供其他任何东西。[①] 按劳分配虽被认为是正义的，但在内容上仍然被限定在资本主义权利的范围内。同时，如何精确量化劳动的数量和质量是一个复杂的问题，因此会导致分配上的不公或不满。即使在按劳分配的前提下，由于基础条件的差异，对于同一劳动的报酬也会出现巨大差距，而这可能影响对幸福的普遍感受。

---

① 参见刘洪刚：《马克思恩格斯过渡时期理论与现时代》，厦门大学出版社2022年版，第78—83页。

可见，无论是资本主义制度下的按工资分配，还是社会主义社会的按劳分配，都不是幸福路上的理想分配方式。“在共产主义社会高级阶段上，在迫使人们奴隶般地服从分工的情形已经消失，从而脑力劳动和体力劳动的对立也随之消失之后；在劳动已经不仅仅是谋生的手段，而且本身成了生活的第一需要之后；在随着个人的全面发展生产力也增长起来，而集体财富的一切源泉都充分涌流之后，——只有在那个时候，才能完全超出资产阶级法权的狭隘眼界，社会才能在自己的旗帜上写上：各尽所能，按需分配！”[①]这是马克思在《资本论》等著作中对未来共产主义社会形态下劳动产品分配原则的设想。

在马克思看来，按需分配是与共产主义社会生产方式相匹配的分配方式。共产主义社会生产方式建立在生产资料公有制的基础上，生产资料属于社会全体成员或集体所有，消除了剥削和阶级对立，这说明共产主义社会成员都是平等的劳动参与者。这明显区别于资本主义私有制下的社会生产方式。[②] 按需分配体现了共产主义社会公平正义的价值追求，旨在满足全体社会成员的合理需求，实现人的自由全面发展。共产主义社会的社会生产力足以满足全体社会成员的合理需求。社会将根据生产力发展水平向社会成员提供他们合理需要的社会产品。但不是每个社会成员都会分到同样的社会产品，虽然“共产主义的最重要的不同于一切反动的社会主义的原则之一就是下面这个以研究人的本性为基础的实际信念，即人们的头脑和智力的差别，根本不应引起胃和肉体需要的差别；由此可见，‘按能力计报酬’这个以我们目前的制度为基础的不正确的原理应当——因为这个原理是仅就狭义的消费而言——变为‘按需分配’这样一个原理，换句话说：活动上，劳动上的差别不会引起在占有和消费方面的任何不平等，任何特权”[③]，但是，作为社会人，每个人都有自己的兴趣爱好以及多样的生理需求。这种差别是伴随人类产生和发展永远存在的，社会将科学地、有根据地为每个健康的全面发展的个人提供适合当时社会生产力水平的一定的合理的需求形式和数量。反过来，按需分配也推动了人们幸福的实现。

一是推动生产力发展。按需分配要根据社会生产力发展水平进行合理分

① 《马克思恩格斯选集》第3卷，人民出版社1972年版，第12页。

② 参见郑元叶：《共产主义社会消费资料“按需分配”的真实内涵：兼驳“道德乌托邦”论》，《社会主义研究》2017年第6期。

③ 《马克思恩格斯全集》第3卷，人民出版社1960年版，第637—638页。

配，这时劳动者不会在意自己劳动的多少，而关照的是社会整体生产力的发展水平，为了提高整个社会的需求层次，每个社会成员的积极性和创造性都被激发出来，成为推动生产力进一步发展的强大动力，为人—社会的主要生产力的全部潜力的挥发开辟了宽广道路。[①]

二是促进社会和谐稳定。全体社会成员的合理需要得到满足，每个人都很开心和愉悦，可以有效缓解社会矛盾，减少因贫穷而造成的社会不稳定，为人类提供和谐的社会环境。

三是提高人民幸福指数。当社会成员的吃、穿、住、用、行需求都能得到合理满足，每个人都能享受生产力发展的成果，人与人之间只有兴趣爱好的差别而没有阶级和劳动的差别时，每个人内心都是平衡的，有助于提高对社会制度的认同感和归属感，进而增强人民的幸福指数。

① 参见吴敬琏、张卓元主编:《中国市场经济建设百科全书》，北京工业大学出版社 1994 年版，第 816 页。

第五章　马克思幸福思想的当代价值

马克思幸福思想是世界历史上迄今为止最有影响力、最为科学的幸福观。马克思立足现实世界，以现实的人为幸福的主体，在此基础上强调人的需要是幸福追求的内在驱动力，生态幸福是实现幸福的自然条件，之后通过劳动作为连接人与自然界的纽带，提出自由自觉的劳动是创造幸福生活的唯一手段，实现人的自由全面发展是幸福的最终目标。同时，马克思揭示了实现幸福的条件和路径建构。马克思幸福思想的使命就是为无产阶级能够过上幸福生活提供理论指导。新时代，以习近平同志为核心的党中央坚持各国人民对美好生活的向往就是我们的追求，让人民生活幸福是“国之大者”的奋斗目标，尽管时代在变，人的思想也在变，但马克思在对资本主义制度的彻底批判中探索人类幸福的道路没有改变。中国共产党需要在马克思幸福思想的指导下实现幸福社会的建构。

第一节　为走出幸福悖论提供理论依据

一、幸福悖论的提出

20 世纪 70 年代，美国经济学家理查德·伊斯特林通过对美国、日本等 14 个国家的居民收入和幸福之间的关系进行持续关注和研究，提出了半个世纪以来最令人困惑的社会科学结论之一——幸福悖论。伊斯特林通过对收入与幸福之间的关系的梳理,提炼总结出三个规律性的认识:"第一,在一国内部,收入与幸福之间存在着显著的正相关性。第二,在一个给定的时间点上,国与国之间相比,这种正相关性却并不确定。换句话说,没有证据能够证明富国比穷国的幸福水平更高。第三,来自国家层面的时间序列分析显示,随着国民收入的增长,幸福感并没有明显的增长。"①伊斯特林总结出收入与幸福的关系模式后,也成功引起了各国学者对这一问题的关注,他们纷纷投身这一领域研究,推动了该领域研究的进一步发展。

二、我国已遭遇幸福悖论

对比我国的经济发展情况,从其中找到收入与幸福的关系,发现中国在经历经济的飞速增长后,确实面临着居民平均幸福感并没有明显提高的幸福悖论现象。根据 2020 年 3 月 20 日联合国发布的《全球幸福报告》,中国人民的幸福指数为 5.124,在 156 个国家中排名第 94 位。清华大学《人民幸福指数研究报告》对居民收入和幸福的关系作了详细分析。《人民幸福指数研究报告》选取了 185 组基础数据,其中 55%来源于统计数据,45%为新型数据,如遥感数据、地图 POI 数据、网络数据、调查数据等,完成了基于"国民幸福指数"和"人民城市幸福指数"两大应用场景的测算。"国民幸福指数"应用场景选取了从 1978 年至 2020 年的有关指标,全面且生动地展现了中国全面建成小康社会的伟大历程。总体来看,我国国民幸福指数整体持续向好,随时间发展变化,各板块得分趋向均衡;"社会生活"及"人居环境"逐年向好,体现出影响幸福感的客观条件显著改善。从人民幸福与经济发展的耦合关系来看,国民幸福指数综合得分随 GDP 总值及人均 GDP 增长呈逐年上升趋势,证明我国经济稳定高速发展是人民追求幸福生活的坚实基础;但 2006 年以后,国民幸福指数总分增速小于 GDP 增速,意味着经济水平将不再是决定人民幸福的最关键要素。② 长期高速经济发展后,中国确实面临类似幸福悖论的现象。当今社会,资源问题日益严峻,贫富差距、就业压力等不断加大,加之现代社会的居民对精神文化方面的需要不断增加,使得经济发展水平与居民的幸福没有呈现明显的正相关关系。因此,

① 王艺:《幸福转型论》,中国社会科学出版社 2012 年版,第 5 页。

② 参见《〈人民幸福指数研究报告〉发布》,2022 年 1 月 14 日,https://www.163.com/dy/article/GTLU3TVN0530MKMJ.html。

面对幸福悖论,关键在于采取有效的措施去破解,实现共同富裕和可持续发展的幸福社会。

三、幸福悖论的当代表现

(一)金钱至上幸福观

金钱至上幸福观是一种把金钱作为人生最高追求的幸福理念,把是否拥有金钱作为衡量幸福的重要标准。在金钱至上者的世界里,金钱与幸福是正相关的关系,即幸福=金钱。金钱被认为是无所不能的存在,是解决生活中一切问题的钥匙,包括获得安逸的生活、较高的社会地位和精神的愉悦等。持这种观点的人相信,金钱能够满足各种需求和欲望,因此对幸福最大化的追求也就是对金钱最大化的追求。这也就是马克思所说的"以对物的依赖性为基础"的社会形态里人的行为的极端化。"一切向钱看"渗透到人们的经济、医疗、教育等各个领域,一切人际关系和社会交往都被金钱和利益绑架。金钱至上幸福观会产生如下影响。

一是侵蚀人们的思想,歪曲人们的正确价值观。"货币的力量多大,我的力量就有多大……我是丑的,但是我能给我买到最美的女人……货币是受尊敬的,所以,他的持有者也受尊敬。货币是最高的善,所以,他的持有者也是善的。"[①]"坚贞变成背叛,把爱变成恨,把恨变成爱,把德行变成恶行,把恶行变成德行,把奴隶变成主人,把主人变成奴隶,把愚蠢变成明智,把明智变成愚蠢。"[②]当一个人的眼里只有金钱的时候,会忽视个人的成长、知识的学习和文化素养的提高,内心越来越空虚,逐步走向腐化堕落,而且,在追求金钱的过程中贪欲作祟,容易产生持续的心理压力和焦虑。这种情况导致有的人见到有利益获取的事情就去做,反之就不去做。长此以往,这些人的心理严重失衡,在他们的身上再也找不到踏实肯干、任劳任怨的工作作风。

二是破坏党的纪律和污染社会风气。当金钱成为衡量幸福的唯一标准时,金钱至上观念就会渗透到人的生产生活以及在这个过程中产生的社会关系等各领域,这时,道德良知也变为笑话,社会没有公平正义,正常的人际关系也变

① 《马克思恩格斯全集》第42卷,人民出版社1979年版,第152—153页。
② [德]马克思:《1844年经济学哲学手稿》,人民出版社2000年版,第145页。

成了赤裸裸的金钱关系。某些人或团体为了获取更多的经济利益，无视规则，暗中相互配合，形成利益共同体，这种行为是不良的、非正义的，也是社会不允许的。

三是干扰经济和社会的良序运行。金钱至上观念会破坏社会资源的合理配置，社会资源可能按照财富而非实际生产需要进行分配，从而导致真正有需要的人才和项目得不到应有的支持。持续下去，会造成社会贫富差距加大，社会阶层固化，广大劳动者的积极性被挫伤，社会稳定性受到影响。

四是践踏法律，导致社会动荡。当金钱可以摆平一切时，法律就成为摆设。金钱至上观念使一些人不顾法律政令和道德良心，用金钱去影响甚至破坏公正执法和司法公正。这种行为严重损害了法律尊严和社会公平正义。①

(二)享乐主义幸福观

享乐主义幸福观利用人趋乐避苦的本性，强调物质生活的富足和感官欲望的满足对人生的极端重要性。享乐主义者把一切能够使自己吃喝玩乐等需要得到满足的刺激看作人生目的。这种人一生都是在极力追求最大限度的感官享受中度过的。② 在马克思看来，在资产阶级时代出现享乐主义是自然而然的事情。"资本的本性就有着制造消费主义乃至享乐主义的内在要求，它一方面扩展了人的享乐领域"③，在资本主义生产方式下，飞速发展的生产力和因此而生产出的大量的物质财富，使人们的生活质量得到显著提升，这时享乐生活方式也随之扩大和深化。在物质领域表现为，满足人们各种需要的商品和服务越来越多样，从生活必需品到高端奢侈品，从公共交通到私家汽车，满足了人们不同层次的需求和欲望，使人们的生活更加丰富多彩。在精神领域表现为，文化产业日益繁荣，文化活动日益多样，丰富了人们的精神生活，提供了更多样化的休闲和审美体验。"另一方面又使享乐以异化的形式存在着并且是与其对立面相伴而生的。"④

在资本主义社会，一切事物都可以以交换价值的形式呈现而转化为商品，

---

① 参见赵军魁：《马克思主义幸福观中国化》，兰州大学出版社 2020 年版，第 209 页。

② 参见王建敏编著：《青年的力量》，北京联合出版公司 2022 年版，第 119 页。

③ 袁吉富：《享乐主义与劳动创造主义之辨：基于〈德意志意识形态〉等经典文本的考察》，《中共中央党校(国家行政学院)学报》2019 年第 6 期。

④ 袁吉富：《享乐主义与劳动创造主义之辨：基于〈德意志意识形态〉等经典文本的考察》，《中共中央党校(国家行政学院)学报》2019 年第 6 期。

劳动力也可以转化为商品。人们片面追求物质享受，使得享乐本身变成了一种商品化的消费行为，无论哪种享受都可以在市场上看到对应的商品形式，忽视了人的情感交流和精神需求，从而产生享乐的异化。[①] 随着社会经济的发展，改革开放以来，我国人民创造了丰富的物质财富和精神财富。“饱暖思淫欲”的享乐主义开始抬头。

首先，一些人开始追求享受的生活。在物质上，铺张浪费，生活腐化堕落，只关注眼前的利益，贪图安逸的生活。[②] 在精神状态上，精神懈怠，不思进取，得过且过，满足于现状，失去了进一步奋斗的动力和干劲。在享乐主义价值观的错误引导下，人们的幸福观发生扭曲，造成社会价值混乱，严重弱化个人对他人的责任感和道德约束，为了个人享乐而不惜侵犯他人权益，破坏人际关系和社会和谐。“它使政府无所事事，使人不做一点正事，使他们心甘情愿地丢掉人的本性，而去一味追求‘幸福’，只想吃得好，喝得好；它把丑恶的物质享受提到了至高无上的地位，毁掉了一切精神内容。”[③]但是，真正的幸福不只是短暂的快乐感觉，而是包含了个人成长、身心健康、有意义的人际关系、成就感和社会贡献等多个方面。享乐主义可能提供了短暂的快乐体验，但它并不一定能带来深层次、持久的幸福感。

其次，享乐主义价值观试图侵蚀和削弱我国社会主义核心价值体系的凝聚力和引领力。当前，社会上存在一种趋势，即消费行为越来越倾向于追求即时的感官刺激和享乐，形成了一种融合了消费、娱乐和潜在价值导向的消费主义文化。从表面上看，似乎满足了消费者的需求，但千篇一律的消费模式却忽略了消费主体的不同，使消费主体在统一的消费模式中作出大众化的消费选择，这样便使消费主体在潜移默化中选择或者认同其背后隐藏的价值观念，导致消费主体短暂地享受对物的消费带来的感官刺激和愉悦，而忽视了更高层面的价值追求。享乐主义促使人们在纸醉金迷中不能自拔，更是把物欲的追求和感官的刺激与冒险作为人生主要目标，容易陷入物欲的控制之中。享乐主义使人们陶醉在对物的占有和满足所带来的感官刺激中，在错误的价值观的引导下，一些没有判断力的人陷入一种与自我本质相悖的生活状态，而对个体提升有积极

① 参见陈来成：《休闲学》，中山大学出版社 2009 年版，第 77 页。

② 参见施文辉：《幸福的本质及其现实建构》，上海社会科学院出版社 2021 年版，第 74 页。

③ 《马克思恩格斯全集》第 1 卷，人民出版社 1956 年版，第 636 页。

作用的社会主义核心价值观则被这些人自动屏蔽了。享乐主义作为一种极端追求物质享受和感官刺激的生活哲学，试图利用物质的吸引力，削弱社会主义核心价值体系在塑造社会共识、凝聚民心方面的重要作用，干扰主流意识形态在教育民众、指引价值方向上的功能，进而削弱了主流意识形态对当前中国消费文化进行正确引导和有效整合的能力。①

（三）极端个人主义幸福观

极端个人主义幸福观是私有制社会和私有观念下的产物，在私有制的影响下，主张个人的幸福完全取决于个人自身的欲望满足和自我实现，强调个人的利益、需求和目标凌驾于一切之上，包括家庭、社会甚至法律规范。在这种思想框架下，个体追求最大化自我满足。他们将财富积累、权力获取、感官享乐视为衡量幸福的标准，而忽视了道德约束、情感连接以及社会责任等方面对于幸福感的影响。对于极端个人主义，我们应旗帜鲜明地予以反对。极端个人主义反映在权力运用上，突出表现为公权私用、蝇营狗苟，不见好处不办事。在职务提升上，个人主义者表现出对职场目标的坚定和执着，十分重视个人目标的实现，有目标则动力十足，他们会设定清晰的职业生涯规划，并全力以赴去达成；无目标则表现出另一番消极的状态。在利益关系上，突出表现为唯利是图，心中无集体、无组织，绝不肯因为集体的利益需要牺牲自己的利益，为了获利不择手段。②

极端个人主义的危害极大。一是淡化了共同理想信念。在利己主义思想的影响下，每个人都精于自己的小算计，为一己私利着想，也就是各有各的小九九，这样会使人的奉公之心涣散，共同理想瓦解。最终整个社会就是一盘散沙，没有凝聚力，全体社会成员无法形成共同的奋斗目标进而同心同德，共同奋斗。二是干扰社会经济秩序。每个人都只关注自身利益，为了获取最大化利益，往往采取商业欺诈、侵害消费者权益等行为，危害市场秩序，同时，可能会导致资源过度集中，市场供需失衡，从而影响整个经济体系的稳定运行。这样，社会的公平正义也受到挑战，导致贫富差距过大，危害社会稳定。三是毒化社会风气。

① 参见何慧琳：《当代中国消费文化研究：主流意识形态建设的视角》，南开大学出版社 2021 年版，第 114—115 页。

② 参见高莉苹、金培玲主编：《〈思想道德修养与法律基础（2018 年版）〉翻转课堂与专题式教学研究与设计》，四川大学出版社 2021 年版，第 53 页。

当每个人都以自我为中心，人与人之间除了利益毫无其他感情，这个社会的风气一定是非常糟糕的。如果任其发展，后果将不堪设想。[①]

四、马克思幸福思想对幸福悖论的现实破解

从马克思主义的角度来破解幸福悖论，关键要从历史唯物主义和辩证唯物主义的哲学立场出发去思考。在对待金钱与幸福的关系时，马克思承认金钱在个体参与社会生产和生活中的重要作用。金钱是商品交换的基本媒介，货币是衡量商品价值的单位，但金钱本身并不代表幸福。马克思指出，在资本主义生产关系中，金钱是工人获得工资的重要表现，劳动者为了获得工资不得已任由资本家对其进行剥削。这种异化劳动对工人的身体和精神都造成严重摧残。金钱成为控制和束缚人们生活的重要手段。在人实现自由全面发展的共产主义社会，人实现了自由自觉的类本质，劳动成为个人全面发展的需要，人们不再被金钱奴役，能够自由地发展自身的才能和潜力，从而实现真正的幸福。在马克思的幸福思想里，不仅有以金钱为代表的物质上的满足，也包括人精神上的满足，物质与精神生活的满足是幸福生活的基本要求。马克思反对拜金主义，认为提倡健康的财富观和幸福观有助于构建更为公正、和谐且可持续发展的社会。

在面对个人极端主义时，“马克思主义唯物史观认为，现实的人总是隶属于一定的集体，然后置身于这样的社会关系之中，而集体的存在是源于成员之间有共同的利益，也就是说，个人从属于特定的社会阶级，这是人的存在形式”[②]。在马克思的幸福思想中，个人的幸福与社会的整体幸福紧密相连，个人的幸福也应该在团队协作、共同发展中得以实现，个人幸福的实现不应建立在对他人利益和幸福的践踏上。如果片面追求个人极端幸福，往往会陷入资产阶级私有制下的狭隘物质享受。马克思提倡个人幸福与集体幸福相结合的原则，认为只有全体社会成员共同幸福，每个个体才可能获得真正的幸福。

对待享乐主义，马克思认为，“把丑恶的物质享受提高到至高无上的地步，

① 参见王本华等编著：《青年学生关注的100个理论与实践问题》，红旗出版社2004年版，第206—207页。

② 李娟：《唯物史观视域下文化自信的建构路径》，《思想政治工作研究》2024年第3期。

毁掉了一切精神内容”[①]。马克思指出，人在劳动和实践并不断实现自身价值的过程中，人的幸福不能仅仅局限于物质享受层面，还必须包含社会关系的和谐、精神生活的充实以及个人潜能的充分开发。马克思主张人对其生存、享受和发展的客观条件的依赖和需求是正当的，批判了片面追求享乐带给社会的腐化和堕落。在马克思看来，真正的幸福是在积极参与社会变革、促进社会公正和普遍福利的过程中实现的，是“为人类而工作”，是为了实现全人类解放而不是仅为少数人的物质享乐。在马克思幸福思想的指导下，全体社会成员要着力推动社会朝着更加公正合理的方向发展，确保每个人能够充分发展其潜能，并在和谐的社会环境中体验到真正的幸福。

第二节　为个人树立正确幸福思想提供引导

“每一个人的意识或感觉中都存在着这样的原理，它们是颠扑不破的原则，是整个历史发展的结果……例如，每个人都追求幸福。”[②]追求幸福是人的本性。个体追求幸福是一个持续、个性化的过程，需要根据自身情况适时调整策略，同时保持耐心与毅力。但也要注意，追求幸福的过程并非盲目的，需要注意以下几个方面，以确保追求幸福的道路更为稳健、高效。

一、幸福是物质幸福与精神幸福的整体统一

物质生活与精神生活是实现幸福生活的一对孪生兄弟，要实现幸福，不能只有物质幸福，还要有精神幸福，二者相互依存，共处于实现幸福的矛盾统一体中。马克思指出：“物质幸福的追求是较为低级的幸福追求，高境界的幸福是一种主观与客观的交融，是主体精神上的享受与客观上物质生活资料的满足所带来的幸福感。”[③]

首先，物质幸福是人类追求幸福的基础。人类社会是现实的物质世界，没

① 《马克思恩格斯全集》第1卷，人民出版社1972年版，第636页。

② 《马克思恩格斯全集》第42卷，人民出版社1979年版，第373—374页。

③ 季爱民、曾乾宇：《马克思主义幸福观对大学生幸福观塑造的现实启示》，《汉江师范学院学报》2024年第1期。

有物质资料的生产为人类提供基本生存、发展的资料，人类会失去生存的根基，也就不存在人类和人类社会。恩格斯深刻指出："通过社会化生产，不仅可能保证一切社会成员有富足的和一天比一天充裕的物质生活，而且还可能保证他们的体力和智力获得充分的自由的发展和运用。"[①]"人人也都将同等地、愈益丰富地得到生活资料、享受资料、发展和表现一切体力和智力所需的资料。"[②]马克思认为，物质生活是人实现幸福生活的重要前提，人只有物质生活有了保证，才能更好地享受生活。为此，他对宗教层面彼岸世界的幸福和绝对意识的幸福进行了批判，把幸福从彼岸世界拉回现实世界。因此，人类历史上第一个需要确定的事实就是进行物质生产，"全部人类历史的第一个前提无疑是有生命的个人的存在。因此，第一个需要确认的事实就是这些个人的肉体组织以及由此产生的个人对其他自然的关系"[③]。马克思幸福思想是紧密结合现实世界的客观的物质存在，摈弃了黑格尔等启蒙思想家虚无缥缈的幸福。

物质基础上的精神追求，把人与动物明显区别开来。人的本质是一切社会关系的总和，对精神生活的追求正是人的本质力量的重要体现。精神领域的满足也是人类所特有的。"人作为高级动物，精神方面的需求体现了个体的心理需求，马克思对此进行全面分析，并把精神需求称为享受需求。"[④]这种享受更多地体现在精神世界的丰富与提升上，是对人的全面发展和人的解放的内在要求。比如，人欣赏音乐，不仅是用耳朵去感知音乐，重要的是整个身心享受音乐带来的幽美意境和放松的心情。因此，当一种产品问世时，首要考虑的是个体的需求、个人的喜好，并进行有针对性的生产，以满足不同个体的需求。当人类基本需求得到满足时，人们的需求开始向如何能够更好地享受生活转变，产品生产逐渐转化为满足个人享受。马克思认为，只有在享受中，人们才能感受这丰富多彩的世界，更能体会人之为人的本质所在。精神幸福体现在两个方面：一个是主体享用精神文化成果，另一个是主体创造精神文化。主体享用精神文化成果，是指社会成员在阅读图书、聆听讲座、参观博物馆等文化实践中，通过自己的感官和认识，理解和欣赏文化产品，进而引发情感共鸣，满足其精神层面

① 《马克思恩格斯文集》第 9 卷，人民出版社 2009 年版，第 299 页。

② 《马克思恩格斯文集》第 1 卷，人民出版社 2009 年版，第 710 页。

③ 《马克思恩格斯选集》第 1 卷，人民出版社 1995 年版，第 67 页。

④ 赵军魁：《马克思主义幸福观中国化》，兰州大学出版社 2020 年版，第 181 页。

的需求。主体创造精神文化，是指社会成员基于自身的认识和理解，创造出具有时代特征和人文价值的精神产品，包括民俗展览、学术研究、艺术设计、文学创作等，推动社会文化发展，影响并塑造着整个社会的精神面貌。[①]

马克思幸福思想认为，物质生活与精神生活之间是相互融通的关系。社会为人们提供了丰富充足的物质财富后，人们就有"充分的闲暇时间去获得历史上遗留下来的文化——科学、艺术、社交方式等等——中一切真正有价值的东西"[②]，"人们的想象、思维、精神交往在这里还是人们物质行动的直接产物"[③]。可以看到，物质生活对精神生活有促进作用。物质资料生产既满足人们的生活需要，又促进了人类对精神生活的追求。正如马克思指出的，"忧心忡忡的、贫穷的人对最美丽的景色都没有什么感觉"[④]。反之，精神生活又反作用于物质生活，指引物质生活方向、提升物质生活水平、赋予物质生活更丰富的内涵和更高的追求目标。物质生活幸福和精神生活幸福相融相通，你中有我，我中有你，互相影响，互相促进，并实现共同发展。比如，一场音乐会带给人心灵的洗涤表现为精神领域的幸福，但并不能因此而停留在意识形态领域，无论多么悦耳动听的音乐，都不能脱离其物质载体——乐器，离开了乐器，再高明的演奏家也是没有任何办法的。所以精神需求和物质需求是有机统一体，两者相互作用、相互渗透，缺一不可。[⑤]

二、幸福是劳动与享受在动态中的统一

恩格斯指出："政治经济学家说：劳动是一切财富的源泉。其实劳动和自然界一起才是一切财富的源泉，自然界为劳动提供材料，劳动把材料变为财富。但是劳动还远不止如此。它是整个人类生活的第一个基本条件，而且达到这样的程度，以致我们在某种意义上不得不说：劳动创造了人本身。"[⑥]马克思认为，劳动是幸福的源泉，也就是说，劳动过程中孕育着幸福的实现逻辑。而劳动与享受渐趋统一，也说明幸福是劳动与享受在动态中的统一。但需要注意，这里

① 参见赵军魁：《马克思主义幸福观中国化》，兰州大学出版社 2020 年版，第 182 页。

② 《马克思恩格斯文集》第 3 卷，人民出版社 2009 年版，第 258 页。

③ 《马克思恩格斯选集》第 1 卷，人民出版社 2012 年版，第 151 页。

④ 《马克思恩格斯全集》第 3 卷，人民出版社 2002 年版，第 305 页。

⑤ 参见赵军魁：《马克思主义幸福观中国化》，兰州大学出版社 2020 年版，第 182 页。

⑥ 《马克思恩格斯选集》第 3 卷，人民出版社 1972 年版，第 552 页。

的享受是正当享受。马克思肯定正当享受，反对享乐主义。“正当享受”强调的是在遵守法律法规、社会公德以及个人权利义务的基础上，通过劳动等方式合理地追求并享受物质生活和精神文化生活的幸福。正当享受是劳动者辛勤工作和付出后应得的劳动回报，体现了付出与回报的对等关联。对于什么是正当享受，马克思提出了两个标准：一个是实体内容标准，指的是人可以根据自己对象化的能力而对对象的占有；另一个是社会关系标准，指的是人的享受要符合公平正义的标准。“总之，马克思是唯物辩证地、历史地考察人的享受的，是联系劳动来考察享受的，是在劳动创造主义的前提下把握享受的，是反对享乐主义的。”①

劳动和享受究竟是什么样的关系？这需要从人类第一个基本生存活动——劳动开始探讨。首先，必要劳动是劳动者为了维持自身及其家庭的基本生活需要而必须付出的那部分劳动时间，人类为了自己的生存需要必须从事必要劳动。在必要劳动时间内，劳动者生产的商品价值刚好足够补偿他们自身的劳动力价值。必要劳动具有一定的客观强制性和必然性。马克思针对资本主义社会强制劳动指出，劳动者“把自己的劳动力卖给资本家时所缔结的契约，可以说像白纸黑字一样表明了他可以自由支配自己。在成交以后却发现：他不是‘自由的当事人’，他自由出卖自己劳动力的时间，是他被迫出卖劳动力的时间；实际上，他‘只要还有一块肉、一根筋、一滴血可供榨取’，吸血鬼就决不罢休”②。他们“在自己的劳动中不是肯定自己，而是否定自己，不是感到幸福，而是感到不幸，不是自由地发挥自己的体力和智力，而是使自己的肉体受折磨、精神遭摧残”③。

通过以上可以看到必要劳动对人的摧残，但是，必要劳动中还是有享受性的一面，“这是因为，劳动的对象化和劳动的异化作为同一过程中的两个方面，在前者中我们是能体会到享受性的”④。一是成就感，劳动者通过必要劳动，生产出人们所需要的物质资料，这种生产过程和最终的劳动产品可以带给劳动者

① 袁吉富：《享乐主义与劳动创造主义之辨：基于〈德意志意识形态〉等经典文本的考察》，《中共中央党校（国家行政学院）学报》2019年第6期。

② 《资本论》第1卷，人民出版社2004年版，第349页。

③ 《马克思恩格斯文集》第1卷，人民出版社2009年版，第159页。

④ 袁吉富：《享乐主义与劳动创造主义之辨：基于〈德意志意识形态〉等经典文本的考察》，《中共中央党校（国家行政学院）学报》2019年第6期。

成就感，这是精神层面的享受。二是自我价值实现，在必要劳动中，劳动者获得工资用来维持自己及家庭的生存需要，能够体验到自己对社会、对家庭的贡献，是实现自我价值的重要途径之一，从而获得认同感和尊严感。三是劳动技能的提升，劳动者在劳动中不断学习进步，不断提高劳动技能。这种业务能力的提升也是一种深层次的享受。

其次，劳动过程从必要走向自由自觉也是历史发展的趋势。马克思认为，从自由自觉的劳动开始，劳动与享受也越来越同一。在共产主义社会，随着生产力的高度发展，信息化、智能化的广泛普及，在先进的生产工具下，劳动时间大大缩短，劳动强度降低，劳动成为人的自由自觉的活动，人们可以根据自己的兴趣和能力选择从事不同的劳动。到那时，"任何人都没有特定的活动范围，每个人都可以在任何部门内发展，社会调节着整个生产，因而使我有可能随我自己的心愿今天干这事，明天干那事，上午打猎，下午捕鱼，傍晚从事畜牧，晚饭后从事批判，但并不因此就使我成为一个猎人、渔夫、牧人或批判者"①。"我在我的生产中物化了我的个性和我的个性的特点，因此我既在活动时享受了个人的生命表现，又在对产品的直观中由于认识到我的个性是物质的、可以直观地感知的因而是毫无疑问的权力而感受到个人的乐趣。"②自由自觉的劳动"在改造对象世界的过程中，不但能满足人类维持自身生存的需要，更关键的是它体现出人的本质。在劳动实践中，人在不断的、自由自觉的行为选择中获得幸福"③。在自由自觉的劳动中，人的劳动越来越具有享受的性质。当然，马克思并不认为劳动等于享受，只能说二者是逐步地向同一靠拢。因为即使在最高级的共产主义社会形态里，必要劳动也是存在的，必要劳动是永恒的。

可以看到，无论是必要劳动还是自由自觉的劳动，享受都从属于劳动，并要在劳动的基础上得到解释。④ "劳动和享受都是世界主体人的本质规定性，都是人作为世界主体本质的表现……享受和劳动不可分割。劳动和享受的统一，是世界主体人本质的确证，是对人世界主体本质的一种肯定。真正的人是劳动和

---

① 《马克思恩格斯选集》第1卷，人民出版社1972年版，第37—38页。

② 《马克思恩格斯全集》第42卷，人民出版社1979年版，第37页。

③ 陶志勇：《新时代劳动观》，中国工人出版社2021年版，第177—178页。

④ 参见袁吉富：《享乐主义与劳动创造主义之辨：基于〈德意志意识形态〉等经典文本的考察》，《中共中央党校（国家行政学院）学报》2019年第6期。

享受的统一。”[①]

三、幸福是个人幸福与社会幸福的有机统一

个人与社会是相互依存、相互影响的关系。“个人以整体的生活为乐事，整体则以个人的信念为乐事”[②]，“任何人类历史的第一个前提无疑是有生命的个人的存在”[③]，离开了个人，社会将不复存在。同时，马克思也指出：“人的本质并不是单个人所固有的抽象物。在其现实性上，它是一切社会关系的总和。”[④]作为个体的人，若不和其他人发生一定的社会关系，也就不能称其为人。同样，个人幸福与社会幸福是相互联系、相互依存的。“如果没有社会幸福，就没有个人幸福。个人幸福只有在社会幸福不断增长中才能得到切实保障；个人幸福也只有以社会幸福为前提、为条件、为目的，才能在内心深处真正获得真实的个人幸福。所以，社会幸福是个人幸福的基础，个人幸福是社会幸福的表现。”[⑤]

“追求幸福的欲望是人生来就有的”[⑥]，幸福对于每一个人来说都是最高的价值追求。社会由无数个个体构成，没有个人幸福，社会幸福也无从谈起。如果社会中的每个个体都能拥有较高的幸福感，那么整个社会的整体幸福感自然也会提升。也就是说，“要不是每一个人都得到解放，社会也不能得到解放”[⑦]。马克思认为，在集体中，实现每一个人的幸福是集体的目标和追求，每个个体的幸福才能构成整体的幸福，要打造整体幸福的社会离不开每一个幸福的主体。[⑧]个人在追求自身幸福的过程中，如果能遵循法律秩序，遵守道德规范，把集体利益放在首位，积极履行社会责任，那么这种正能量的传递将有力地推动社会和谐、文明程度的提高，增进社会福祉。个人幸福的实现也与整个社会的进步与繁荣息息相关，人是社会存在物，必定涉及他人及社会因素。正如马克思所说，

---

① 高朝升：《哲学人学探赜：兼对中国古代哲学人学思想的反思》，中国文联出版公司1999年版，第141页。

② 《马克思恩格斯全集》第1卷，人民出版社1995年版，第217页。

③ 《马克思恩格斯全集》第3卷，人民出版社1960年版，第23页。

④ 《马克思恩格斯选集》第1卷，人民出版社1972年版，第18页。

⑤ 孙希有：《面向幸福的经济社会发展导论》，中国金融出版社2005年版，第40页。

⑥ 《马克思恩格斯文集》第4卷，人民出版社2009年版，第291页。

⑦ 《马克思恩格斯文集》第9卷，人民出版社2009年版，第310页。

⑧ 参见颜军：《马克思恩格斯关于个人幸福与社会协同生成的逻辑》，《理论探索》2013年第6期。

人“不仅是一种合群的动物，而且是只有在社会中才能独立的动物”[①]，而正由于“个体是社会存在物。因此，他的生命表现，即使不采取共同的、同他人一起完成的生命表现这种直接形式，也是社会生活的表现和确证”[②]。马克思和恩格斯在“真正的共同体”中描述道：“只有在集体中，个人才能获得全面发展其才能的手段，也就是说，只有在集体中才可能有个人自由。在过去的种种冒充的集体中，如在国家等等中，个人自由只是对那些在统治阶级范围内发展的个人来说是存在的，他们之所以有个人自由，只是因为他们是这一阶级的个人。从前各个个人所结成的那种虚构的集体，总是作为某种独立的东西而使自己与各个个人对立起来。”[③]马克思指出，共产主义社会是真正实现人民幸福，实现人的自由全面发展的真实共同体。在这个共同体中，应当“把个人的目的变成普遍的目的”[④]。

同时，个人的幸福离不开社会的支持。社会提供的教育、医疗、住房、就业等各种资源为个人幸福的实现提供了基础。健全的法律法规、社会保障制度以及公正的社会治理结构能够保护个人的合法权益，减少不安全感，为个人幸福的实现创造了必要的条件。在一个生产力落后、动荡不安的社会里，个人幸福的实现必然受到制约和限制。个体的幸福与社会密不可分，人离开了社会，脱离了一定的社会关系，单纯地谈个体幸福是不现实的。综上，社会整体的幸福是每个个体幸福的最终追求，每个个体幸福的实现是整个社会幸福的生动表现和内在要求。[⑤]

第三节　对推进人民幸福建设事业的指导

习近平总书记在2022年春节团拜会上指出：“世界上最大的幸福莫过于为人民幸福而奋斗。”“为人民谋幸福，是中国共产党人的初心。我们要时刻不忘

① 《马克思恩格斯文集》第8卷，人民出版社2009年版，第6页。
② ［德］马克思：《1844年经济学哲学手稿》，人民出版社2000年版，第84页。
③ 《马克思恩格斯全集》第3卷，人民出版社1960年版，第84页。
④ 《马克思恩格斯全集》第1卷，人民出版社1995年版，第217页。
⑤ 参见颜军：《马克思恩格斯关于个人幸福与社会协同生成的逻辑》，《理论探索》2013年第6期。

这个初心，永远把人民对美好生活的向往作为奋斗目标。”[1]新时代新征程，我们应该以马克思幸福思想为指导，深刻把握马克思的需要理论、劳动实践理论和人与自然和谐相处理论等幸福生活的理论精髓和哲学准则，遵循马克思所揭示的幸福实现路径，不断探索和创新，以创造更加丰富和美好的生活状态，推动全社会走向普遍幸福。

一、解放和发展生产力，夯实幸福生活的物质基础

人民幸福与物质基础之间存在着紧密的联系。物质基础是满足人民基本需求、提升生活质量、提供安全感、支撑精神追求的重要基石，是实现人民幸福不可或缺的部分。正如马克思所言，“物质生活的生产方式制约着整个社会生活、政治生活和精神生活的过程”[2]，“人们为了能够‘创造历史’，必须能够生活”[3]，人的第一个历史活动就是生产满足生命延续的物质生活资料，人们进行各种活动的最终目的和动力就是满足“现实的人”的民生需要。新时代人民幸福的内涵和外延都在不断延伸拓展，但幸福仍需要把客观物质作为基础，因为一定的客观物质条件是自身生存和发展最现实、最根本的基石。有物质基础的幸福才称得上真正的幸福。

生产力的发展是社会发展的根本动力，是社会物质生活的源泉。生产力是指人们在生产过程中征服自然、改造自然的能力，包括劳动者的技能、知识水平以及生产工具、生产技术、生产资料等物质条件。它是社会发展的物质基础和决定性因素。生产力的发展会推动生产工具的创新、生产效率的提高、生产方式的变革以及资源利用效率的提高，为社会进步提供了源源不断的物质财富。因此，只有不断解放和发展社会生产力，才能从根本上解决人民群众的生产生活困难，才能筑牢国家繁荣富强、人民幸福安康、社会和谐稳定的物质基础，为创造幸福生活提供持续动力。早在2012年，习近平总书记在十八届中共中央政治局常委同中外记者见面会上就指出：“人世间的一切幸福都需要靠辛勤的劳动来创造。我们的责任，就是要团结带领全党全国各族人民，继续解放思想，

---

① 中共中央党史和文献研究院、中央“不忘初心、牢记使命”主题教育领导小组办公室编：《习近平关于“不忘初心、牢记使命”论述摘编》，党建读物出版社、中央文献出版社2019年版，第13页。

② 《马克思恩格斯选集》第2卷，人民出版社2012年版，第8页。

③ 《马克思恩格斯选集》第1卷，人民出版社2012年版，第158页。

坚持改革开放，不断解放和发展社会生产力，努力解决群众的生产生活困难，坚定不移走共同富裕的道路。”①

中国共产党在领导中国革命、建设和改革的过程中，始终将生产力的发展作为核心任务之一，坚持用发展的眼光看待和处理生产力问题，不断推动生产力的解放和发展，以适应时代变迁和社会进步的需要。新民主主义革命时期，毛泽东在《目前形势和我们的任务》中指出："新民主主义的革命任务，除了取消帝国主义在中国的特权以外，在国内，就是要消灭地主阶级和官僚资产阶级（大资产阶级）的剥削和压迫，改变买办的封建的生产关系，解放被束缚的生产力。"②新中国成立后，毛泽东明确提出社会主义的根本任务是解放生产力、发展生产力，满足人民群众日益增长的物质文化需要。改革开放后，中国经济社会发展进入快车道，邓小平则将发展生产力放在中国各项事业中的关键地位，"社会主义的本质，是解放生产力，发展生产力，消灭剥削，消除两极分化，最终达到共同富裕"③，强调通过改革开放、市场经济和对外开放来解放和发展生产力，推动中国经济快速增长。在其推动下，江泽民提出："我们搞社会主义，是要解放和发展生产力，消灭剥削和贫穷，最终实现全体人民共同富裕。"④胡锦涛提出科学发展观，第一要义是发展，坚持以经济建设为中心，聚精会神搞建设，一心一意谋发展，不断解放和发展社会生产力。

可以说，生产力概念是贯穿中国共产党团结带领中国人民实现美好生活过程中的核心范畴。正基于此，百余年来中国共产党始终代表了先进生产力的发展要求，代表了中国最广大人民的根本利益。随着中国特色社会主义进入新时代，我国经济发展迅速，国民收入不断增加，但仍需以全面深化改革推动生产关系和生产力更好相适应，为实现人民幸福提供坚实的物质基础。

进入新时代，我国社会生产力迅速发展，并在多领域步入世界领先位置。党的十八大以来，我国社会生产力水平总体上显著提高。这意味着我国在经济总量、产业结构、科技创新、基础设施建设等方面取得了重大进展，整体经济实力和国际竞争力明显增强。在许多领域，如制造业、基础设施建设、高技术产业

---

① 《习近平谈治国理政》第 1 卷，外文出版社 2018 年版，第 4 页。

② 中共中央文献研究室、中央档案馆编：《建党以来重要文献选编（1921—1949）》第 24 册，中央文献出版社 2011 年版，第 533 页。

③ 《邓小平文选》第 3 卷，人民出版社 1993 年版，第 373 页。

④ 《江泽民文选》第 1 卷，人民出版社 2006 年版，第 548—549 页。

等，我国的社会生产能力已经进入世界前列。这反映出我国在全球产业链中的地位提升，不仅成为全球最大的制造国之一，而且在高铁、电力、通信、航空航天等领域具备了世界级的技术能力和产出规模。同时，我国社会生产力在发展过程中也要不断面对新问题、新挑战，发展不平衡不充分问题成为制约我国进一步发展的主要因素。

2023 年 9 月，习近平总书记在黑龙江考察时指出，推动东北全面振兴，根基在实体经济，关键在科技创新，要积极培育新能源、新材料、先进制造、电子信息等战略性新兴产业，积极培育未来产业，加快形成新质生产力，增强发展新动能。习近平总书记在黑龙江考察时强调要整合科技创新资源，引领发展战略性新兴产业和未来产业，加快形成新质生产力。新质生产力是以科技创新为主导的生产力，是契合高质量发展要求的生产力，是以战略性新兴产业和未来产业为引领的生产力，也是能带来高品质社会生活的生产力，能从根本上解决我国发展面临的不平衡不充分问题，推动经济社会实现更高质量、更有效率、更加公平、更可持续的发展。人民日益增长的美好生活需要和不平衡不充分的发展之间的矛盾，需要通过新质生产力推进社会经济协调发展，通过数字赋能加速实现政府治理体系和治理能力现代化，增强各级政府干预社会经济活动的能力及效能，以促进区域、城乡社会经济协调发展，增强社会服务高质量均衡化发展为重要抓手，不断提高最广大人民群众的生活品质、幸福感和获得感。这是中国式现代化的基本内涵，也是新质生产力发展的最终目的。贯彻习近平总书记关于新质生产力的重要论述，必须始终坚持和加强党对经济工作的全面领导，推进我国科技创新力及科技创新资源整合力的全面提升，建设现代化产业体系，高度重视生产关系的调整和优化，坚持扩大开放和实现合作共赢，如此才能通过生产力的跃迁为推进强国建设和民族复兴夯实物质基础。

二、推进民主政治发展，构建人民幸福的政治保障

“尊重人民主体地位，保证人民当家作主，是我党的一贯主张。”[①]走中国特色社会主义政治发展道路，必须坚持和完善人民当家作主的民主政治制度。健全人民当家作主的民主政治制度，首先，要保证国家的一切权力属于人民，人民

① 习近平：《在庆祝中国共产党成立 95 周年大会上的讲话》，人民出版社 2016 年版，第 19 页。

依法行使民主权利;其次,“保护人民利益的最好方法就是使之成为政治权威的终极来源,让任何被委以特殊权力的人都必须向作为整体的人民负责”[①]。幸福与民主政治之间存在着紧密联系。马克思幸福思想是在对人民主体地位丧失、人民权利被剥夺、人民利益被践踏等资本主义社会现象进行批判分析的基础上形成的。可以说,在那样的社会背景下,人民的民主政治是没有保障的,人民也根本谈不上幸福。民主政治通过人民主体地位的保障、权力运行的制约与监督、法治保障制度的完善、人民当家作主制度体系的坚持和完善,确保公共政策的制定与实施能够反映并服务于人民的利益需求,为人民追求和实现幸福生活提供了有力的政治保障和制度支撑。

1949年,中国人民政治协商会议第一届全体会议在北京举行,宣告中华人民共和国成立,制定了中国人民自己的宪法,组织了中国人民自己的中央政府。这次会议确立了工人阶级领导的、以工农联盟为基础的人民民主专政的国家政权。这一体制旨在确保人民当家作主,实现广泛的人民民主。1954年,中华人民共和国第一届全国人民代表大会召开,标志着人民代表大会制度的正式确立。这次会议通过了第一部社会主义类型的宪法——《中华人民共和国宪法》,体现了党领导下人民享有广泛、真实的民主权利,与旧社会的专制统治形成了鲜明对比。人民代表大会制度与中国实际和中华优秀传统文化相结合,是具有强大生命力的人民民主实现形式。一是保障人民当家作主。各级人民代表都是通过普遍选举的方式产生的,人民对人大代表的履职情况进行监督,也可以通过各种方式对人大代表提出意见和建议。从人大代表的构成来看,代表们来自五湖四海、各行各业,同时,人民与人大代表之间的沟通渠道是畅通的。二是人民代表大会制度有利于调动人民群众建设社会主义的积极性、主动性、创造性。正是由于人民代表大会制度能够充分反映人民群众的意愿和诉求,才能激发人民群众参与国家治理的热情,也正是由于这种制度的凝聚力,才让广大人民群众积极参与到中国特色社会主义建设过程中。三是人民代表大会制度保证了国家机关的高效运作。人民代表大会制度的优点还在于议行合一的政权组织体制,这种制度便于集中统一地行使国家权力。四是人民代表大会制度能够处理好地方与中央、民主与集中的关系,有利于在中央的统一领导下充分发

① [英]戴维·米勒:《政治哲学与幸福根基》,李里峰译,译林出版社2013年版,第38页。

挥中央和地方的积极性。[①]

改革开放以来，我国民主政治不断发展和完善。我国民主政治的制度设计本质和核心是人民当家作主。保障最大多数人最广泛参与，拓宽人民群众参与国家治理的途径和渠道，是民主政治的必然要求。从党的领导的角度来审视社会主义民主政治发现，它内蕴三项民主制度：与党的根本活动方式相关的民主制度即中国新型政党制度，与群众路线相关的民主制度即协商民主制度，与党的根本组织原则相关的民主制度即民主集中制。[②]

新型政党制度，是与我国人民民主专政的国体相适应的一项政治制度。中国共产党居于领导地位，在党的领导下，各民主党派与无党派人士围绕中国特色社会主义建设的目标与中央大政方针积极履职尽责。新型政党制度具有广泛代表性，能够集中各方面智慧并反映最广大人民的政策诉求和利益诉求，有效避免旧式政党制度只是维护特权阶层利益的弊端。通过团结协作、互相监督等方式共同促进彼此成长，避免旧式政党相互之间恶性竞争、相互攻讦而导致撕裂，增强了政治稳定性与政策连续性。

民族区域自治制度是马克思主义基本原理与中国实际和中华优秀传统文化相结合的伟大创造，“是促进和实现民族平等、民族团结和各民族共同发展繁荣的重要制度保证”[③]，也是维护各民族合法权益、促进民族团结、推动各民族共同繁荣和发展的保障。民族区域自治制度中各民族一律平等，铸牢中华民族共同体意识，实现共同团结奋斗、共同繁荣发展，这是中国特色社会主义制度的优越性在民族区域自治制度中得到的充分展现，是党从社会主义制度和治理体系整体优势的高度对民族区域自治制度优势的集中概括，既保证了国家统一稳定，又保障了各民族共同当家作主。

中国共产党是一直坚持和发展民主集中制的政党，这是中国共产党能够在各时期取得一系列重大成就的原则和保障。坚持好民主集中制的关键是把握好民主和集中的关系。民主是广泛征集各方意见，最后形成统一意志的必经程

---

① 参见李冬坚、彭莉主编：《思想道德修养与法律基础》，吉林大学出版社 2015 年版，第 156—157 页。

② 参见张光辉、翟桂萍：《社会主义民主政治的显著优势和特点》，《科学社会主义》2019 年第 6 期。

③ 李赞、金炳镐：《新时期坚持和完善民族区域自治制度的基本要求》，《西北民族大学学报》（哲学社会科学版）2017 年第 5 期。

序，只有民主的程序，才能更好地把一切力量团结起来。同时，要注意维护党中央权威，必须坚决与极端民主、分散主义、宗派主义等作斗争，因为这些都是对党的民主集中制的破坏，对此必须予以祛除，坚决不给它们留下生存的空间。集中是经过广泛民主后，为保证党的路线方针政策制定和贯彻执行，使全党上下步调一致而必须经过的环节。我们要在民主政治建设过程中，不断深化政治体制改革，以保证人民当家作主为根本，以增强党和国家活力、调动人民积极性为目标，扩大社会主义民主，从而满足人民的各方面需求，使人民幸福得以进一步实现。

新时代以来，以习近平同志为核心的党中央立足中国特色社会主义进入新时代的新形势新要求，鲜明提出全过程人民民主的重大理念，是社会主义民主政治理论的再丰富、再发展。“新时代中国特色社会主义民主不仅需要完整的制度程序，也需要人民完整的参与实践，坚持和完善全过程人民民主成为人民幸福重要的制度保障。”[①]习近平指出，全过程人民民主“是全链条、全方位、全覆盖的民主”[②]。

全链条体现在全过程民主在横向上包括民主选举、民主协商、民主决策、民主管理、民主监督五个环节，五个环节相互交织、相互贯通，集中体现了人民参与国家治理的全部过程。一方面，全过程人民民主为人民参与国家治理提供全链条民主载体，也为国家权力的委托和运行提供完整的全链条民主过程；另一方面，全过程人民民主贯通于人民参与国家治理的全过程。在纵向上包括选举民主和协商民主。“前者主要解决‘授权’的问题，后者主要解决‘限权’的问题。选举民主主要解决权力的产生问题，协商民主则主要解决权力的使用问题。”[③]二者相辅相成，共同构建起既有制度化保障又有广泛社会参与的社会主义民主政治体系。

全方位体现在“全过程人民民主搭建了多层次的治理结构，包括国家、地方、基层各个层面民主实践的纵向贯通和党、政府、人民各个主体民主活动的横向联动，从而拓展出全方位的治理空间，实现了人民对民主权利的全时空行

---

① 朱亚男：《马克思人民幸福思想研究》，兰州大学博士学位论文，2023年。

② 《习近平谈治国理政》第4卷，外文出版社2022年版，第261页。

③ 俞可平：《偏爱学问》，上海交通大学出版社2016年版，第100页。

使”[①]。

全覆盖体现在全过程人民民主涵盖不同政党、团体、民族、社会阶层和地域代表共同参与国家治理决策过程。这不仅涵盖了社会各界的意见和声音，也确保了民主的广泛代表性，推动实现广泛有效的人民民主。[②] 同时，将民主机制应用于改革发展要事和民生治理难事等各个方面，无论是经济发展、社会治理还是民生改善，都纳入其中，实现民主治理主体和内容的全覆盖。通过全过程人民民主的全链条、全方位、全覆盖，人民能够充分参与到国家治理中去，始终“坚持人民主体地位，充分体现人民意志、保障人民权益、激发人民创造活力”[③]。

三、强化文化引领作用，增强人民幸福的精神力量

在马克思幸福思想中，“现实的人”是幸福的主体。“现实的人”实现幸福的最终目标是人的自由全面发展，就是对人的本质的全面占有。人的自由全面发展，更加关注人的发展的完整性、全面性，“人的自由全面发展不只包括人的劳动能力的充分发展，更包括人的才能、志趣等方面的发展。更好满足人民群众精神文化需求，可以充分保障每个人的发展权益，充分释放每个人的发展潜能，为人的自由全面发展奠定坚实的精神积淀和文化滋养”[④]。因此要提高文化引领作用，丰富人民的精神世界，在树立文化自信的同时，增强人民群众的幸福感。

马克思和恩格斯在领导无产阶级革命运动过程中十分注重用理论武装自己，由此创立了科学社会主义理论体系，在思想上把无产阶级努力的方向和目标统一起来，成为世界无产阶级联合起来夺取革命胜利的思想武器。列宁强调，思想上的一致性是马克思主义政党建设的前提条件，思想上天差地别，“组织上的统一是没有意义的”[⑤]。中国共产党在长期的革命和执政实践中，注重把马克思列宁主义基本原理同中国具体实践相结合，探索与伟大事业相契合的文

① 蔡文成：《论我国全过程人民民主的基本特征》，《世界社会主义研究》2023 年第 7 期。

② 参见李效武：《论人民政协在践行全过程人民民主中的价值定位与重要作用》，《学习论坛》2022 年第 4 期。

③ 习近平：《高举中国特色社会主义伟大旗帜　为全面建设社会主义现代化国家而团结奋斗——在中国共产党第二十次全国代表大会上的报告》，人民出版社 2022 年版，第 37 页。

④ 李冉、刘翔宇：《建设文化强国》，中国青年出版社 2022 年版，第 43 页。

⑤ 《列宁全集》第 5 卷，人民出版社 2013 年版，第 247 页。

化建设道路，为中国革命和社会主义建设提供方向引领，增强自信底气，增强人民幸福的精神力量。

中国共产党诞生之初，党的早期领导人陈独秀开启了新文化运动，造成空前的思想解放，极大地推动了马克思主义在中国的传播。李大钊强调了文化对整个社会的重要影响，文化发展得越好，社会也就更加地协调有序。李大钊指出，文化要为社会改造和国民革命的前途尽力，“文化高的民族，社会的观念和组织的能力，固然也高”[①]。李大钊把马克思主义作为审视世界和拯救中国的思想武器，在民族存亡的关头毅然扛起马克思主义大旗。

新民主主义革命时期，1940 年，毛泽东发表《新民主主义论》，对新民主主义文化进行了科学总结和理论提炼。该文指出，在“五四”运动以后，“中国产生了完全崭新的文化生力军，这就是中国共产党人所领导的共产主义的文化思想，即共产主义的宇宙观和社会革命论”[②]，并提出来“我们要建立一个新中国。建立中华民族的新文化，这就是我们在文化领域中的目的”[③]。事实上，“这个文化生力军，就以新的装束和新的武器，联合一切可能的同盟军，摆开了自己的阵势，向着帝国主义文化和封建文化展开了英勇的进攻。这支生力军在社会科学领域和文学艺术领域中，不论在哲学方面，在经济学方面，在政治学方面，在军事学方面，在历史学方面，在文学方面，在艺术方面（又不论是戏剧，是电影，是音乐，是雕刻，是绘画），都有了极大的发展”[④]。新的装束和新的武器是什么呢？就是“居于指导地位的是共产主义的思想，并且我们应当努力在工人阶级中宣传社会主义和共产主义，并适当地有步骤地用社会主义教育农民及其他群众”[⑤]。也就是“在现时，毫无疑义，应该扩大共产主义思想的宣传，加紧马克思列宁主义的学习，没有这种宣传和学习，不但不能引导中国革命到将来的社会主义阶段上去，而且也不能指导现时的民主革命达到胜利”[⑥]。而对新民主主义文化的内涵来讲，“就是无产阶级领导的人民大众的反帝反封建的文化”。1942 年，毛泽东在延安文艺座谈会上指出，马克思列宁主义是一切革命者都应该学

① 《李大钊全集》第 3 卷，人民出版社 2006 年版，第 269 页。
② 《毛泽东选集》第 2 卷，人民出版社 1991 年版，第 697 页。
③ 《毛泽东选集》第 2 卷，人民出版社 1991 年版，第 663 页。
④ 《毛泽东选集》第 2 卷，人民出版社 1991 年版，第 697 页。
⑤ 《毛泽东选集》第 2 卷，人民出版社 1991 年版，第 704 页。
⑥ 《毛泽东选集》第 2 卷，人民出版社 1991 年版，第 706 页。

习的科学。文艺工作者也要学。在“文艺是为什么人”的问题中，文艺是站在无产阶级立场上，而不是资产阶级立场上，指出文艺是为人民服务的，真正的人民大众的东西，现在一定是无产阶级领导的。3 年后，毛泽东在中共七大上强调：“民族压迫和封建压迫所给予中国人民的灾难中，包括着民族文化的灾难。……一切奴化的、封建主义的和法西斯主义的文化和教育，应当采取适当的坚决的步骤，加以扫除”①，“中国应当建立自己的民族的、科学的、人民大众的新文化和新教育”②，并提出新民主主义国家的文化应该是“为一般平民所共有”的，决不应该是“少数人所得而私”的文化，这充分表明党始终秉持文化为广大人民服务的价值取向。

新中国成立后，在完成社会主义革命和推进社会主义建设阶段，毛泽东在《论十大关系》中提出“百花齐放、百家争鸣”的繁荣社会主义文艺、发展社会主义文化的“双百”方针。后来毛泽东在《关于正确处理人民内部矛盾的问题》中进一步强调，“百花齐放、百家争鸣的方针，是促进艺术发展和科学进步的方针，是促进我国的社会主义文化繁荣的方针”③。“双百”方针对于社会主义建设各个领域的各项工作都有指导作用，在文艺工作和科学工作方面，把一切积极因素都调动起来，更好地为人民服务，为我国文化繁荣而努力。④

改革开放以来，随着自由化社会思潮泛滥，意识形态领域的斗争日益复杂，邓小平强调社会主义精神文明建设，形成了社会主义精神文明理论，成为中国特色社会主义文化思想的开端。针对文艺工作，邓小平在《目前的形势和任务》的讲话中再次强调了自己的文艺思想和理论主张。正是以此为据，1980 年 1 月 26 日，《人民日报》发表了题为《文艺为人民服务，为社会主义服务》的社论。“二为”方向作为党中央在新时期文艺路线和文艺政策的总方针，从此得以确立。⑤“二为”方向蕴含了对人民大众深厚真切的人文关怀。以江泽民同志为核心的党的第三代中央领导集体提出了“社会主义先进文化”的概念。党的十五大上，正式确立了中国特色社会主义的文化纲领。以胡锦涛同志为总书记的党中央

---

① 《毛泽东选集》第 3 卷，人民出版社 1991 年版，第 1082—1083 页。

② 《毛泽东选集》第 3 卷，人民出版社 1991 年版，第 1083 页。

③ 毛泽东：《关于正确处理人民内部矛盾的问题》，人民出版社 1964 年版，第 25 页。

④ 参见赵文静：《马克思主义的文化理论》，吉林出版集团有限责任公司 2014 年版，第 98 页。

⑤ 参见周平远：《从“文学革命”到“二为”方向：邓小平文艺理论与中国 20 世纪文艺思潮》，《南昌大学学报》（人文社会科学版）2001 年第 3 期。

面对文化建设领域出现的挑战和亟待解决的矛盾，提出“建设和谐文化”“构建社会主义核心价值体系”等战略思想，提出“建设社会主义文化强国”的战略目标。

从当今中国面临的国际国内变局来看，在国际上，以美国为首的西方国家推行“和平演变”，推行文化霸权，在文化交流的背后尽是唱衰中国、抹黑中国，对中华民族文化进行诋毁；在国内，随着改革深化而形成多元利益格局，互联网等新媒体的发展必然导致思想文化领域的多样多变，国内经常受一些错误思潮的干涉和影响，扰乱人们的认知和行为。对社会上纷繁复杂的舆论，一定要“注重文化引领，才能为增强我国的经济硬实力提供强大精神动力和智力支持，让全国人民在享有健康丰富的文化生活的过程中，使我国文化软实力有一个大的提升”①。

在全球化的今天，要保证马克思主义理论在指导思想上的引领地位，必须坚持马克思主义在意识形态领域的指导地位，避免出现西方国家意识形态自由化引起的严重不安和思想混乱的问题。面对当今中国所处的新时代的历史方位，坚持马克思主义的指导地位，“既是对我们党长期执政宝贵经验的历史传承，也是对意识形态引领功能赋予的时代新要求”②。习近平总书记提出“意识形态工作是党的一项极端重要的工作”③，并从关乎党、国家和民族的前途和命运的角度进一步阐述了做好意识形态工作的重要性④。在当前阶段，我们更要不遗余力地推进马克思主义在中国的传播和发展，在舆论战场上抢占至高点，“建设具有强大凝聚力和引领力的社会主义意识形态”⑤。

为了更好地巩固意识形态话语权，我们党更是加强舆论引导等方面的工作机制建设，将坚持马克思主义在意识形态领域指导地位作为一项根本制度，以制度化的形式巩固下来。此外，必须坚持好社会主义核心价值体系，不断加强对其的宣传和解读，赋予马克思主义符合社会发展要求的时代内蕴，不断增强

① 董乐：《基于文化引领的我国公共图书馆导读服务研究》，《新世纪图书馆》2020 年第 10 期。

② 徐艳玲、张光哲：《列宁意识形态功能思想的生成动因、内容特色及当代价值》，《思想理论教育》2020 年第 4 期。

③ 《习近平谈治国理政》，外文出版社 2014 年版，第 153 页。

④ 参见中共中央宣传部理论局编：《指导新时期宣传思想文化工作的纲领性文献　学习习近平总书记在全国宣传思想工作会议上的重要讲话章选》，学习出版社 2013 年版，第 196 页。

⑤ 《党的十九大文件汇编》，党建读物出版社 2017 年版，第 28 页。

马克思主义的生命力。全党上下要自觉增强与错误社会思潮作斗争的勇气和智慧,坚持在党的思想领导下统一认识、增强共识,为中国共产党建构政治认同提供重要思想保证。

党的十八大以来,党中央更是注重文化的作用,习近平总书记在系列重要讲话中多次提出要弘扬优秀传统文化,并首次提出"文化自信"。强调提升中华文化的感召力和影响力,实现了对中国特色社会主义文化的创新发展,为坚持中国道路提供了精神动力。

四、维护社会公平正义,构建人民幸福的社会基础

公平正义就其本来意义上说是对分配不均制度和社会不平等现象的否定,是对社会主义社会的向往和擘画。社会主义是在否定资本主义的基础上诞生的,是对资本主义的异化劳动、剥削与被剥削等的否定,强调在社会主义建设和发展过程中,以实现社会公平和正义为核心目标,构建公正、和谐、共享的社会秩序。公平正义既是社会主义社会运行的价值导向,又是实现共同幸福的价值准则。中国共产党人对"幸福中国"的建构离不开对公平正义价值原则的坚守,也是其优越性的实然表征。只有通过公平正义,才能让发展更具人文关怀、让幸福来得更为真切。只有在公平正义的社会里,每个人都是国家和社会的主人,大家平等地参与到社会治理中来,共同为自己的幸福、国家的幸福献策出力,因而公平正义的社会也是有利于促进人民幸福实现的和谐社会。[①]

中国共产党始终坚持保障和促进社会公平正义,并将其提高到国家根本制度的高度加以理解和实践。中共一大制定的《中国共产党纲领》中就提出消灭"社会的阶级区分","消灭资本家私有制,没收机器、土地、厂房和半成品等生产资料,归社会公有"。在入党的资格上,"经党员一人介绍,不分性别,不分国籍,均可接收为党员",并指出党员"受地方执行委员会的最严格的监督"。这表明中国共产党一诞生就确立了公平正义的价值导向。中共二大通过了《加入第三国际决议案》,明确阐释了党的民主集中制原则的基本思想,即"加入共产国际的党,应该是按照民主集中制的原则建立起来的",这也是中共维持公平正义的根本组织原则。抗日战争时期,中国共产党在政权建设方面推行"三三制"。

① 参见余明远:《中国共产党的人民幸福观研究》,中国社会科学出版社 2021 年版,第 147 页。

“三三制”明确规定了政权机关或民意代表机构的人员构成，所有社会群体都有机会参与到政治决策过程中，这种结构使权力受到合理限制，符合公平正义的要求。解放战争时期，在解放区政权上，毛泽东指出：“在反对封建制度的斗争中，在贫农团和农会的基础上建立起来的区村（乡）两级人民代表会议，是一项极宝贵的经验。只有基于真正广大群众的意志建立起来的人民代表会议，才是真正的人民代表会议。这样的人民代表会议一经建立，就应当成为当地的人民的权力机关，一切应有的权力必须归于代表会议及其选出的政府委员会。”[①]人民代表为人民，能更好地体现公平正义，增强民众的幸福感。

新中国成立后，第一届全国人民代表大会第一次会议在北京隆重召开，标志着人民代表大会制度作为新中国根本政治制度的正式确立。全国人民代表大会是各民族、各民主阶级、各民主党派和一切爱国力量奋斗的结果，“更是反映了全国各族人民的共同利益和共同愿望。它不仅为国家的政治民主化进程确定了一种新型政权组织形式和总的民主程序，更重要的是确立了同中华人民共和国的国体相适应的社会主义根本政治制度。这种符合中国国情、体现中国社会主义国家性质的民主政治制度，为实现人民当家作主提供了根本保证”[②]。中华人民共和国成立后的第一部宪法从根本大法上确定了民族区域自治制度最基本的内容，“各民族一律平等”的宪法地位成为民族团结的法制保障。宪法更明确男女平等原则及“中华人民共和国的一切权力属于人民”[③]。人民在公平正义制度的保障下，感受到人格的独立和自身地位的提高，幸福感也不断增强。

改革开放以后，邓小平从我国根本政治制度和基本政治制度方面突出了我国制度的社会主义特色，指出我国实行人民代表大会制度、民族区域自治制度、中国共产党领导下的多党合作和政治协商制度是符合社会主义道路、能使人民群众公平参与的特色优势。在经济制度方面，以公有制为主体，多种所有制经济共同发展。邓小平强调，“社会主义的经济是以公有制为基础的，生产是为了最大限度地满足人民的物质、文化需要，而不是为了剥削”[④]，并在以公有制为主体、多种所有制共同发展的基础上实现公平与效率的某种最佳之结合。在分配

---

① 《毛泽东选集》第4卷，人民出版社1991年版，第1308页。

② 张纯：《毛泽东与中国特色社会主义制度建立研究》，黑龙江人民出版社2019年版，第129页。

③ 中共中央文献研究室编：《建国以来重要文献选编》第5册，中央文献出版社2011年版，第451页。

④ 《邓小平文选》第2卷，人民出版社1994年版，第167页。

制度上实行按劳分配为主体，多种分配方式并存，保障了分配上的公平正义。此外，“共同富裕”体现出邓小平对公平认识的理想性的一面。人民群众共同富裕是社会主义的目的，表明了社会主义的公平理想。江泽民强调，社会主义制度应当促进社会公平正义，比如在完善社会保障体系、推进基层民主建设、加强法制建设等方面都有涉及公平正义原则的阐述和实践。胡锦涛对公平正义在社会生活中的地位与作用进行了充分肯定，极大地提升了公平正义的人文关怀价值，特别是关涉人民群众的民生问题、利益问题、权利问题。

党的十八大报告明确指出：“公平正义是中国特色社会主义的内在要求。”[①]习近平总书记指出：“公平正义是中国特色社会主义的内在要求，所以必须在全体人民共同奋斗、经济社会发展的基础上，加紧建设对保障社会公平正义具有重大作用的制度，逐步建立社会公平保障体系。”[②]只有公正的制度才能有效规约人们的交往行为，激励人们以合理方式获取利益，是推进公平正义得以实现的重要屏障。因此，要加强公平正义的制度建设。

一是深化司法体制改革。通过改革司法体制，确保司法公正，从而推动社会整体的公平正义。习近平总书记强调，造成冤案的原因很多，“更深层次的则是司法职权配置和权力运行机制不科学，侦查权、检察权、审判权、执行权相互制约的体制机制没有真正形成”[③]。因此，以习近平同志为核心的党中央首次将“加强检察机关法律监督工作”写入党的全国代表大会报告，提出了“努力让人民群众在每一个司法案件中感受到公平正义”的目标。[④] 同时，习近平总书记对领导干部也提出了要求，即要重点解决好损害群众权益的突出问题，“各级领导干部要带头依法办事，带头遵守法律，牢固确立法律红线不能触碰、法律底线不能逾越的观念，不要去行使依法不该由自己行使的权力，更不能以言代法、以权压法、徇私枉法。要建立健全违反法定程序干预司法的登记备案通报制度和责任追究制度”[⑤]。

二是逐步完善对保障社会公平正义具有重大作用的社会经济制度。要营

---

① 中共中央文献研究室编：《十八大以来重要文献选编》（上），中央文献出版社 2014 年版，第 11 页。

② 《习近平谈治国理政》第 1 卷，外文出版社 2018 年版，第 13 页。

③ 中共中央党史和文献研究院编：《习近平关于尊重和保障人权论述摘编》，中央文献出版社 2021 年版第 151 页。

④ 参见高景峰：《坚持立破并举深化司法体制综合配套改革》，《红旗文稿》2023 年第 8 期。

⑤ 《习近平谈治国理政》，外文出版社 2014 年版，第 149 页。

造一个更加公平正义的社会环境，确实需要完善的社会经济制度作为基础。党的十九届四中全会提出了一系列关于保障社会公平正义和人民权利的理念和制度体系，进一步概括了“以公有制为主体、多种所有制经济共同发展，按劳分配为主体、多种分配方式并存，社会主义市场经济体制等社会主义基本经济制度”[①]。“只有坚持公有制的主体地位，才能更有利于从总体上缩小全社会的收入差距，才能避免社会主义制度下的社会劳动沦为资本主义社会的雇佣劳动，才能形成属于全体人民的共同物质利益并产生超越资本主义社会之社会保障制度的全民福利。”[②]对于“坚持按劳分配为主体、多种分配方式并存，构建初次分配、再分配、第三次分配协调配套的制度体系”而言，按劳分配是一个以劳动为价值衡量标准，既能激发劳动积极性又能维护社会公正的分配体系。初次分配注重效率与公平。再次分配由政府主导，通过税收、社会保障、转移支付等手段，对初次分配结果进行调整，旨在维护公平、调节初次分配差距、提高居民可支配收入占国民可支配收入的比重。第三次分配基于自愿原则，“通过制定税收优惠政策鼓励社会互助，引导高收入人群和企业更多回报社会，推动财富在社会阶层和群体间流动，对初次分配和再分配的公平性进行修正和完善”[③]。三次分配在各自层面都强调公平原则，防止两极分化，坚持基本经济制度，用分步走的战略部署和切实可行的行动方案兼顾经济发展与社会和谐的收入分配格局。实现公平正义的社会，必然能够形成“公平与公正—社会繁荣发展—政治组织行为合理性增强—进一步促进民生幸福最大化”的良性循环。[④] 总之，社会公平正义既是人民幸福得以实现的重要前提，也是人民追求幸福的重要目标和价值取向。

五、坚持人与自然和谐共生，铸牢人民幸福的生态文明

生态文明是实现人与人、人与社会和谐相处的平衡状态，也是人类理想的文明形态，“是人实现了自己的本质的文明形态，因此也是自觉追求幸福的文明

---

① 《中共中央关于坚持和完善中国特色社会主义制度　推进国家治理体系和治理能力现代化若干重大问题的决定》，《人民日报》2019 年 11 月 6 日。

② 郑功成：《中国特色社会保障制度论纲》，《社会保障评论》2024 年第 1 期。

③ 谢芬芳：《基于最适课税理论的税制结构优化研究》，《湖南行政学院学报》2024 年第 2 期。

④ 参见罗建文、周建华：《民生幸福：中国特色社会主义的价值追求》，中国人民大学出版社 2017 年版，第 40 页。

形态，实现了文明和幸福的统一”[①]。马克思幸福思想十分注重生态文明建设。生态文明建设使人的本质需要得到满足，切实地提升了人们的幸福感。中国共产党在推动生态文明建设中起着核心引领作用。中国共产党成立以来，一直通过顶层设计与实际行动相结合扎实推动生态文明建设，致力于人与自然和谐共生的美丽中国建设，不断提升人民群众的生态环境幸福感。

中国共产党对生态文明的探索可以追溯到新民主主义革命时期。中国共产党在创建农村革命根据地的过程中，通过大规模兴修水利、植树造林等举措，改善了农村生态环境，为根据地经济发展和民众生活提供了支持。党的三大通过的《中国共产党党纲草案》将“改良水利”等规定为“共产党之任务”[②]。毛泽东在《湖南农民运动考察报告》中明确把乡村修塘坝防干旱作为农民运动的大事之一。[③] 同时，毛泽东还强调，无论在边区还是解放区，都和干部群众在荒山上开展植树造林活动，并出台政策保护林地。在那时就强调了植树造林对涵养水土和气候调节的重要性。[④] 新中国成立后，“在第一个五年计划期间，我国已经造林 1000 多万公顷，超过计划指标很多”[⑤]。这一时期党的主要领导人也相继提出“森林失火和滥砍滥伐的现象，正在引起地方政府和人民的注意，但还需继续努力”[⑥]。呼吁全体人民积极植树造林，“要使我们祖国的河山全部绿化起来，要达到园林化，到处都很美丽”[⑦]。同时，强调“注意环境污染问题，在生产设计的同时就要做好防止污染的设计，不要等到事后再解决”[⑧]，“解决城市中污染的问题，从长远来看，也应该提到我们的议事日程上来了”[⑨]。反对铺张浪费，提倡艰苦朴素作风，厉行节约，“节约原材料，适当降低成本和造价，厉行节约”[⑩]，对

---

① 龚静源：《生态文明幸福观历史生成研究：从马克思主义的视野出发》，中国地质大学博士学位论文，2016 年。

② 中共中央文献研究室、中央档案馆编：《建党以来重要文献选编（1921—1949）》第 1 册，中央文献出版社 2011 年版，第 253—254 页。

③ 参见李安峰：《中国共产党领导水利建设的历史征程与基本经验》，《理论与评论》2023 年第 2 期。

④ 参见刘燕、欧阳丽娜：《坚持和加强党对生态环境保护全面领导的历史考察与现实启示》，《世界社会主义研究》2024 年第 2 期。

⑤ 中华人民共和国林业部编：《绿化祖国的高潮》第 1 辑，中国林业出版社 1958 年版，第 1 页。

⑥ 《陈云文集》第 2 卷，中央文献出版社 2005 年版，第 314 页。

⑦ 中共中央文献研究室、国家林业局编：《毛泽东论林业》，中央文献出版社 2003 年版，第 51 页。

⑧ 中共中央文献研究室编：《陈云年谱》下，中央文献出版社 2000 年版，第 198 页。

⑨ 《陈云文集》第 3 卷，中央文献出版社 2005 年版，第 491 页。

⑩ 《毛泽东文集》第 7 卷，人民出版社 1999 年版，第 160 页。

营造良好的生态环境起到积极作用。更重要的是，1973年，中国共产党召开了具有里程碑意义的全国第一次环境保护会议，标志着中国环保事业的正式起步。这次会议审议通过了《关于保护和改善环境的若干规定(试行草案)》，这是新中国成立以来第一部国家级的环境保护法规性文件，体现了党和国家对环境保护问题的高度重视。随后，1974年，国务院成立了环境保护领导小组，这不仅是中国环境保护工作组织体系的重要组成部分，也反映了党对生态文明与社会建设关系认识的深化，标志着环境保护开始被纳入国家决策层面，成为社会发展的重要考量因素之一。①

改革开放后，邓小平就如何解决生态问题进行了很多有意义的探索。邓小平提出了"植树造林，绿化祖国，造福后代"的构想，从战略高度提出了绿化祖国的思想②，标志着党中央把环境保护和生态建设上升到国家发展战略的高度，体现出中国共产党生态文明思想的丰富和提高。江泽民强调，"环境保护工作，是实现经济和社会可持续发展的基础。一定要从全局出发，统筹规划，标本兼治，突出重点，务求实效，进一步控制全国污染物排放总量，改善重点地区环境质量，努力遏制生态环境恶化趋势"③。胡锦涛鲜明地提出了科学发展观的重要思想，在党的十八大上指出："必须更加自觉地把全面协调可持续作为深入贯彻落实科学发展观的基本要求，全面落实经济建设、政治建设、文化建设、社会建设、生态文明建设五位一体总体布局，促进现代化建设各方面相协调，促进生产关系与生产力、上层建筑与经济基础相协调，不断开拓生产发展、生活富裕、生态良好的文明发展道路。"④

党的十八大以来，中国共产党开启了人与自然和谐相处的新时代。2023年7月，习近平总书记在全国生态环境保护大会上强调，全面推进美丽中国建设，加快推进人与自然和谐共生的现代化，把建设美丽中国摆在强国建设、民族复兴的突出位置。为实现美丽中国建设，习近平总书记进行了一系列论述和部署。

一是必须牢固树立"绿水青山就是金山银山"的生态价值观。习近平总书

---

① 参见党锐锋、徐琛：《论生态文明建设与中国式现代化道路的内在逻辑》，《西藏发展论坛》2022年第5期。

② 参见李学林、胡广宇：《改革开放初期邓小平绿化祖国思想探析》，《党的文献》2016年第3期。

③ 中共中央文献研究室编：《十八大以来重要文献选编》上，中央文献出版社2014年版，第7页。

④ 中共中央文献研究室编：《十八大以来重要文献选编》上，中央文献出版社2014年版，第7页。

记在浙江工作期间提出了“两山”理论，即“绿水青山就是金山银山”，现已成为习近平新时代中国特色社会主义思想的核心组成部分。“两山”理论深刻揭示了经济发展与环境保护之间的共生共荣关系，倡导生态环境与经济发展的双赢理念，旨在推动美丽中国建设，实现可持续发展。对此，习近平总书记相继提出：“我们既要绿水青山，也要金山银山。宁要绿水青山，不要金山银山，而且绿水青山就是金山银山。”[①]“保护生态环境就是保护生产力、改善生态环境就是发展生产力。”[②]“为什么说绿水青山就是金山银山？‘鱼逐水草而居，鸟泽良木而栖。’如果其他各方面条件都具备，谁不愿意到绿水青山的地方来投资、来发展、来工作、来生活、来旅游？从这一意义上说，绿水青山既是自然财富，又是社会财富、经济财富。”[③]要“坚决摒弃损害甚至破坏生态环境的发展模式和做法，决不能再以牺牲生态环境为代价换取一时一地的经济增长”[④]，可见，只有将“两山”理念扎实贯彻在中国特色社会主义建设各方面、各层次，才能实现经济社会的可持续健康发展，才能为人类创造一个天蓝、水清、空气清新的良好生态环境，人民的幸福生活才有了可靠的生态环境保证。

二是党的二十大报告强调：“人与自然是生命共同体，无止境地向自然索取甚至破坏自然必然会遭到大自然的报复。”“人与自然是生命共同体理念进一步明确人与自然界是一体化存在，人类是在与自然界进行物质变换的过程中才得到生存和发展，因此，必须尊重自然、顺应自然、保护自然。人与自然是生命共同体的辩证唯物主义自然观是美丽中国建设的理论根基。”[⑤]

三是习近平总书记把人与自然关系问题放在整个人类文明发展历程的大背景下，在对人类历史发展经验教训进行深刻总结的基础上提出“生态兴则文明兴，生态衰则文明衰”[⑥]的重要论断。这句话告诫我们，必须高度重视生态文

① 中共中央文献研究室编：《习近平关于社会主义生态文明建设论述摘编》，中央文献出版社 2017 年版，第 21 页。

② 《中国共产党简史》，人民出版社 2021 年版，第 410 页。

③ 中共中央文献研究室编：《习近平关于社会主义生态文明建设论述摘编》，中央文献出版社 2017 年版，第 23 页。

④ 中共中央文献研究室编：《习近平关于社会主义生态文明建设论述摘编》，中央文献出版社 2017 年版，第 32—33 页。

⑤ 钟贞山、吴东纳：《习近平生态文明思想引领美丽中国建设的原创性贡献》，《河海大学学报》（哲学社会科学版）2023 年第 6 期。

⑥ 习近平：《论坚持人与自然和谐共生》，中央文献出版社 2022 年版，第 2 页。

明建设，坚持人与自然和谐共生的理念，尊重自然、顺应自然、保护自然，走绿色发展之路。此外，习近平总书记还提出“山水林田湖是一个生命共同体”“环境治理是一个系统工程”“良好的生态环境是最公平的公共产品、最普惠的民生福祉”等新理念，这些新理念具有深厚而科学的理论基础、丰富而深刻的理论内涵，是建设美丽中国应该坚持的科学理念。可见美丽中国建设在社会主义中国的重大意义。也正如习近平总书记在党的二十大报告中强调：“中国式现代化是人与自然和谐共生的现代化……我们坚持可持续发展，坚持节约优先、保护优先、自然恢复为主的方针，像保护眼睛一样保护自然和生态环境，坚定不移走生产发展、生活富裕、生态良好的文明发展道路，实现中华民族永续发展。”[①]

① 习近平：《高举中国特色社会主义伟大旗帜　为全面建设社会主义现代化国家而团结奋斗——在中国共产党第二十次全国代表大会上的报告》，人民出版社 2022 年版，第 23 页。

结　语

幸福，是每一个社会人致力追求的终极人生目的，对幸福的追寻和探索是人类社会永恒的话题和推动进步的力量。马克思幸福思想是迄今为止最科学的幸福思想。对马克思幸福思想进行研究，是中国特色社会主义发展到今天，满足人民群众更高的物质、精神等需求的客观要求。马克思幸福思想能促进人们对幸福的深刻理解和正确把握，帮助我们确立一种更合理、更科学、更符合人性的幸福观。马克思幸福思想对于引领当代人的幸福观，改革我们的生产方式和生活方式，增强人们对幸福生活的信心从而获得更大程度的幸福感具有较强的指导意义，对于实现人民幸福具有重要的实践意义。

马克思幸福思想的产生离不开马克思生活的年代，当时欧洲许多国家先后完成了资产阶级革命，社会分工不断细化，生产力水平极大提高，促进了交往实践的展开，相应地带动了生产关系的变革，生产力与生产关系的矛盾加剧，资本主义社会内部矛盾逐步显露。与此同时，无产阶级和资产阶级对抗性的阶级矛盾不断激化，这些都引起了马克思的思考。同时，马克思在西方启蒙思想家建立的感性主义、理性主义、欲望主义和三者融合的幸福思想的基础上，对西方思想家的幸福思想进行了积极的扬弃，并基于历史唯物主义和马克思人学理论真正实现了对以往哲学的批判和重新建构，进而为探索幸福的形成奠定了坚实的基础。

马克思幸福思想的形成不是一蹴而就的，而是经历了一系列不断发展和完善的过程。马克思幸福思想作为马克思世界观的有机组成部分，其演化发展的内在逻辑与马克思主义世界观的发展历程是同步的，也就是说，马克思主义世界观的发展轨迹是研究总结马克思幸福思想形成发展的主线。从马克思对世界概念本身的探索到转变为唯物主义和共产主义，再到完整的科学世界观的起源，在这一过程中，我们把马克思幸福思想的发展轨迹分为以下四个阶段：一是马克思幸福思想在家庭润泽中及其中学时期和大学时期对唯心主义幸福观的研究中的孕育萌芽。二是马克思幸福思想的初步形成。从《摩泽尔记者的辩护》《〈黑格尔法哲学批判〉导言》到《神圣家族》时期，这一时期是马克思幸福思想体系建构的重要阶段。面对生活在社会最底层的广大劳动人民的悲惨生活状态和人们对美好生活的向往的巨大反差，马克思的哲学思想随之逐渐转化，开始从唯心主义转向唯物主义和共产主义，开始构建物质生产基础上理想状态的幸福观。三是马克思幸福思想的发展成熟。从 1845 年到 1848 年，在这三年时间里，马克思对费尔巴哈哲学进行了反思，并同以往的哲学彻底决裂，这是人类认识发展史上的一次重大推进，标志着历史唯物主义的诞生。马克思以实践活动为核心、以自由人联合体为目标对幸福的研究不断成熟。四是马克思幸福思想的深化发展。马克思在《资本论》中运用和发展了唯物辩证法和唯物史观，对资本主义生产方式进行了深刻的分析和批判。这一时期，马克思注重总结欧洲革命经验，强调了阶级斗争、政治变革与社会意识如何共同塑造历史进程，而不是简单的理想或追求幸福的思想就能决定社会变迁的方向，为理解幸福的本质、追求幸福的方式以及构建更加公正、和谐的社会提供了深刻的理论视角。

马克思幸福思想是一个庞大的思想体系，要想了解马克思幸福思想，必须对其主要内容有清楚的认识和把握。马克思立足现实世界，以现实的人为幸福的主体。马克思认为，人们自己创造的彼岸世界脱离了人的主体性存在，有了人主观形成的彼岸世界，人们把实现美好生活的希望寄托在灵魂救赎、来世福报等非物质的、超现实的理想状态，这样作为主体的人失去了追求幸福的动力和实践幸福的能力，转移了人们对现实改造的关注。马克思指出，现实的个人及其社会实践活动才是一切历史的基础。历史的本质基础是人类的感性生产。马克思所指的现实的人，是“有生命的个人的存在”，是“一切社会关系的总和”，是存在于具体的历史条件下的人。在此基础上强调人的需要是追求幸福的内在驱动力，人的需要与幸福是紧密相连的。幸福是个人对其各方面需要的一种相对持久的追求或实现某种理想和目标得到的满足和愉悦感。需要是“现实的人”的本质要求，需要推动生产和人的自由全面发展。生态幸福是幸福的自然条件,马克思主义理论中把自然主义与人道主义的统一作为实现人的生存的意义的一个必不可少的环节,马克思对资本主义生态危机的根源进行了深刻的分析,在此基础上,人们可以在尊重和保护生态环境的基础上追求全面而持久的幸福生活。之后通过劳动作为连接人与自然界的纽带,提出劳动是创造幸福生活的唯一手段,人通过劳动创造和改造世界,创造人类赖以依存的物质财富和精神财富,打造人类幸福生活的基本条件。同时,在自由自觉的劳动中,个人的能力得到充分发挥,精神得到升华,从而感受到作为主体存在的幸福感和满足感。实现人的自由全面发展是幸福的最高目标。幸福在于人性的回归,人真正成为人,人以绝对的力量认识了必然,突破了一切抑制人性的枷锁,全面地恢复了人的自由发展的自然本性,获得了人的自由地位并实现了人的自身价值。

马克思幸福思想不仅是学理层面的理论表达,更是一种经过革命斗争和实际行动应当努力去实现的实践活动。幸福思想的实现条件和路径建构是幸福生活主体基于一定的社会历史条件,发挥主观能动性进行创造性活动的做法。幸福生活的实现要以无产阶级政党的坚强领导、物质生产力的极大发展、社会的高度和谐和进入共产主义社会等条件为基础。在此基础上,对马克思幸福思想建构路径进行探索,实质上是在探寻一种系统性的思维框架与行为模式,以促进马克思幸福思想的实现进而持续提升民众的幸福感。马克思通过对现代社会的批判、通过无产阶级联合起来进行革命、通过无产阶级的自由自觉的劳动、通过生产资料公有制至上的“按需分配”系统建构他的幸福思想。马克思在揭露和批判资本主义制度的基础上,使幸福生活从一种理想图景变成了一种实践过程,只有在阶级斗争和实践创造的基础上,在无产阶级政治解放的前提下,工人阶级和劳动人民对幸福生活的向往和追求,才会通过自由自觉自主的劳动成为真实的生活。

中国共产党需要在马克思幸福思想的指导下实现幸福社会的建构。中国经济在长期高速发展后,出现了类似“幸福悖论”的现象。当今社会,资源问题日益严峻,贫富差距、就业压力等不断加大,加之现代社会的居民对精神文化方面的需求不断加大,使得居民的幸福与经济发展水平没有呈现明显的正相关关系。因此,面对“幸福悖论”,关键在于采取有效的措施去破解。从马克思主义的角度来破解“幸福悖论”,关键要从历史唯物主义和辩证唯物主义的哲学立场出发去思考。马克思幸福思想为个人树立正确幸福思想和推进人民幸福建设事业提供了指导。为个人树立正确幸福思想提供指导表现为，用幸福是物质幸福与精神幸福的整体统一、幸福是劳动与享受在动态中的统一、幸福是个人幸福与社会幸福的有机统一来引领人的价值取向。在推进人民幸福建设事业方面，今后要继续解放和发展生产力，夯实幸福生活的物质基础；推进民主政治发展，构建人民幸福的政治保障；强化文化引领作用，增强人民幸福的精神力量；维护社会公平正义，构建人民幸福的社会基础；坚持人与自然和谐共生，铸牢人民幸福的生态文明。

参考文献

一、著作

《柏拉图全集》第 2 卷，王晓朝译，人民出版社 2003 年版。

《陈云文集》第 2 卷，中央文献出版社 2005 年版。

《陈云文集》第 3 卷，中央文献出版社 2005 年版。

《邓小平文选》第 2 卷，人民出版社 1994 年版。

《邓小平文选》第 3 卷，人民出版社 1993 年版。

《费尔巴哈哲学著作选集》上卷，荣震华、李金山等译，商务印书馆 1984 年版。

《江泽民文选》第 1 卷，人民出版社 2006 年版。

《李大钊全集》第 3 卷，人民出版社 2006 年版。

《列宁选集》第 3 卷，人民出版社 2012 年版。

《列宁全集》第 5 卷，人民出版社 2013 年版。

《马克思恩格斯文集》第 1 卷，人民出版社 2009 年版。

《马克思恩格斯文集》第 2 卷，人民出版社 2009 年版。

《马克思恩格斯文集》第 3 卷，人民出版社 2009 年版。

《马克思恩格斯文集》第 4 卷，人民出版社 2009 年版。

《马克思恩格斯文集》第 5 卷，人民出版社 2009 年版

《马克思恩格斯文集》第 8 卷，人民出版社 2009 年版。

《马克思恩格斯文集》第 9 卷，人民出版社 2009 年版。

《马克思恩格斯选集》第 1 卷,人民出版社 2012 年版。
《马克思恩格斯选集》第 2 卷,人民出版社 2012 年版。
《马克思恩格斯选集》第 3 卷,人民出版社 2012 年版。
《马克思恩格斯选集》第 1 卷,人民出版社 1995 年版。
《马克思恩格斯选集》第 3 卷,人民出版社 1995 年版。
《马克思恩格斯选集》第 4 卷,人民出版社 1995 年版。
《马克思恩格斯选集》第 1 卷,人民出版社 1972 年版。
《马克思恩格斯选集》第 3 卷,人民出版社 1972 年版。
《马克思恩格斯选集》第 3 卷,人民出版社 1966 年版。
《马克思恩格斯全集》第 1 卷,人民出版社 2016 年版。
《马克思恩格斯全集》第 8 卷,人民出版社 2006 年版。
《马克思恩格斯全集》第 2 卷,人民出版社 2005 年版。
《马克思恩格斯全集》第 46 卷,人民出版社 2003 年版。
《马克思恩格斯全集》第 1 卷,人民出版社 2002 年版。
《马克思恩格斯全集》第 3 卷,人民出版社 2002 年版。
《马克思恩格斯全集》第 1 卷,人民出版社 1995 年版。
《马克思恩格斯全集》第 7 卷,人民出版社 1995 年版。
《马克思恩格斯全集》第 30 卷,人民出版社 1995 年版。
《马克思恩格斯全集》第 40 卷,人民出版社 1982 年版。
《马克思恩格斯全集》第 49 卷,人民出版社 1982 年版。
《马克思恩格斯全集》第 46 卷,人民出版社 1980 年版。
《马克思恩格斯全集》第 46 卷,人民出版社 1979 年版。
《马克思恩格斯全集》第 42 卷,人民出版社 1979 年版。
《马克思恩格斯全集》第 23 卷,人民出版社 1979 年版。
《马克思恩格斯全集》第 32 卷,人民出版社 1998 年版。
《马克思恩格斯全集》第 23 卷,人民出版社 1975 年版。
《马克思恩格斯全集》第 25 卷,人民出版社 1974 年版。
《马克思恩格斯全集》第 39 卷,人民出版社 1974 年版。
《马克思恩格斯全集》第 23 卷,人民出版社 1972 年版。
《马克思恩格斯全集》第 20 卷,人民出版社 1971 年版。

《马克思恩格斯全集》第 40 卷,人民出版社 1965 年版。

《马克思恩格斯全集》第 1 卷,人民出版社 1961 年版。

《马克思恩格斯全集》第 3 卷,人民出版社 1960 年版。

《马克思恩格斯全集》第 7 卷,人民出版社 1959 年版。

《马克思恩格斯全集》第 6 卷,人民出版社 1958 年版。

《马克思恩格斯全集》第 4 卷,人民出版社 1958 年版。

《马克思恩格斯全集》第 2 卷,人民出版社 1957 年版。

《毛泽东选集》第 2 卷,人民出版社 1991 年版。

《毛泽东选集》第 3 卷,人民出版社 1991 年版。

《毛泽东选集》第 4 卷,人民出版社 1991 年版。

《毛泽东文集》第 7 卷,人民出版社 1999 年版。

《习近平著作选读》第 2 卷,人民出版社 2023 年版。

《习近平谈治国理政》第 1 卷,外文出版社 2018 年版。

《习近平谈治国理政》第 4 卷,外文出版社 2022 年版。

《资本论》第 1 卷,人民出版社 2004 年版。

[俄]Н. И. 拉宾:《青年马克思》,姚颖译,中国人民大学出版社 2022 年版。

[意]阿尔贝托・西蒙尼:《我就是个普通人》,罗伊伊译,江苏凤凰文艺出版社 2021 年版。

[德]阿图尔・叔本华:《人生的智慧》,梁盛译,百花文艺出版社 2018 年版。

[美]奥尔曼:《异化:马克思论资本主义社会中人的概念》,王贵贤译,北京师范大学出版社 2011 年版。

[古希腊]柏拉图:《理想国》,郭斌和、张竹明译,商务印书馆 1986 年版。

包利民:《古典政治哲学史论》,人民出版社 2010 年版。

鲍金、马尚明、朱玉霞:《马克思恩格斯书信细读》,中央编译出版社 2023 年版。

北京大学哲学系外国哲学史教研室编译:《古希腊罗马哲学》,生活・读书・新知三联书店 1957 年版。

北京大学哲学系外国哲学史教研室编译:《十八世纪法国哲学》,商务印书馆 1963 年版。

边立新:《马克思恩格斯哲学形态研究》,黑龙江人民出版社 2013 年版。

[英]边沁:《道德与立法原理导论》,时殷弘译,商务印书馆 2000 年版。

[英]伯特兰·阿瑟·威廉·罗素:《幸福之路》,傅雷译,万卷出版有限责任公司 2022 年版。

曹广胜主编:《马克思主义哲学原理》,辽宁大学出版社 1990 年版。

[美]查尔斯·西米克:《以欢笑拯救》,张健译,江苏凤凰文艺出版社 2022 年版。

陈来成:《休闲学》,中山大学出版社 2009 年版。

陈培雄:《新经济学原理》,中国财富出版社 2018 年版。

陈先达:《陈先达讲马克思主义经典著作》,东方出版社 2022 年版。

陈学明:《二十世纪哲学经典文本·西方马克思主义卷》,复旦大学出版社 1999 年版。

程婧:《积极思想政治教育研究》,南开大学出版社 2020 年版。

[美]大卫·科珀:《存在主义》,孙小玲、郑剑文译,复旦大学出版社 2012 年版。

[英]戴维·米勒:《政治哲学与幸福根基》,李里峰译,译林出版社 2013 年版。

[古希腊]第欧根尼·拉尔修:《名哲言行录》,马永翔等译,吉林人民出版社 2011 年版。

董德兵:《马克思科学社会主义和世界社会主义始祖》,中国工人出版社 2014 年版。

[美]杜安·舒尔茨、西德尼·艾伦·舒尔茨:《人格心理学:全面、科学的人性思考》,张登浩、李森译,机械工业出版社 2020 年版。

[德]恩格斯:《反杜林论》,人民出版社 1974 年版。

[德]费洛里亚·科尔巴赫、科尼利厄斯·赫斯塔特编:《银发市场现象:老龄化社会营销与创新思维》,胡中艳、卢金婷译,东北财经大学出版社 2016 年版。

冯俊科:《西方幸福论》,吉林人民出版社 1992 年版。

[德]弗·梅林:《马克思传》,人民出版社 1972 年版。

[法]傅勒:《马克思与法国大革命》,朱学平译,华东师范大学出版社 2016 年版。

干成俊:《马克思哲学本体论及其当代意义》,安徽人民出版社 2006 年版。

高朝升:《哲学人学探赜:兼对中国古代哲学人学思想的反思》,中国文联出版公司 1999 年版。

高莉苹、金培玲主编:《〈思想道德修养与法律基础(2018 年版)〉翻转课堂与专题式教学研究与设计》,四川大学出版社 2021 年版。

高延春:《马克思幸福论》,科学出版社 2015 年版。

[美]海斯、穆恩、韦兰:《人类简史:从远古到二十一世纪》,王敬波译,天津人民出版社 2017 年版。

何慧琳:《当代中国消费文化研究:主流意识形态建设的视角》,南开大学出版社 2021 年版。

何毅、贺玉兰、张立平、何挺江主编:《思想道德与法治实践教程》,中国言实出版社 2021 年版。

何影:《利益共享的理论与机制研究:和谐社会的视角》,黑龙江大学出版社 2013 年版。

黄楠森:《人学的科学之路》,河南人民出版社 2011 年版。

黄振定:《上帝与魔鬼:西方善恶概念的历史嬗变》,湖南大学出版社 2003 年版。

解保军:《马克思自然观的生态哲学意蕴》,黑龙江人民出版社 2002 年版。

[捷克]卡莱尔·科西克:《具体的辩证法》,傅小平译,社会科学文献出版社 1989 年版。

[德]康德:《纯粹理性批判》,邓晓芒译,人民出版社 2004 年版。

[法]科尔纽:《马克思恩格斯传》第 1 卷,刘丕坤等译,生活·读书·新知三联书店 1963 年版。

雷鸣、王琛编著:《幸福心理学》,华中科技大学出版社 2020 年版。

李爱华主编:《马克思主义研究辑刊》(2011 年卷),山东大学出版社 2011 年版。

李冬坚、彭莉主编:《思想道德修养与法律基础》,吉林大学出版社 2015 年版。

李蕾:《幸福的法哲学研究》,华中科技大学出版社 2010 年版。

李谧:《伦理学与美好生活:伦理学专题研究》,九州出版社 2021 年版。

李冉、刘翔宇:《建设文化强国》,中国青年出版社2022年版。

李荣梅:《资本论和英国工人阶级状况之幸福思想探究》,中国时代经济出版社2016年版。

李世忠:《马克思实践范式的“大唯物史观”研究:兼论科学发展观对马克思主义的继承与发展》,中国民主法制出版社2011年版。

李迎春主编:《心理学》,北京希望电子出版社2014年版。

[美]理查德·A.伊斯特林:《幸福的经济学》,笪舒扬译,中国对外翻译出版公司2022年版。

刘洪刚:《马克思恩格斯过渡时期理论与现时代》,厦门大学出版社2022年版。

刘明翰主编:《外国史学名著评介》第5卷,山东教育出版社2019年版。

刘忠礼、林志、吴春芳:《人生观和价值观新论》,中国青年出版社1995年版。

罗公略、柴德军编:《马克思主义哲学学习纲要》,中国人事出版社1990年版。

罗国杰、宋希仁:《西方伦理思想史》,中国人民大学出版社2004年版。

罗建文、周建华:《民生幸福:中国特色社会主义的价值追求》,中国人民大学出版社2017年版。

[英]罗素:《为什么我不是基督教徒》,沈海康译,商务印书馆1992年版。

吕秀斌:《幸福之道》,群众出版社2011年版。

[德]马克思:《1844年经济学哲学手稿》,人民出版社1985年版。

[德]马克思:《1844年经济学哲学手稿》,人民出版社2000年版。

[德]马克思:《1844年经济学哲学手稿》,人民出版社2018年版。

[美]玛丽·加布里埃尔:《爱与资本:马克思家事》,朱艳辉译,湖南人民出版社2018年版。

毛泽东:《关于正确处理人民内部矛盾的问题》,人民出版社1964年版。

潘石、张应高:《社会主义政治经济学读本》,吉林人民出版社1986年版。

[美]皮特:《现代地理学思想》,周尚意等译,商务印书馆2006年版。

[南斯拉夫]普雷德拉格·弗兰尼茨基:《马克思主义史》,胡文建等译,人民出版社1992年版。

乔洪武:《正谊谋利:近代西方经济伦理思想研究》,商务印书馆 2000 年版。

[美]乔纳森·特纳:《社会学理论的结构》,邱泽奇等译,华夏出版社 2001 年版。

[英]乔纳森·休斯:《生态与历史唯物主义》,张晓琼、侯晓滨译,江苏人民出版社 2010 年版。

[苏]日梅霍夫编:《国际工会运动史》第 1 册,新兵译,工人出版社 1956 年版。

[日]山田孝雄:《东西方伦理学》,吴潜涛等译,河南人民出版社 1989 年版。

单中惠、贺国庆主编:《外国教育思想通史》第 8 卷,湖南出版社 2005 年版。

施文辉:《幸福的本质及其现实建构》,上海社会科学院出版社 2021 年版。

宋涛主编:《马克思主义经济理论全书》,吉林人民出版社 1992 年版。

孙熙国、张梧主编:《马克思恩格斯经典文本研究前沿》(上),研究出版社 2022 年版。

汤凤林编著:《促进居民幸福感提升的财税政策改革研究》,重庆大学出版社 2019 年版。

陶富源、陶庭马:《马克思学说现实人本主题论》,安徽师范大学出版社 2016 年版。

陶志勇:《新时代劳动观》,中国工人出版社 2021 年版。

王本华等编著:《青年学生关注的 100 个理论与实践问题》,红旗出版社 2004 年版。

王建敏编:《青年的力量》,北京联合出版有限责任公司 2022 年版。

王灵桂:《德国 9 人传》,华文出版社 2021 年版。

王让新主编:《新世界观的创立与哲学史的伟大变革:马克思〈关于费尔巴哈的提纲〉研究》,电子科技大学出版社 2015 年版。

王艺:《幸福转型论》,中国社会科学出版社 2012 年版。

吴光辉主编:《政治经济学社会主义部分》,中共中央党校出版社 1993 年版。

吴光远主编:《哲学与智慧》,中国社会出版社 2004 年版。

吴敬琏、张卓元主编:《中国市场经济建设百科全书》,北京工业大学出版社 1994 年版。

伍志燕编著:《〈路德维希·费尔巴哈和德国古典哲学的终结〉文本导读》,新华出版社 2021 年版。

武汉大学哲学学院、武汉大学中西比较哲学研究中心编著:《比较哲学与比较文化论丛》第 4 辑,武汉大学出版社 2012 年版。

习近平:《高举中国特色社会主义伟大旗帜　为全面建设社会主义现代化国家而团结奋斗——在中国共产党第二十次全国代表大会上的报告》,人民出版社 2022 年版。

习近平:《论坚持人与自然和谐共生》,中央文献出版社 2022 年版。

夏伟东:《道德的历史与现实》,教育科学出版社 2000 年版。

向晶编:《学生幸福论》,山东教育出版社 2012 年版。

向延仲:《马克思世界历史理论研究》,湖南大学出版社 2007 年版。

肖仲华:《文明与幸福》,中国发展出版社 2020 年版。

邢国海、李印主编:《人生哲理教程》,中国矿业大学出版社 1991 年版。

徐冲德主编:《马克思主义基本原理》,上海社会科学院出版社 1987 年版。

徐善广主编:《科学社会主义》,湖北教育出版社 1985 年版。

许春玲、周树主编:《幸福社会价值论》,社会科学文献出版社 2013 年版。

[法]雅克·德里达:《马克思的幽灵:债务国家、哀悼活动和新国际》,何一译,中国人民大学出版社 1999 年版。

[古希腊]亚里士多德:《尼各马可伦理学》,廖申白译注,商务印书馆 2003 年版。

严金强、金兴华:《绿色发展的政治经济学探索:生态与经济协调发展的视角》,天津人民出版社 2021 年版。

严强等:《宏观政治学》,南京大学出版社 1998 年版。

阎孟伟主编:《哲学概论》,南开大学出版社 2020 年版。

颜军:《马克思幸福思想研究》,中国社会科学出版社 2019 年版。

杨权利、陈汉良主编:《慈善的形而上思考》,西北大学出版社 2020 年版。

[奥]伊安·亨特:《自由社会主义:以罗尔斯和马克思为基础的另一种社会理想》,凌菲霞译,天津人民出版社 2021 年版。

[古希腊]伊壁鸠鲁、[古罗马]卢克来修:《自然与快乐:伊壁鸠鲁的哲学》,包利民、刘玉鹏、王玮玮译,中国社会科学出版社 2018 年版。

余达淮:《新时代中国特色社会主义伦理问题》,上海人民出版社 2022 年版。

余明远:《新时期中国共产党的人民幸福观研究》,中国社会科学出版社 2021 年版。

余世南:《科学人生观概论》,中国科学技术大学出版社 1989 年版。

俞可平:《偏爱学问》,上海交通大学出版社 2016 年版。

[英]约翰·斯图亚特·穆勒:《功利主义》,刘富胜译,光明日报出版社 2007 年版。

[日]泽田康幸、[孟]明哈吉·马赫穆德、[日]北野尚宏主编:《孟加拉经济与社会发展》,张玲译,湖南人民出版社 2019 年版。

张纯:《毛泽东与中国特色社会主义制度建立研究》,黑龙江人民出版社 2019 年版。

张方玉:《中西会通视野下的幸福观研究》,吉林人民出版社 2017 年版。

张富春主编:《西方经济史》,中央广播电视大学出版社 2013 年版。

张富洪、杨慧彤编著:《幸福学·家庭篇》,复旦大学出版社 2011 年版。

张莉:《全面建设小康社会与人的全面发展》,研究出版社 2007 年版。

赵敦华:《马克思哲学要义》,江苏人民出版社 2018 年版。

赵敦华主编:《人学理论与历史·西方人学观念史卷》,北京出版社 2004 年版。

赵军魁:《马克思主义幸福观中国化》,兰州大学出版社 2020 年版。

赵立行主编:《外国史学名著导读》,复旦大学出版社 2007 年版。

赵素锦:《西方德性论的道德哲学形态》,江苏人民出版社 2020 年版。

赵文静:《马克思主义的文化理论》,吉林出版集团有限责任公司 2014 年版。

赵鑫珊:《伟大的巴洛克文明群落》,文汇出版社 2011 年版。

赵长太:《马克思的需要理论及其当代意义》,河南人民出版社 2008 年版。

郑州大学等编:《简明国际共产主义运动史辞典》,安徽人民出版社 1985 年版。

中共中央文献研究室、国家林业局编:《毛泽东论林业》,中央文献出版社 2003 年版。

中共中央文献研究室、中央档案馆编:《建党以来重要文献选编(1921—1949)》第1册,中央文献出版社2011年版。

中共中央文献研究室、中央档案馆编:《建党以来重要文献选编(1921—1949)》第24册,中央文献出版社2011年版。

中共中央文献研究室编:《陈云年谱》(下),中央文献出版社2000年版。

中共中央文献研究室编:《建国以来重要文献选编》第5册,中央文献出版社2011年版。

中共中央文献研究室编:《十八大以来重要文献选编》(上),中央文献出版社2014年版。

中共中央文献研究室编:《习近平关于全面建成小康社会论述摘编》,中央文献出版社2016年版。

中共中央文献研究室编:《习近平关于社会主义生态文明建设论述摘编》,中央文献出版社2017年版。

《中国共产党简史》编写组编著:《中国共产党简史》,人民出版社2021年版。

中国中共文献研究会陈云思想生平研究分会、陈云纪念馆编:《"改革开放与新时代:庆祝改革开放40周年"学术研讨会论文集》,中央文献出版社2021年版。

中华人民共和国林业部编:《绿化祖国的高潮》第1辑,中国林业出版社1958年版。

周辅成编:《西方伦理学名著选辑》上卷,商务印书馆1964年。

周辅成编:《西方伦理学名著选辑》下卷,商务印书馆1987年版。

朱立元:《马克思与现代美学革命:兼论实践存在论美学的哲学基础》,上海交通大学出版社2016年版。

朱巧英:《马克思民生思想研究》,上海三联书店有限公司2021年版。

庄晓东:《传播与文化教程》,云南大学出版社2021年版。

二、期刊论文

柏路:《论马克思恩格斯幸福观的要义与特征》,《思想政治教育研究》2015年第2期。

蔡文成:《论我国全过程人民民主的基本特征》,《世界社会主义研究》2023年第7期。

陈成志:《论马克思主义幸福观的科学性及其认同教育》,《学术交流》2012年第3期。

陈万球:《马克思和亚里士多德幸福观比较》,《伦理学研究》2015年第5期。

陈文远:《马克思主义幸福观与和谐社会的构建》,《学术交流》2008年第10期。

陈亚玲、胡爱丽:《马克思的幸福观及其当代价值》,《甘肃社会科学》2014年第4期。

陈兆芬、黄明理:《马克思恩格斯批判资本主义制度的三重维度及其启示》,《理论导刊》2013年第1期。

程亚军、段虹:《马克思幸福观的层阶辨析》,《求是学刊》2023年第4期。

党锐锋、徐琛:《论生态文明建设与中国式现代化道路的内在逻辑》,《西藏发展论坛》2022年第5期。

丁敏、李包庚:《论习近平人民幸福观的核心要义与时代价值》,《河海大学学报》(哲学社会科学版)2022年第1期。

董乐:《基于文化引领的我国公共图书馆导读服务研究》,《新世纪图书馆》2020年第10期。

杜向民、李文聪、张嘉翔:《论习近平幸福观的三重逻辑》,《理论导刊》2021年第2期。

范鹏:《以人为本共享文明:社会主义核心价值观的一种可能表述》,《甘肃社会科学》2012年第5期。

方杲、张镦允:《马克思幸福观成果梳理及展望》,《重庆理工大学学报》(社会科学版)2021年第12期。

冯子珈、张新:《新中国成立以来中国共产党文化思想的历史演进及其基本经验》,《学术论坛》2019年第2期。

高凤敏:《马克思中学时代的道德反思及其启示》,《理论探索》2012年第2期。

高捍东:《德谟克利特伦理思想述评》,《湘潭大学学报》(哲学社会科学版)2004年第3期。

葛宇宁:《论马克思的现实幸福观何以可能》,《广西社会科学》2013 年第 3 期。

何云峰:《劳动幸福权:通过劳动创造兑现的人之初始权利》,《湖北大学学报》(哲学社会科学版)2020 年第 3 期。

贺汉魂:《马克思增进人民幸福的财富分配正义思想》,《伦理学研究》2019 年第 3 期。

侯惠勤:《共产主义理想决定性意义的科学论证》,《世界社会主义研究》2023 年第 5 期。

胡洪彬:《习近平总书记关于新质生产力重要论述的理论逻辑与实践进路》,《经济学家》2023 年第 12 期。

胡玲:《马克思主义幸福观的当代启示》,《人民论坛》2019 年第 33 期。

黄蓓蓓、熊火根、朱喆:《马克思幸福观的超越之境和独特意蕴》,《学校党建与思想教育》2019 年第 6 期。

黄秋生:《马克思宗教批判的费尔巴哈之桥》,《南华大学学报》(社会科学版)2012 年第 4 期。

霍玉敏:《〈德意志意识形态〉中的共产主义思想探赜》,《学校党建与思想教育》2023 年第 12 期。

季爱民、曾乾宇:《马克思主义幸福观对大学生幸福观塑造的现实启示》,《汉江师范学院学报》2024 年第 1 期。

贾磊:《马克思恩格斯"人的全面而自由的发展"思想探析》,《长江论坛》2023 年第 4 期。

姜旭、柴素芳:《马克思"现实的人"视域下的幸福思想探赜》,《思想教育研究》2023 年第 9 期。

蒋占峰、吴昊:《习近平对马克思劳动幸福理论的四维创新》,《理论月刊》2022 年第 5 期。

孔祥润:《从希腊哲学的"幸福"概念看马克思幸福观的现实性》,《东岳论丛》2013 年第 10 期。

李安峰:《中国共产党领导水利建设的历史征程与基本经验》,《理论与评论》2023 年第 2 期。

李红梅:《近五年来马克思幸福观研究成果及问题窥探》,《广州大学学报》

(社会科学版)2016年第4期。

李进书、吴金娥:《西方马克思主义的幸福观》,《河北大学学报》(哲学社会科学版)2015年第4期。

李兰、沈大光:《马克思主义幸福观的新内涵及其对当代青年的启示》,《山东社会科学》2021年第4期。

李荣梅、陈湘舸:《论马克思主义的幸福本质与幸福构建》,《马克思主义研究》2012年第1期。

李锐:《马克思和恩格斯在文本写作视角上的"差异":以〈共产党宣言〉"三个稿本"为例》,《广西社会科学》2014年第7期。

李水石、秦龙:《马克思幸福观的历史演进:从〈青年在选择职业时的考虑〉到〈德意志意识形态〉》,《河南师范大学学报》(哲学社会科学版)2014年第1期。

李学林、胡广宇:《改革开放初期邓小平绿化祖国思想探析》,《党的文献》2016年第3期。

李艳萍:《伊壁鸠鲁快乐学说的本质解读》,《河南师范大学学报》(哲学社会科学版)2012年第6期。

李赞、金炳镐:《新时期坚持和完善民族区域自治制度的基本要求》,《西北民族大学学报》(哲学社会科学版)2017年第5期。

立斌:《实践论、后实践论与美学的重建》,《学术月刊》1996年第3期。

刘建新:《实践:马克思主义哲学创新的最深厚根基》,《社会主义研究》2005年第5期。

刘绥:《理解马克思主义幸福观的三个向度》,《东岳论丛》2020年第4期。

刘孝菊:《历史客体视域下的生态文明建设探要》,《杭州电子科技大学学报》(社会科学版)2011年第1期。

刘燕、欧阳丽娜:《坚持和加强党对生态环境保护全面领导的历史考察与现实启示》,《世界社会主义研究》2024年第2期。

刘宇:《劳动何以幸福:马克思关于"劳动幸福"的内在机制阐释》,《江汉论坛》2021年第7期。

陆雪飞:《略论费尔巴哈的〈幸福论〉》,《伦理学与德育研究》2006年第1期。

吕世荣:《马克思批判黑格尔法哲学的三重向度》,《宁夏社会科学》2023年第5期。

吕宇平:《实践与社会的同构:〈德意志意识形态〉对实践概念的具体化》,《学习与探索》2010 年第 3 期。

马进:《马克思与幸福观》,《甘肃社会科学》2012 年第 1 期。

闵绪国:《马克思主义幸福观论析》,《高校理论战线》2010 年第 2 期。

聂锦芳:《神性背景下的人生向往与历史观照:马克思中学文献解读》,《求是学刊》2004 年第 2 期。

牛小侠、汪卫东:《论马克思"幸福生活"的内涵、实现路径及意义》,《学术界》2021 年第 11 期。

钱美娜、王永贵:《论马克思主义幸福观及其实现方式》,《求实》2016 年第 4 期。

钱姝璇、龚群:《〈国家篇〉中柏拉图的正义与幸福的关系》,《伦理学研究》2022 年第 3 期。

乔翔:《马克思人的解放思想的发展轨迹探析》,《理论导刊》2008 年第 8 期。

茹先古丽·吾满尔:《论提升现代文化引领力的途径》,《乌鲁木齐职业大学学报》2010 年第 4 期。

宋朝龙:《马克思的自由哲学在其发展起点上的辩证法禀赋:对马克思三篇中学毕业论文的再考察》,《湖北社会科学》2021 年第 10 期。

孙慧明:《马克思主义生态思想对建设美丽中国的启示》,《学习论坛》2013 年第 7 期。

孙民:《论马克思幸福观的历史唯物主义向度》,《贵州社会科学》2017 年第 6 期。

孙秀玲:《马克思人本思想视野下的逆全球化思潮批判》,《辽宁省社会主义学院学报》2020 年第 4 期。

唐卓:《应得原则:马克思评价分配方式的正义预设》,《湖南社会科学》2023 年第 5 期。

滕飞:《道德与幸福:论马克思主义幸福观的道德对话》,《理论与改革》2015 年第 2 期。

滕飞:《论马克思生态观的美好生活意蕴及其当代价值》,《江苏行政学院学报》2019 年第 6 期。

田红娟、杜向民:《幸福民生的意蕴及其实现路径:基于马克思主义幸福观的视角》,《理论导刊》2014年第1期。

田红娟:《幸福民生的意蕴及践行路径:基于马克思主义幸福观的视角》,《人民论坛》2013年第32期。

王道林:《文本视域下学生时代马克思伦理思想中的康德元素:从中学作文到博士论文》,《山西大同大学学报》(社会科学版)2023年第6期。

王东、吴敏燕:《唯物史观原生形态结构新探:〈德意志意识形态〉第一卷第一章〈费尔巴哈〉新解读》,《东岳论丛》2009年第9期。

王红云:《马克思的幸福观及其时代开显》,《道德与文明》2022年第6期。

王健:《论人生观的历史类型及其对幸福的理解:兼论马克思主义幸福观》,《道德与文明》1997年第2期。

王宽、秦书生:《马克思生态幸福思想探析》,《东北大学学报》(社会科学版)2016年第3期。

王宽、秦书生:《习近平新时代关于生态伦理重要论述的逻辑阐释》,《东北大学学报》(社会科学版)2019年第6期。

王鲁宁:《马克思主义幸福观的当代建构与现实性阐释:关于推进马克思主义幸福理论体系建设的若干思考》,《东岳论丛》2015年第7期。

王璐:《何谓劳动幸福:马克思的本质阐释》,《湖北社会科学》2022年第10期。

王露璐:《小农"小"在哪里:〈路易·波拿巴的雾月十八日〉中的小农道德观及其方法论意义》,《南京师大学报》(社会科学版)2021年第1期。

王邵军:《马克思劳动幸福观的哲学阐释》,《哲学研究》2021年第12期。

王时:《马克思的斗争幸福观》,《甘肃社会科学》2012年第1期。

王秀岩、镡鹤婧:《马克思幸福思想的基本内容及其当代价值》,《辽宁工业大学学报》(社会科学版)2023年第1期。

王艳、李桂梅:《习近平幸福观的哲学意蕴与时代价值》,《湖南科技大学学报》(社会科学版)2021年第4期。

王燕:《论马克思"否定的幸福观"及其实践智慧:以亚当·沙夫的幸福方法论为视角》,《南京师大学报》(社会科学版)2015年第2期。

王宇翔、毕秋:《马克思恩格斯生态幸福观的四维论析》,《思想教育研究》2021年第4期。

王云霞:《新时代美好生活的幸福观基础》,《思想理论教育导刊》2021 年第 9 期。

王宗礼、李振江:《全过程人民民主:社会主义民主政治理论与实践的重大创新》,《行政论坛》2021 年第 4 期。

吴荣:《"幸福"概念的马克思主义诠释:兼论"劳动幸福"的哲学基础》,《宁夏社会科学》2021 年第 5 期。

相雅芳、高国希:《马克思生态美学的内在逻辑及话语体系建构》,《宁夏社会科学》2020 年第 6 期。

谢昌飞:《当代西方激进左翼"共产主义观念复兴"的四条进路及其批判》,《求是学刊》2023 年第 3 期。

谢芬芳:《基于最适课税理论的税制结构优化研究》,《湖南行政学院学报》2024 年第 2 期。

徐小芳:《马克思的幸福观及其劳动价值论解读》,《重庆社会科学》2018 年第 6 期。

徐艳玲、张光哲:《列宁意识形态功能思想的生成动因、内容特色及当代价值》,《思想理论教育》2020 年第 4 期。

颜军:《历史唯物主义:马克思幸福思想的理论出场》,《江苏大学学报》(社会科学版)2020 年第 2 期。

颜军:《马克思恩格斯关于个人幸福与社会协同生成的逻辑》,《理论探索》2013 年第 6 期。

颜军:《马克思幸福思想:从虚幻到现实的超越》,《理论探索》2015 年第 3 期。

颜军:《马克思幸福思想斗争意涵的生成理路及其价值旨归》,《天津师范大学学报》(社会科学版)2020 年第 1 期。

颜军:《马克思幸福思想的叙述范式》,《理论学刊》2017 年第 2 期。

杨燕华:《马克思的劳动幸福观及其对当代青年的启示》,《上海师范大学学报》(哲学社会科学版)2017 年第 1 期。

杨楹:《马克思幸福论的特质》,《道德与文明》2013 年第 5 期。

杨增崇、袁凤娇:《论习近平幸福观的基本要义、特性及其对青年的启示》,《思想理论教育导刊》2018 年第 8 期。

衣永红、孙晶:《“满足人民美好生活需要”:马克思主义幸福观的时代表达》,《长白学刊》2023年第2期。

于昆:《马克思幸福观要旨及其时代意蕴》,《广西师范大学学报》(哲学社会科学版)2013年第6期。

于晓权:《马克思幸福思想的理论意蕴》,《东北师大学报》(哲学社会科学版)2006年第6期。

余卫东、刘莎:《费尔巴哈幸福论思想探析》,《伦理学研究》2018年第2期。

张一兵:《马克思历史唯物主义中的历史概念》,《哲学研究》1998年第9期。

郁蓓蓓、孙昊怿、陆树程:《论马克思“生态人”思想及其当代价值》,《世界哲学》2019年第3期。

喻包庆:《马克思恩格斯的幸福观及其当代启示》,《江汉论坛》2014年第5期。

袁吉富:《享乐主义与劳动创造主义之辨:基于〈德意志意识形态〉等经典文本的考察》,《中共中央党校(国家行政学院)学报》2019年第6期。

臧峰宇、潘玥斐:《青年马克思古典学研究的启蒙意蕴与政治旨趣:再读〈德谟克利特的自然哲学与伊壁鸠鲁的自然哲学的差别〉》,《学习与探索》2021年第3期。

曾长秋、邱荷:《论马克思大学时代的幸福观》,《湖南师范大学社会科学学报》2013年第1期。

翟小波:《功利原则简释》,《河南大学学报》(社会科学版)2021年第2期。

张光辉、翟桂萍:《社会主义民主政治的显著优势和特点》,《科学社会主义》2019年第6期。

张国顺:《生存方式的变革与马克思思想的“幸福”向度》,《武汉理工大学学报》(社会科学版)2016年第4期。

张建南:《马克思幸福观的哲学维度及当代价值》,《贵州社会科学》2014年第11期。

张鲲:《马克思幸福观的精神特质与新时代延伸》,《思想政治教育研究》2021年第5期。

张荣华、秦相平:《马克思幸福思想对前人的继承与超越》,《高校马克思主义理论研究》2017年第3期。

张晓明:《马克思幸福观的内在逻辑与现实意义》,《中共天津市委党校学报》2017 年第 1 期。

张懿、陈晓燕:《主体、本质与路径:马克思幸福思想探源》,《新视野》2021 年第 3 期。

张羽佳:《树立马克思主义幸福观》,《思想政治工作研究》2003 年第 9 期。

章建明、巢传宣:《幸福的本质:基于马克思人的幸福本质的阐述》,《求实》2013 年第 10 期。

章建明、杨艳:《马克思的幸福思想探微》,《求实》2012 年第 12 期。

郑功成:《中国特色社会保障制度论纲》,《社会保障评论》2024 年第 1 期。

郑元叶:《共产主义社会消费资料"按需分配"的真实内涵》,《社会主义研究》2017 年第 6 期。

钟贞山、吴东纳:《习近平生态文明思想引领美丽中国建设的原创性贡献》,《河海大学学报》(哲学社会科学版)2023 年第 6 期。

种海峰:《马克思的幸福理论及其当代价值》,《马克思主义研究》2012 年第 11 期。

周梅玲:《马克思"美好生活"观及其中国意义》,《中共中央党校(国家行政学院)学报》2021 年第 4 期。

周平远:《从"文学革命"到"二为"方向》,《南昌大学学报》(人文社会科学版)2001 年第 3 期。

朱辉进:《〈资本论〉共同富裕思想的三维审视:出场语境、内涵特征与践行理路》,《南都学坛》2023 年第 5 期。

朱长兵、马阿民:《马克思对康德和黑格尔自由观的扬弃与革新》,《中共南昌市委党校学报》2023 年第 5 期。

庄忠正:《马克思幸福观的三重意蕴》,《河海大学学报》(哲学社会科学版)2013 年第 3 期。

宗爱东:《马克思主义劳动观及其当代启示》,《江淮论坛》2021 年第 6 期。

三、学位论文

卜祥记:《青年黑格尔派与马克思的哲学革命》,复旦大学博士学位论文,2004 年。

李梅:《西方传统幸福理论批判:兼论马克思幸福理论及其当代中国实践》,苏州大学博士学位论文,2012年。

刘孝菊:《马克思恩格斯幸福社会理论及现实意义》,浙江大学博士学位论文,2013年。

刘真金:《马克思人民主体思想研究》,中南大学博士学位论文,2012年。

卢凤华:《马克思幸福观及其在当代中国的意义》,东南大学硕士学位论文,2015年。

万庆:《马克思幸福思想研究》,中共中央党校博士学位论文,2013年。

赵海洋:《马克思正义思想及其当代观照》,上海社会科学院博士学位论文,2014年。

甄晓英:《马克思美好生活观研究》,兰州大学博士学位论文,2022年。

朱亚男:《马克思人民幸福思想研究》,兰州大学博士学位论文,2023年。

后 记

追求幸福是人类的永恒主题,实现人的幸福是社会发展的终极目的。一直以来都想对有关"幸福"的专题进行研究。马克思幸福思想为我们对幸福的探寻提供了重要的理论基础。因此,对马克思幸福思想的研究就成为我开启"幸福"专题研究的重要内容。在初步拟定好《马克思幸福思想研究》的提纲之后开始了我的写作,到今年上半年,书稿终于完成,有些开心,因为终于完成了任务,心里有种解脱的轻松感;又有些惶恐,尽管我已经尽力而为,但仍不确定我的书稿是否能够满足预期的要求。

在本书撰写过程中,要感谢重庆社会主义学院领导和同事给予我大力支持,学院领导认真审阅了本书的提纲和初稿,提出了许多中肯的意见;感谢山东大学出版社编辑的积极协助;感谢我的家人和朋友对我的理解和支持!

由于自己才疏学浅,资质驽钝,书中难免存在不足之处,恳请读者朋友们和学界专家们多提宝贵意见!

孙秀玲

2024 年 7 月